掲載地図一覧

マレーシアの日本人墓地分布図	25
日本軍のマレー・シンガポール攻撃図	28
マレー作戦	30
ペナン中心部・ジョージタウン	58
イポー近辺の追悼碑などの分布図	74
ペラ州抗日烈士殉難者墓碑などの分布図	75
マラッカ市街図	84
ネグリ・センビラン州略図	94
ジョホール州略図	124
ジョホール・バル市街図	126
ケランタン州北部概略図	135
コタ・バル市街図	136
侘美支隊上陸地と周辺	138
クアラ・トレンガヌ市街図	144
ドゥングン市街図	152
東マレーシア	158
コタ・キナバル市街図	164
サンダカン市街図	169
クチン市街図	175

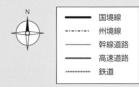

スケール：1：4,000,000
0　100　200km

この地図と本文を見て、追悼碑巡りをしよう！
各地点の参照頁に写真と詳しい道順があります

クアラルンプール（KL）周辺では、高速道路が急速に整備され、KLから日帰り圏内に15か所の追悼碑（図中の★印）がある。

旅行ガイドにない
アジアを歩く

MALAYSIA

増補改訂版

マレーシア

髙嶋伸欣
関口竜一
鈴木　晶

Kuala Lumpur
クアラ・ルンプール

1 KLの中心部、ムルデカ広場の前に建つ旧マラヤ連邦ビル。p.45

2 KLの都市名の語源である「泥の河」の合流点。p.45

3 近代的なモスク建築の前をモノレールが走る

4 多くの飲食店や屋台があり、朝から晩まで繁盛しているチャイナタウン

9 ビルや道路、鉄道建設などKLは成長し続けている

5 世界一の高さのペトロナス・ツインタワー。左側をサムスン、右側を間組が施工した

6 ツインタワーは近すぎてこのようにして撮っている人がいた。反対側は公園になっている

10 地元記者たちに囲まれ、歴史的経緯などを説明する髙嶋伸欣

7 鉄道など公共機関にはポイ捨てなどでも罰金を取られる

11 セレモニーに参加した回国機工の幸存者許海星さん。p.50

8 マクドナルドもハラル認証で、マレーシア限定の「ブブ・アヤム」（鶏のお粥）もある。p.40

Malacca
マラッカ

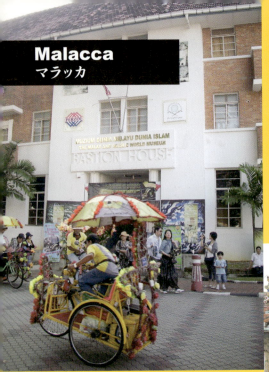

14 赤ん坊が日本兵に投げられて刺殺されたと記す石碑。p.88

12 マレー半島のゴム産業に進出したダンロップの建物は、博物館になっている。p.11

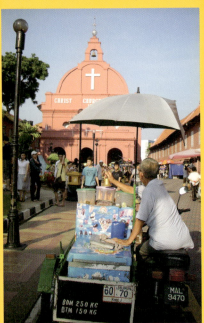

15 マラッカは当初、チャイナタウンが中心となって発展した

13 マラッカの観光名所、オランダ広場はいつも多くの人々で賑わう。p.84

16 この地で出会ったフランシスコ・ザビエルと薩摩から来たアンジロー

Negeri Sembilan
ネグリ・センビラン

17 ペスト菌を植え付けるネズミの飼育に接収されていたトンク・ムハマド校（クアラ・ピア）。p.131

18 ティティの追悼碑に加えられた日本語などの説明板。p.104

21 和解をすすめた中国系村長の林金發さん（右）とマレー系村長のムヒディンさん。p.120

19 センダヤン、追悼碑前で毎年8月に行われている華人団体総出のセレモニー。p.95

20 マンティンの追悼碑を説明する髙嶋伸欣。p.102

22 イロンロンでの日本軍の攻略を証言する蕭月嬌さん。p.104

Penang, Perak
ペナン、ペラ

23 ペナン市街遠望。州政庁の高層ビル・コムタが街歩きの目印。p.62

24 ペナンの「回国機工追悼碑」の周辺には説明板やモニュメントが造られた。p.50

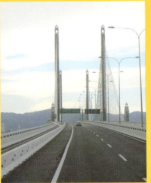

27 マレー装束の「クレヨンしんちゃん」は今も大人気

25 日本軍特務機関があった建物。イポー。p.70

26 ペナンと半島をつなぐペナンブリッジは2本目が開通した。p.62

28 ペラ州山奥の追悼碑は地元の方の案内なし行けない。p.82

Johor, East Coast
ジョホール、東海岸

29 19世紀末に憲法を制定したスルタン、アブ・バカール建立のモスク。ジョホール・バル。p.125

30 訪れるたびに塗装の色が変わっているウル・チョの追悼碑。p.128

32 東海岸メルシンの追悼碑も近年、改装されていた。p.127

33 日本軍の細菌戦部隊が接収していた(元)ペルマイ精神病院本館。ジョホール・バル。p.130

31 開放感があるセントラル・マーケット。コタ・バル。p.136

34 タイ国境近くの追悼碑。トゥンバット

35 「惨遭日寇」と刻まれた追悼碑。ゲラン・パタ。p.128

36 アジア太平洋戦争が始まった、マレー半島上陸作戦の現場で証言する老人。コタ・バル。p.138

East Malaysia
東マレーシア

37 水上家屋の前で遊ぶ子どもたち。コタ・キナバルの北、トゥアラン

39 資料館になっているアグネス・キースの旧居。サンダカン。p.177

40 戦争記念公園にある「サンダカン死の行進」のルート。クンダサン。p.171

38 「キナバル・ゲリラ」の追悼碑。コタ・キナバル。p.167

42 活況を呈する魚市場。サンダカン

41 思索中?のオラン・ウータン。サンダカン

【増補】新たな出会いと交流

ネグリ・センビラン州センダヤン。セレモニーのあと、鄭来さんの証言を聞くツアーの一行

　本書刊行後6年余の間も私たちはマレーシアの人々との交流を続けてきた。そこでは新たな出会いや展開が生まれた。そのことを、より多くの人々に伝えたいという思いが募った。そこで、今回は増補改訂版とすることにした。

ほんの30数年前までは

　かつて私たちがタイからシンガポールへ陸路をたどる旅を始めた1980年代初頭、日本の大手旅行社でもタイとマレーシアの国境を国際列車で通過できることを知らなかった。海外旅行と言えば欧米を目指すのが普通で、「『アジア』という語が入った書名の本は売れない」と、業界では言われていた。
　それが今では一変。高校だけでなく中学校までが修学旅行や提携校交流などで東南アジアに出かけ、ホームステイも珍しくなくなった。

　思い起こせば、最初は自分たちが授業で語り、示すための教材集めを目的に始めた手探りの旅だった。それが回数を重ねるうちに、地元側の協力者も増えて、交流は量と質の両面で飛躍的に充実したものに変貌した。やがて、ツアーの日程には合わせられないけれど、個人やグループで独自に現地を訪れることにするので、道順などの情報がほしいとの要望が寄せられた。研究者や報道関係者からの依頼も少なくなかった。
　もともと得られた情報や交流で築いた信頼関係は共有財産として、同じ思

いの人々に引き継ぎ拡散されることを、私たちは願ってきた。

スンガイルイの出会いと「和解」

本書出版の基礎となった1983年以来の「東南アジアに戦争の傷跡を訪ねる旅」は、2017年8月で43回目となった。最近のツアーでも、様々な出会いが生まれ、新たな歴史が刻まれた。

そのうちの一つは、ネグリセンビラン州（NS州）での虐殺（p.118）を指揮し、後に戦犯として処刑された橋本忠少尉の親族の虐殺現場訪問だった。事件現場スンガイルイの犠牲者の遺族たちからは、私たちと同行することで快く受け入れてもらった。それだけでなく、遺族代表が同じ年の2012年の12月には招待に応じて来日し、戦犯の親族と共に「和解」の思いを横浜と広島の集会で語った。8月の現地での出会いと広島の集会の様子は、NHK広島局のローカルニュース特集で放送された。マレーシアとシンガポールでの虐殺を実行した第5師団の兵士の出身地広島の人々にとっては、未来につながるできごとだったのではないだろうか。さらに、2015年8月のツアーに夫婦と息子の3人で参加し、現地の遺族と世代を超えた交流の機会をつくっている。

運命的な出会いもあった。日本の降伏後にマラッカで憲兵隊が強行した虐殺「9・5事件」（p.90）の遺族と私たちとの出会いだ。同事件の犠牲者の墓は、本書にあるような理由で長い間、手入れがされず草木が生い茂るにまかす状態だった。そのため私たちは毎回、手袋や簡単な道具、さらには現地調達のナタやのこぎりなどを用意し、到着すると最初に草刈り作業を実行することにしていた。

2015年8月14日の朝も同じようにして、私たちはマラッカ市街地から東約16kmのウンバイの華人墓地にバスで向かった。墓地に到着してバスから降り始めた時、前方では白い乗用車に数人が乗り込み、まさに発車しようとしているところだった。ところがそのまま車は動かず、やがて中にいた人たちが降りてきて私たちに声をかけてきた。

これが「9・5事件」の犠牲者の親族・林少彬氏（LIM SHAO BIN）との出会いだった。林氏は事件の由来を刻んだ墓碑「殉難史誌」（p.91）が風雨にさらされ、一部が土に埋もれかけていたのを、業者に依頼して修復した様子を確かめにきたところだった。そこへ明らかに日本人と思われる団体が訪れ、いきなり草刈りを始めたので、驚いて車から飛び出してきたとのこと

ネグリ・センビラン州スンガイ・ルイの碑の前で初めての対面をした中国系村長と戦犯の親族

マラッカ、9.5事件で殺害された祖父の墓に手を合わせる林少彬さん

増補②

だった。

この時はその後の予定もあるので、慌ただしく名乗り合い、双方のこれまでの取り組みなどの概略を説明するにとどめた。数日後、ツアーのメンバー数人が、林氏在住のシンガポールで改めてゆっくりと交流の機会をもった。それ以来、私たちは林氏と多面的な交流を重ねている。

その一つとして、2017年12月に「アジアフォーラム横浜」の第24回証言集会で、遺族としての証言をしていただいた。「9・5事件」については、首謀者の憲兵隊小隊長が罪を最後まで認めながら死刑の判決に従ったことを「『いさぎよい』というしかない」(『中国新聞』1991年1月16日) とする見かたもあった。スンガイルイと同様の交流の実現を私たちは願っている。

ちなみに同氏は芸術的な写真の撮影もされている。姉妹編『シンガポール』(梨の木舎、2015年)の表紙や口絵などに同氏撮影の作品を提供していただいた。さらに極め付けは、日本留学の時以来、継続している日本と東南アジア交流に関する史料類の収集で、両国の公文書館にないものも、同氏は多く保持している。それらをまとめた単著や論文も多数ある。日本の「南進論」見直しを迫る史料などの分析については、日本国内の研究者との連携も進んでいる。成果が公表される日は近いと見込まれている。

「回国機工」追悼碑建立に立ち会う

この間のできごとで忘れられないことに、「回国機工(南僑機工)」本人やその遺族や研究者などとの出会いとその後の交流がある。本書(p.50)にあるように、「回国機工」とは「援蔣ルート」でのトラック整備や運転のために志願して母国に戻った華僑のことを言う。彼らとその子どもや孫は、戦後の中国の政治状況に翻弄されたのち、名誉回復を実現し、国交樹立でマレーシアやシンガポールの親族との交流が可能となっていた。

中国雲南省から父親のルーツを訪ねてきた一行と私たちとの出会いは、2012年8月13日、ジョホール州クライでの南僑機工追悼碑建立の着工式典の場だった。2日後にまたクアラルンプールの追悼式で、さらに翌年8月のクライでの除幕式でも再会した。その時には、私たちのバスに同乗し、父親が中国に向け出発した波止場と当時の実家跡に辿りつく感動的な場面に立ち会うことができた。

やがて「こんな日本人」がいると知った雲南の「回国機工」関係者の親睦

[増補] 新たな出会いと交流

林さんはシンガポール国立図書館に寄贈した貴重な史料を説明してくれた

新たに建立された回国機工の追悼碑起工式 (2012年)。ジョホール州クライ

団体から、昆明での13年9月3日の対日戦勝記念日のシンポジウムへの参加と援蔣ルート見学のための案内が届き、数人で参加した。

そこで見たのは、共産党政権下で長い間、蔣介石協力者として冷遇されていた人びととその子孫が、共に抗日の戦いをした英雄たちとして名誉を回復し、子どもや孫たちが誇りを継承する取り組みをしている姿だった。

世代をつなぐ人・林秋雅さん

クライではマレーシア国内3番目の追悼碑が完成し、シンガポールでも孫文記念館「晩晴園」の前庭にモニュメントが建立された（『シンガポール』編p.96）。それらより早く2011年には、ペナンの追悼碑の周囲に新たな彫像などが設置された（本書口絵写真24）。

こうした取り組みには、皆の先頭で、時には舞台裏で幅広くコーディネート役として、東奔西走されている林秋雅氏の活躍がある。彼女はペナンを拠点に手広く国内外で事業をしながら、孫文の顕彰や「回国機工」の名誉回復に尽力をされている。2013年と16年の「アジアフォーラム横浜」12・8集会で、証言者の付き添いを兼ねて来日し、「こんな日本人」の存在を若い華人世代に伝え、私たちとの接点作りにも尽力されている。

「回国機工」が果たした役割を掘り起こし、語り継ぐ取り組みは今後も中国各地や東南アジアで続くと思われる。私たちもそれらに参画し、その歴史的意義を世代間でも継承していきたいと願っている。

これまでの成果とその意味

私たちの取り組みの発端は、日本軍（皇軍）による東南アジアでの加害の事実について、日本人は無関心すぎる、との批判を現地の人びとから受けたことだった。以来、私たちはそうした事実の掘り起こしや関連情報の拡散と定着を主要なテーマとしてきた。

その結果『マレーシア』編で示した住民殺害の事実が、今では中学・高校の歴史教科書の大半に記述されるに至っている。これに対して日本の侵略や加害の事実を追及することに批判的な側からの反論は、ほとんどない。

その最大の理由は、『マレーシア』編に明示した日本陸軍の公式記録「陣中日誌」を、私たちが掘り起こしたことにある（p.100）。同「日誌」には「本日ノ不逞分子刺殺数五五名」などと明記されていた。「中国系住民は見つけ次第皆殺しにせよ」、との命令書も発見してある（p.34）。そうした公的な

地元ペナンでスピーチする林秋雅さん

スンガイ・ルイで追悼碑について語る林金發さん

具体的記録のないまま実行された南京での虐殺について、今もなお事実否定の主張をしている側も、本書の内容に対する具体的な反論はできないでいる。

「日誌」で確認されている裁判なしでの現場判断による捕虜やスパイの処刑は、「ハーグ陸戦協約」（1907年）に違反している。そのことは南京での殺害についても当てはまる。「日誌」はマレー半島だけでなく、南京での殺害の違法性も証明している。

私たちの取り組みを批判する側は、苦しまぎれに「自虐史観」などの造語によるレッテル貼りを試みてもいる。だがそこには、事実と人権思想に基づいた論理はほとんど見当たらないことを、本書が証明している。そのことがまた教科書に東南アジアでの加害記述を定着させ、初版本の販売を後押しする反面教師的効果を生み出してきた。

冗長で玉虫色の「70年談話」

それでもなおアジアへの加害責任の話題から関心を逸らさせようとする露骨な動きが、この間も繰り返されている。ただしそれらも同様に反面教師的と見透かされ、逆効果で終わっている。

その動きの中心となったのは、安倍晋三総理大臣だった。一度目は2015年8月の「戦後70年談話」、二度目が16年末の「真珠湾訪問」においてだった。

安倍晋三氏は、1995年8月に「村山首相談話」が出された直後から同「談話」に反発し、首相の座にある戦後70年目に「談話」の書き換えを目指したという。しかし「従軍慰安婦」問題や靖国神社参拝などで、米国政府から安倍首相の歴史認識への懸念を表明され、最終的には新鮮味のない、冗長な玉虫色の内容の「70年談話」を出して終わった。「村山談話」では「植民地支配」と「侵略」に「痛切な反省」と「心からのおわび」を表明している。これを「自虐史観」だとし、「村山談話」の撤回を「70年談話」に期待していた安倍首相支持者の間から強い不満が出されたのは当然だった。

そのうえ、「70年談話」の骨子を事前に検討するために組織した有識者会議からは「結果としてアジアにおける植民地の独立は進んだが、国策として日本がアジア解放のために戦ったと主張することは正確でない」と釘を刺されてしまった。さらに「多くの意思決定は、自存自衛の名の下に行われた」が「その自存自衛の内容、方向は間違っていた」とまで決めつけられた。このため、歴史修正主義者たちは「アジア太平洋戦争」についての言い訳の場を失ってしまっている。

安倍首相の真珠湾訪問の空疎な結果

安倍首相が2016年12月末に真珠湾を訪問した件でも、『マレーシア』編に追い風が吹くことになった。これまで真珠湾と言えば12月8日が連想されたものの、最近ではマスコミの関心も薄れ気味だった。ところが、安倍首相とオバマ大統領の同時訪問という政治的パフォーマンスが、また開戦の日への関心を呼びさますに至った。

しかもマスコミの多くは、「12月8日の対米開戦の和解だけで戦後に終止符を打つと言えるのか」との疑問の声を伝えた。すでに中学・高校の歴史教科書の大半は、真珠湾よりもマレー半島コタバルでの対英戦の方が1時間以上早かったと学べる記述になっている。「アジア太平洋戦争」という名称とその意味についての記述も定着してきた。こうした変化に安倍首相や側近たちがどれだけ気づいていたのか。疑わしい。

結果として、安倍首相などによるアジアへの加害事実無視の言動は、日本

【増補】新たな出会いと交流

増補⑤

の社会でも冷ややかに受け止められて終わった観が強い。その分『マレーシア』編や『シンガポール』編で示した事実は、日本の社会に確実に受け入れられてきているといえる。

イロンロンの碑に設置された日本語説明板

この６年余の間にもマレーシアでは、皇軍による加害の事実を風化させない取り組みが各地で続けられている。ＮＳ州のイロンロン村の追悼碑（p.104）には正確な日本語の説明板が設置された。

また、2016年８月のツアーの際には国立マレーシア国民大学に私たちが招かれた。南方軍防疫給水部の細菌戦部隊について知りたいとのことで、ジョホール州のペルマイ精神病院（p.130. 現在は州の保健省の庁舎）の件を中心に調査結果を報告した。これまでマレー系の人々は皇軍による加害行為にほとんど関心を示さなかっただけに、新たな動きとして期待したい。

さらに2016年12月には、長年交流している華人たちが、直接日本国内でアピールをしたいと来日した。若者を含む十数人が、議員会館でのシンポジウムや横浜の証言集会で、5000万ドル奉納金問題（p.108）などについて、日本側の責任を追及し続けていることを表明した。どちらの集会も盛会だった。

また2017年４月の皇太子のマレーシア訪問が、マレー系との親善交流ばかりであったことに対し、華人団体が批判の声明を出している。このことを『朝日新聞』が詳しく伝えている（４月16日夕刊）。

日本社会は忘れても、被害者の側は決して忘れていない。

私たちは語り継ぐ

この７年間で鬼籍に入られた戦争体験の証言者も少なくない。蕭雲さん（p.106）、蕭文虎さん（p.112）、ムヒディンさん（p.119）、孫建成さん（p.122）。心からご冥福を祈りたい。

歴史の証人である建物も取り壊されている。ブドゥ刑務所（p.54）は再開発の着手が遅れていたが、2013年には正門と塀の一部を残して更地となった。ＮＳ州クアラ・ピラにあった慰安所の建物も取り壊された。

歴史の「証人」が去っていくのは寂しい。それでもなお、私たちは語り継ぐことで、歴史の事実に寄り添い続け、平和と共存社会の実現をめざしていきたい。本書を通じて同じ思いの「こんな日本人」が増えることを願ってやまない。　　　　　　　　（TA）

国立マレーシア国民大学で講演する髙嶋伸欣

マレーシアの華人団体が来日して、国会議員会館で日本の社会状況に懸念を表明した

修学旅行、海外研修（教育旅行）で訪問したい追悼碑案内

修学旅行、海外研修でマレーシアを訪れた高校生は160校、18300人（2015年度／(財)全国修学旅行研究協会調べ）

【増補】 新たな出会いと交流

日本の高校の海外修学旅行は、国際的な教育への関心や、1985年のプラザ合意による円高を背景に、まず多くの私立学校で取り組まれてきた。公立高校では80年代末から飛行機の使用が解禁され、多くの学校が沖縄修学旅行に取り組んで、実践を重ねた。2000年代になると海外修学旅行が実施されるようになり始めた。その行先は当初、中国や韓国が多かったが、その後政治情勢や温暖な場所を求めることもあって、マレーシアやシンガポールなどへの修学旅行が増加してきた。

全国修学旅行研究協会の15年度「全国公私立高等学校の海外修学旅行実施状況」のデータを読むと、海外修学旅行は国際情勢の影響を大きく受けている。01年同時多発テロや03年のイラク戦争直後に半減したり、リーマン・ショックや海外のテロの発生があったが、12年までに800校程度に回復し、その後ほぼ横ばい傾向にある。

訪問先は公私立合わせると、1位の台湾が約3万6千人、2位シンガポールは2万人超である。以下3位オーストラリア、4位マレーシア、5位グアム、6位ハワイは1万6千人前後が訪問している。

海外修学旅行が、真の「グローバル教育」になっているのか、英会話とコミュニケーションだけに狭められていないか、という指摘もあり、歴史や社会を理解していく視点をもった海外修学旅行が増えることを望みたい。

こうした追悼碑を訪問することは、歴史面では日中戦争やアジア太平洋戦争の立体的な把握、華人文化への理解、そして人権の視点から戦争に翻弄された人々の生命への想像力を育み、現代の戦争や暴力への批判的視野を養う機会になり得る。

本書の内容を修学旅行や研修旅行でどう具現化できるか、その趣旨を盛り込める場所の紹介をここで提案したい。

1．KLIA近辺

①ニライ（p.95参照）

KLIAとKLを結ぶ高速道路沿いで、サービスエリアと進入路が同じ墓地「孝恩園」にあるので、訪問しやすい。ただKLからKLIAへ向う側の道路にあるため、一度ニライのインターチェンジを出て、料金所を出たところでUターンをする必要があるが、それは容易にできる。事前学習に取り組んでいれば、マレーシアに着いて最初の訪問地となるだろう。

（「馬来亜抗日英雄紀念碑／日本のマ

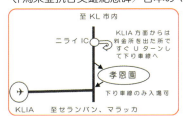

増補⑦

ラヤ侵略に抵抗した英雄たちの碑」「九一紀念碑」）

②センダヤン（p.94参照）
　ＫＬＩＡの南方、15kmほどにあるネグリ・センビラン州全体の追悼碑である。ＫＬＩＡからマラッカに直行する時などに立ち寄りやすい。追悼碑は丘の上にあり、下の駐車場からだと徒歩10分ほどかかるが、バス１〜２台なら碑のすぐ上につけることも可能である。碑の周辺は整備されており、多くの人数が立ち入ることができるが、現地との事前調整が重要である。
（「森州日侵時期蒙難同胞紀念碑」）

③マンティン（p.102参照）
　国道1号線沿いにあり、側道にバスを入れることもできるが、やはり現地との事前打ち合わせが必要であろう。1980年代の教科書検定問題を機に新たに作られた碑の銘文には「蒙冤」の2文字が入り、戦争被害や現代の問題を考えさせられる。数十名が同時に敷地に入ることも可能である。
（「文叮華人日治蒙難冤紀念碑」）

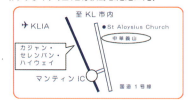

２．マラッカ
①市内中心部（p.88参照）
　碑のある敷地は広いがすぐ近くにバスの駐車スペースがないため、小グループごとに訪れるのに適している。碑の背後は中国人墓地で、隣には鄭和像がある三宝寺があり、マラッカの歴史を学ぶことができる（「忠貞足式」碑）。
②「九.五事件」碑・墓（p.90参照）
　マラッカ中心部から東方15キロの場所にあり、比較的バスも止めやすい。ただ雑草が生い茂っている場合も多い。
（「一九四五年九．五殉難史誌」）

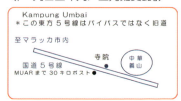

３．ペナン（p.58参照）
　2014年に碑の回りの説明版やモニュメントも整備され、多くの人数を収容できるスペースになっている。特に「南僑回国機工」追悼碑ということで援蒋ルートを通して日中戦争の学習に適している。
（「檳榔嶼華僑抗戦殉難機工罹難同胞紀念碑」）

４．ジョホール州（p.126参照）
　シンガポール修学旅行の一環でマレーシアを訪問する学校も多い。その際に点在する追悼碑を訪問することもできる。バスで訪問しやすい場所としては、ジャラン・クブンテ沿いのジョホール・バル地区の追悼碑がある。
（「華僑殉難諸先烈公墓」）

　訪問にはまずグーグル・マップなどで位置の確認から始めたい。これらの場所はご存知の通り、観光地ではなく、デリケートな場所なので、現地との連絡、打ち合わせや下見は必須である。
（SU）

はじめに──マラッカの村の食堂で問われて

　私が教員になって間もない1970年頃、高度経済成長の波に乗って、海外へ出かけて行く教員も多くいた。ある大規模教職員団体では、夏休みにジャンボ機をチャーターして、ヨーロッパとアメリカへの研修旅行を毎年実施していた。現地では各コースに分散し、帰路は集合地点からまたチャーター便で帰国するというものだった。
　報告会に参加した時、私は世話役に「なぜアジア向けを企画しないのか」と、尋ねた。「中国にはまだ行けないし、東南アジアやインドでは参加者が集まらない」という返答だった。
　当時、私は日本復帰前の沖縄へ何度か通い、途中で石垣島から台湾へ渡って島内を一周したりした。学生時代には日本全国を歩き回り、駅のベンチやテントで寝ながら、農村漁村や戦後の海外引揚者による入植地で、限界ギリギリの状況でも、たくましく生き抜いている人々と接した。みな、人間味にあふれ、多くの感動を得た。
　75年夏、バンコクの日本大使館勤務になった兄に誘われて、タイとマレーシアを鉄道とバスで回った。マレーシアは、道路はよく舗装されているうえに、車の数は少なかった。運転マナーもイギリス流が継承されていて、レンタカーで各地を回れる自信を得た。77年、ペナンでレンタカーを借り、南端のジョホールまで寄り道をしながら、一人で旅をした。社会科地理の授業に使うためにゴム園とスズ鉱山などを撮影するのが目的だった。

　マラッカ郊外の農村で昼になった。村の食堂に入り、客が食べている料理を見ながら、手まねで注文をした。
　待つ間に年配の店員が出てきて「日本人か」と問われた。「そうだ」と答えると、「それなら戦争中に日本軍がこのあたりで住民を大勢殺したのを知っているか」と尋ねられた。あり得ることと思えたが、具体的知識はなかったので「知らない」と返事したところで、注文の品が運ばれて会話は終わった。
　食事の後、店を出るところでまた店員に声をかけられた。
　「さっきの話の証拠を見にいく気はあるか」と。「是非見たい」「では案内する」。車で案内された所が、後で思い出してみるとマラッカ市内の追悼碑だった。
　碑文は中国語で書かれていて、意味は大半読み取れた。虐殺の犠牲者が中国系住民（当時の華僑）だったことも分かった。中国での日本軍の蛮行については、本多勝一氏の『中国の旅』などで、広く知られていた。マレー半島地域も華僑が多く、日本軍は敵視していたのだから、虐殺はあり得た。こうして１店員が、私にその後35年以上に及ぶ課題と直面させてくれたのだった。
　「日本に戻って、調べてみる」とその店員に告げて、別れた。
　日本国内では断片的な情報しかなかった。シンガポールの「血債の塔」やペナンの追悼碑のことなどを、松井やより氏のルポルタージュなどから知って、毎年8月にはそれらの確認や調査のために出かけた。
　1982年夏、教科書検定で日本政府が、アジアへの「侵略」を「進出」と改変させていた件で、近隣諸国から抗議が集中するという事態になった。日本政府が事実上

1

謝罪し、以後は「侵略」記述を認めるとしたことで、ことは一応落着した。

　しかし、社会科教師の間では「それでいいのか」という反省の声があがった。アジアの人々は、日本政府だけでなくそうした不当な検定を見過ごしてきた一般日本人、とりわけ社会科教育関係者も、批判していたのではないかと。教師のわれわれはどうすべきなのか。議論を重ねていった──何よりも授業で侵略の事実を生徒に伝えるべきだが、東南アジアについてはそうした事実そのものが、まだほとんど分かっていない。それなら自分たちで現地へ行こう──という結論になった。

　私が案内役に指名され、83年夏に「第1回・戦争の傷跡に学ぶマレー半島の旅」がスタートした。

　タイのバンコクを起点にシンガポールまで2000kmを、鉄道とバスを利用し、約3週間かけて、各地を回った。前例のないツアーであるものの、現地の旅行社やガイドの人たちも主旨に共鳴して協力してくれた。帰国後に情報が届けられもした。

　ツアーは原則として年に1回ながら内容は次第に充実していった。

　4年目の86年、前年の中曽根首相の靖国神社参拝に反発した市民運動「アジア・太平洋戦争の犠牲者に思いを馳せ、心に刻む会」の取り組みの一環として、海外現地集会の一つを私が担当して東南アジアで開催することになった。8月15日の日本国内集会（大阪）に呼応したものだった。

　以後タイのカンチャナブリ（映画「戦場に架ける橋」の舞台）、コタ・バル、シンガポール、ジョホール・バルなど各地の地元華人団体に協力してもらいながら、ツアーの日程の中で、現地集会を開催してきた。

　こうした取り組みの中で、私たちにもたらされる情報や証言は急増した。特に、確認できた各地の追悼碑など約30ヵ所を『写真解説・日本の侵略』（大月書店1992年）で見開き2頁に収録したところ、それを見た現地の若い記者たちが「日本人に先を越された、もっとあるのではないか」と競って資料探しに動いてくれ、大きな流れとなった。現在では東マレーシアを含め、70ヵ所を越えている。

　これまで100回以上訪問したが、その中ででさまざまなことがあった。遺族や目撃者たちからののしられたり、殴られそうになったり、石を投げられたり、数時間のつるしあげにあったりした。でも必ず、「こんな日本人もいるのだから」と、とりなしてくれる人がいて、ことなきを得てきた。

　30数年の個人的な営為に共感してくれた関口竜一、鈴木晶の両氏との共同作業を通じてようやく一書にまとまった本書を読んで、「こんな日本人」がすこしでも増えたらと願っている。

2010年11月　　　　　　　　　　　　　　　　　　高嶋伸欣

旅行ガイドにないアジアを歩く　増補改訂版　マレーシア　目次

〔増補〕新たな出会いと交流　　　　　　　　　　　　　　　増補①〜⑧
まえがき　　　　　　　　　　　　　　　　　　　　　　　　　　　　1

1章　マレーシアを知りたい

1　独裁政治の終焉──変わる政治状況 ……………………………………… 8
2　なぜ多民族国家になったか？──形成と世界の歴史 ……………………10
3　「熱帯の工業国」マレーシアの余裕 ………………………………………14
4　壁画から見る歴史 ……………………………………………………………16
5　マレーシアの独立と政治 ……………………………………………………18
6　日本との交流──日本人移民はからゆきさんだけではなかった ………20
　　①農林漁業移民 ……………………………………………………… 20
　　②日本人墓地 ………………………………………………………… 24
7　日本の南侵──昭和の時代 ………………………………………………26
　　①対米英開戦と日本敗北の理由 ………………………………… 26
　　②マレー上陸作戦 ………………………………………………… 28
　　③日本占領時代──地獄の3年8ヵ月 ………………………… 32
　　④華僑虐殺──今も続く歴史的事実の掘り起こし ………… 34
　　⑤住民虐殺の公式記録『陣中日誌』──日本軍はなぜその隠滅に失敗したのか？
　　　 ……………………………………………………………………… 36
　　⑥日本軍兵士たちの心情 ……………………………………… 38
　　　コラム　屋台を楽しもう！　バクテー（肉骨茶）はいかが？ ……13
　　　コラム　日本社会の歪んだままのアジア観 ………………………22
　　　コラム　マレーシアの書店事情 ……………………………………31
　　　コラム　マレーシアのイスラム事情 ………………………………40
　　　コラム　マレーシアの凧揚げ、コマ回し、セパタクロ …………42

2章　クアラ・ルンプールとその周辺

1　クアラ・ルンプール──イギリスが小集落を首都にした町 ……………44
2　日本人墓地 ……………………………………………………………………46
3　虐殺犠牲者の墓 ………………………………………………………………48
4　慰安所跡──強要された女性たち …………………………………………52
5　プドゥ刑務所跡──連合国軍捕虜と日本人BC級戦犯の苦難の地 ………54
　　　コラム　華僑機工回国抗戦殉難記念碑 ……………………………50
　　　コラム　マレー住宅──カンポンの生活を楽しむ ………………51
　　　コラム　マレーシア映画界の"線香花火"ヤスミン・アーマド …56

3

3章 ペナン島とその周辺、タイ国境地帯

1　ペナン島の歴史──世界の変化の中で ……………………………… 58
2　日本軍占領下のペナン ………………………………………………… 60
3　世界遺産、ジョージタウン──今に残った事情 …………………… 62
4　ペナン消費者協会（ＣＡＰ）………………………………………… 63
5　バターワース──プライ工業団地の光と陰 ………………………… 64
6　タイ国境地域──ジットラ・ライン ………………………………… 66
　　コラム　マレーシアの音楽2題 ……………………… 68

4章 ペラ州

1　ペラ州──錫の産地として …………………………………………… 70
2　林謀盛 Lim Bo Seng─救国の英雄 ………………………………… 72
3　ランカップ住民虐殺事件 ……………………………………………… 76
4　イポー、ブキ・メラ地区──ＡＲＥ社、日本の公害輸出の破綻 … 78
5　情報空白州からの転換の理由──事件と追悼碑 …………………… 82
　　証言　王家昆さん ………………………………………… 80

5章 マラッカとその周辺、ネグリ・センビラン州

1　マラッカ　アジアと西洋の接点 ……………………………………… 84
　①アジア最古のチャイナタウン──鄭和の遠征とアユタヤ王国の脅威 …… 84
　②「3年8ヵ月」──追悼費・慰安所跡・アヘン販売所跡 …………… 88
　③「9月5日事件」…………………………………………………………… 90
2　ネグリ・センビラン（ＮＳ）州 ……………………………………… 94
　①追悼碑と周回ルート案 ………………………………………………… 94
　②「敵性華僑狩り」の背景 ……………………………………………… 96
　③虐殺事件の掘り起こしと『史料集』刊行 …………………………… 98
　④第7中隊『陣中日誌』の意味 ……………………………………… 100
3　マンティン（文叮）…………………………………………………… 102
4　イロンロン村 ………………………………………………………… 104
　　証言　蕭雲（シャオ・ユン）さん ……………………… 106
5　クアラ・ピラ──パリティンギ事件と幸存者たち ……………… 110
　　証言　楊振華（ヤン・チェンホア）さん …………………… 111
　　証言　蕭文虎（シャオ・ウェンフー）さん ………………… 112
6　ペダス（レンバウ県）……………………………………………… 114
　　証言　鄭来（チャン・ロイ）さん ……………………… 116

7 スンガイ・ルイ ……………………………………………………… 118
  ①事件の全貌 ………………………………………………… 118
  ②民族融和の象徴 …………………………………………… 120
    証言 孫建成（スン・キャンセン）さん ……………… 122
    コラム マレーシアをドライブする ……………………… 87
    コラム 最初の世界１周者はマゼラン？ ………………… 92
    コラム マレー「奉納金」と横浜正金銀行 ……………… 108

6章 ジョホール・バルとその周辺

1 ジョホール州──シンガポールとコーズウェイで結ばれて ……… 124
2 「３年８ヵ月」──追悼碑、慰安所 ……………………………… 126
3 ペルマイ精神病院 ………………………………………………… 130
4 日本人墓地 ………………………………………………………… 133
    証言 陳桂（チン・クイ）さん ………………………… 132
    コラム 追悼碑の写真を手に道順を尋ねる ……………… 134

7章 マレー半島東海岸

1 コタ・バルを歩く ………………………………………………… 136
2 パ・アマット島 …………………………………………………… 138
3 福龍山 ……………………………………………………………… 140
4 クアラ・トレンガヌ ……………………………………………… 144
  ①クアラ・トレンガヌを歩く ……………………………… 144
  ②「華僑殉難紀念碑」……………………………………… 148
  ③ベトナムボート・ピープル──上陸を拒まれた人々 … 150
5 ドゥングン──日本の軍需産業を支えた鉄鉱石の積出し港 …… 152
6 石原産業と金子光晴──戦前マレーにおける日本企業の活動 ……… 154
    コラム 憲兵と結婚した女性 ……………………………… 156

8章 東マレーシア（ボルネオ島）

1 東マレーシア──１つの島に２つの名前 ……………………… 158
2 コタ・キナバル …………………………………………………… 164
3 ケニンガウ ………………………………………………………… 168
4 サンダカン ………………………………………………………… 169
5 クンダサン、タワウ ……………………………………………… 172

5

6	ラブアン島	173
7	クチン	175
8	ミリ	178

コラム 「徴用作家」里村欣三とボルネオ ………………… 163
コラム キナバル・ゲリラの蜂起 ………………………… 167
コラム サンダカン死の行進 ………………………… 171
コラム サバ州の幼児教育・保育基盤整備プロジェクト by POCOS … 174
コラム 『三人は帰った』（アグネス・キース）から読むボルネオの日本軍 … 177

参考文献 ………………… 179 　　マレーシア　略年表 …… 180〜182
あとがき ………………… 183 　　索引 ………………… 184〜188

本文項目末のアルファベットは、担当した執筆者を表します。
ＴＡ：高嶋　ＳＥ：関口　ＳＵ：鈴木

●森美蘭州文丁町中華義山管理委員会（p.102〜参照）は、追悼碑の見学者を歓
迎しており、事前に連絡があれば、案内・説明等をする用意があるとしてい
る。連絡は英文か華語で下記へ。
CHINESE CEMETERY MANAGEMENT COMMITTE OF MANTIN,
　　　　　　　　　　　　　　　　　　NEGERI SEMBILAN
　　e-mail ：kwanyikss@hotmail.com　　FAX. -60-6-7582811
　　　　　：fookoktoong@yahoo.com　　FAX. -60-6-7583608

●調査の中で、地元の華人組織・中華大会堂や多くの証言者と出会い、協力し
ていただくことができました。また陸培春さんや楊佐智さんをはじめ多くの
方々から心強いご支援をいただき、本書ができあがりました。心からのお礼
を申し上げます。　　　　　　　　　　　　　　　　　　　　（執筆者）

●　本書は、読者が「１人でマレーシアを旅する」をめざして、できるだけ多くの
地図や写真を収録しました。最新の現地調査に基づいていますが、現在道路建設
が各地ですすめられており、現状は日に日に変化しています。また追悼碑の新設
や説明板の設置も各地で取り組まれています。
　読者が訪ねた場所での新しい情報を、下記梨の木舎メールにお寄せくださるの
をお待ちしています。
　Ｅメール：info@nashinoki-sha.com

1章
マレーシアを知りたい

1 独裁政治の終焉
——変わる政治状況

クアラ・ルンプール中心部。写真下方を走るのは LRT（Light Rail Transit）、遠景にペトロナス・ツインタワーや KL タワーが見える。

「ルック・イースト」——1980年代

「開発独裁」型強権政治を実行したリー・クワンユー（シンガポール）とマハティール（マレーシア）両政権の共通点の1つは、「ルック・イースト（日本を見習え）」政策を掲げていたことだった。日本を勤勉で汚職がなく知的水準の高い社会と位置づけ、日本に追いつき追いこせと、国内に呼びかけ続けた。日本側もこの心地よい政策に呼応し、政官民揃って「熱帯の工業国」作りに協力した。

特に大きな意味をもつのは、独立直後のシンガポールで同国西南部の沼地ジュロンに造成された工業用地への進出を最初に決めたのが、当時世界一の造船会社石川島播磨と三菱造船だった ことだ。これが世界中の企業の進出不安を払拭した。以後、日系企業の進出ラッシュが始まり、リー政権の基盤は磐石となる。

やがて、島国シンガポールでは工業用地が不足気味になり、また労働力不足による人件費の上昇などから、企業の進出先はマレー半島地域に拡大する。それがマハティール長期政権の下支えになった。

「開発独裁」の終焉

この「開発独裁」型政権も終焉を迎え、状況は変化している。シンガポールの政権は、1990年につなぎ役のゴー・チョクトンに交代したあと、リー・クワンユーは上級国務相に就任

して「院政」を続けていた。しかし
2004年8月に首相となった息子の
リー・シェンロンは、「開発独裁」型
政治から民主化推進に転換中だ。そこ
には、もはや強権政治を維持できない
状況が出現している。なぜか❷

　理由の第1は、所得水準の向上とそ
れと表裏の関係にある教育レベルの上
昇で、人権や民主主義の抑圧がむずか
しさを増したことにある。巧妙にカモ
フラージュした事実上の制限選挙下で
も、政府批判勢力の得票がふえ続けて
きている。

　また、第3次産業を中心とする国際
交流の増加は、国際的な監視の目を強
めることになった。強権的な同国内の
政治状況が海外で広く知られることは、
進出企業がそれぞれの自国内で批判さ
れる可能性を高める。ミャンマーの軍
事政権に対する国際的制裁は、そうし
た点での反面教師の役割を演じている。

　マレーシアのマハティール政権の場
合は、これらに多民族社会としての不
安定さが加わった。多様性を抑圧し続
けたことで逆に強まった反発が、長期
政権批判を増幅させ、2003年にアブド
ラ副首相に政権が移された。

強権政治の転換

　そのアブドラ首相は、当初こそ前政
権の政策継承を明言したものの、次々
と大規模開発計画の見直し・中断を実
行するとともに、「大型事業で大金を
どぶに捨て、国庫を空っぽにした」
「世界一が大好きだった」と前首相を
露骨に批判した。マハティールは、こ
れに「後継者の人選を間違えた」と発
言（2006年6月）したが、状況の転換
を明確にしただけだった。

　アブドラ首相自身も勢いを増す野党
などの批判を受け、2009年4月にはナ
ジブ氏に首相の座を譲った。ナジブ新
首相には、難題が待ち構えている。第

1は、2008年3月の下院総選挙で野党
が躍進した状況に変わりがなく、その
後の補欠選挙でも野党勝利が続いた。
第2は総選挙と同時の州議会選挙でも
野党が伸び、5州で野党側が過半数を
獲得したことだ。

ブミプトラ政策、国内治安法のこれから

　特に、野党との連立政権となったペ
ナン州では、中国系（華人）の民主行
動党 DAP 幹事長リム・グアンエン州
首相が、ブミプトラ政策（マレー人優
先政策）の撤廃方針を明言したことで、
州政治の行方に暗雲がたれこめはじめ
た。

　ブミプトラ政策は、1969年のマレー
系と中国系の民族衝突事件を契機とし
て導入された。日常の経済活動や教育、
就職、不動産購入などでマレー系が明
確に優遇されてきたが、中国系やイン
ド系の不満に加えて、マレー系の間で
も恩恵に浴さない低中所得層から、政
権批判の声があがっていた。

　アブドラ前首相は与党統一マレー国
民組織 UMNO の総会（09年3月）で、
「変化を拒めば党の未来はない」と指
摘した。しかし UMNO の有力支持基
盤は、ブミプトラ政策の恩恵を最も多
く享受しているマレー系富裕層でもあ
る。両者のバランスを、ナジブ新首相
がどう図っていくか。大きな動揺が生
じる可能性もある。

　また、強権政治を支えている「国内
治安法」についても、ことにその恣意
的な運用に対して、アブドラ政権下で
法務大臣のサイド首相府相が、非合理
を指摘するとともに同法の廃止を主張
し辞任した。同法の撤廃を要求する集
会やデモ、インターネット上の署名運
動も活発化し始めている。

　状況は、確実に変わりつつある。

（TA）

9

2 なぜ多民族国家になったか？
——形成と世界の歴史

ゴムノキの樹皮のカッティング。下にあるカップで樹液を受ける

ゴムノキ移植100年を記念して初代ゴムノキのあった地点に、1977年につくられたモニュメント。シンガポール植物園

　マレーシアと聞くと、多くの人が、多民族社会・エスニック文化を連想する。中学校や高校の世界地理の学習では、多民族社会の典型例として、マレーシアを強調している。世界中のほとんどの国が多民族社会—日本も一なのに、多民族社会の典型的な事例としてマレーシアをあげる。なぜだろう❓
　理由はいろいろある。まず、比率が均等ではないものの、マレー系、中国系、インド系の3つの民族が大半を占めていてわかりやすい。主要民族の数が多いインドや、1つの主要民族と多数の少数民族との落差が大きい中国やロシアその他の国では、説明がしにくい。しかも、そうした国々では近年、民族問題が深刻化しているケースが多い。ところが、マレーシアでは1969年の民族衝突以来、社会全体が慎重になって、重大な事件は起きていない。
　それに、日系企業の進出が、マレーシアにも盛んになった。当然ながら従業員は各民族のバランスに合わせて採用し、その処遇でも各民族の文化・価値観を尊重することになる。こうして産業界やそれと表裏の関係にあるマスコミの分野でも、多民族社会マレーシアのイメージが広がった。
　最近ではこれに加えて、定年退職後の海外ロングステイブームの人気第1位として、マレーシアの名があげられている。物価が安く、治安も比較的良い。多様な文化に触れられ、寒さのない国は魅力的だ。
　こうした要因が相乗効果をあげて、最近の日本では多民族社会マレーシアのイメージが強まり、広がっているように見える。

コロンブスの航海が起源 ?!

では、マレーシアはどうしてこのような多民族社会になったのだろうか❓

世界史では必ず触れるゲルマン民族の大移動などのように、地球上では昔からさまざまな人々の移動があった。時にはなりゆきまかせのものもあるけれど、他方では未知の土地への移動は大きな不安がつきまとう。やはりそこには大きな理由があった。メイフラワー号の移民などがそれだ。

マレーシアの場合は、先住民（オラン・アスリと総称される人々）を、外来のマレー人が低地から山地に追いやって、稲作社会を築いていった。マレー系は現在のインドネシアの島々にも移り住んでいった。マレーシア語とインドネシア語の多くが同じなのはそのためだ。

これに、西マレーシア（マレー半島）では、中国系とインド系の人々が加わることになる。どうして❓

それは、コロンブスの第 1 回大西洋横断航海（1492年）と深く関連している❶

大西洋を横断してアジアに到達したと思った彼の第 1 回航海では、カリブ海の島々が「西インド諸島」と名付けられ、さまざまな産物が持ち帰られた。その中にヨーロッパ人が初めて見る生ゴムがあった。弾力性、防水性に富み、木造船の水漏れ防止に効果的だったが、用途は限定的で、それ程の需要はなく、高値になることはなかった。もともと野生のゴムノキからの採取量は多くなく、需要もあまり拡大しなかった。

やがて新しい用途が考案された。それは何か❓　ヒントは、生ゴムの英語 rubber が rub（こする）を語源としていることだ。1770年、化学者プリーストリーが鉛筆の文字をゴムでこすると消えることを発見し、消しゴムが登場した。

19世紀前半、ゴムの新たな用途が出現し、需要が爆発的に増大する。それは、ヨーロッパから世界を変えた国イギリスに出現した事態、Industrial Revolution によってだった。明治の文豪坪内逍遥（1859〜1935年）はこれを「産業革命」と訳した。機械技術の革新による工業部門の大変化だけでなく、それは産業・経済から社会の様相をも一変させた。

イギリスは産業革命で「世界の工場」となったものの、石炭・鉄鉱石などの原材料や製品等の重量物を運ぶ馬車の損傷に悩まされていた。そこでバネとタイヤが考案された。

当時、生ゴムはゴムノキの原産地アマゾン川流域を支配している新興国ブラジル（1820年独立）から供給されていた。それは学名へベア・ブラジリエンシスで、通称は、船積みをするパラ港の名から「パラゴム」と呼ばれていた。ちなみに現在、日本の家庭などで観賞用に栽培されているのはインドゴムで、ゴム液採取用のものではない。

増産の要求を拒否したブラジル

さて、ブラジルに、イギリスから長期間の大量買入れを前提としたゴムの注文が寄せられた。独立後間もないブラジルにとっては、願ってもない輸出品の注文のはずだった。しかし、ブラジルはその要望に応じなかった。なぜだろうか❓

ブラジルが、イギリスの注文に応じなかった大きな理由に、ゴム栽培の技術が不明だったことがある。当時は、アマゾンのジャングル（セルバ）の中に散在している天然のゴムノキから先住民が採取したものを買い集めるだけだったので、大量供給を可能にするゴム園を創るノウハウは皆無だった。それに、苗から採取可能な樹に成長するまで数年間の先行投資が必要だった。

そうした産業資本主義的な経営理念が、本国の大土地所有制をほぼそのまま持ち込んだ白人入植者たちには決定的に欠落していた。現在もこの地域のいわゆる「後進性」の根源となっている大土地所有制の下で、大農場や大牧場の所有者たちは、経営の実務を現場の支配人たちや雇い人にまかせたきりで、自分たちは大都市にかまえたかつての王侯貴族並みの豪華な邸やヨーロッパの別荘で過ごしていた。

目の前の享楽を優先し、将来のために汗水流すことを敬遠するいわゆるラテン気質、それが当時のブラジル支配層には根強かった。

それに、パラゴムの供給では、ブラジルが独占状態だった。イギリスの需要が増大すればするほど、高値になる。汗水流すことなく、利益は倍増した。

しかし、これではイギリスはたまらない。必要な量にはほど遠いし、逆に、あまり高値になったのでは、たかがタイヤに多大なコストはかけられない。

イギリス政府の新たな行動とは？

そこでイギリス政府は、思いきった行動に出る。その行動とは❓

ここから話は複雑になる。1つは単純に、ブラジル政府の禁止規則を無視して大量の種子と苗を盗み出させたという説。もう1つは、ブラジル政府の許可を得て、堂々と通関手続きなどをして積み出したとする説。前者は俗説とされ、後者は裏づけの書類等もある。

どちらにしても、その実行者はイギリス人入植者ヘンリー・ウィッカムだった。それまでの搬出は、大西洋横断中の腐敗でことごとく挫折していた。1876年に大型蒸気船がマナオスに入港すると、ウイッカムはそれに種子7万粒を積み込み、税関には「英王立キュー植物園向け植物標本」として届けたのだった。リバプールの港には貨物

列車を待機させておき、船がつくとただちに移し替えてロンドンに急送した。植物園では2000粒が発芽した。ウィッカムはのちに、この功績からナイトの称号を授けられた。

この成功話をドラマ風にしたのが、盗み出したという俗説だとされている。

キュー植物園で発芽したゴムノキはセイロン（現スリランカ）島とシンガポール島の植物園に移植された。そこで優良な種子の選抜や接ぎ木、カッティング方法など、技術改良をほどこし、マレー半島とその周辺に広大なゴム園を造成した。

その過程で出現したのが、多民族社会だった。どのようにして❓

イギリスが作った多民族社会

当時すでに植民地支配の経験が豊富だったイギリスは、米作中心の自給自足体制下にあったマレー人社会には手をつけず、錫鉱山開発を中国人労働者（華僑）の導入で進め、ゴム園新設でもさらに多くの華僑を呼び寄せた。ただし、華僑だけになるのを避け、ドラビタ人などインドから最下層の人々を移住させ、大同団結しにくい民族分断策を実施したのだ。こうして多民族社会が出現した。

その際、増加した人口分の食糧を安く確保できなければ、労賃は低く押さえられない。そこでイギリスは、広大な水田適地が未開拓なままのタイ中央平原に着目する。当時、日本同様に欧米文化導入を急ぎ、外貨が必要だったタイ政府は、イギリスからの米増産要請にとびつく。

かくてイギリスは、マレー半島での米価を低水準にし、低賃金雇用を可能にした。同時に、タイに支払った米の代金は、工業製品の購入や「お傭い外国人」の高給でイギリスに回収するしくみを作った。　　　　　（TA）

コラム

屋台を楽しもう！
バクテー（肉骨茶）はいかが？

お茶？ それとも食べ物？

「肉骨茶」。マレーシアやシンガポールの屋台でよく見かける。看板だけ見るとお茶の1種と見えるが、どのようなものだろうか❓

簡単に言えば骨付き豚肉のスープ料理でマレーシア華人が考案し、西海岸の港町クランの肉体労働者に拡がったという（中国・潮州地方の料理説も）。

料理は骨付きの豚肉の固まりをハーブなどを入れたスープで煮たものだ。「マレー系」と「シンガポール系」にわける考えもある。食べ比べてみると、「マレー系」は肉の脂も多く残り、柔らかく感じる。野菜などが加えられているものも見かける。「シンガポール系」は胡椒を利かせ、肉の脂も結構抜けている感じがする。

肉骨茶に限らないが、屋台では料理を注文するとまず店員が小さなプラスチックのボウルに熱湯を入れて持ってきてくれることが多い。これはなんのために出されるのだろうか❓ フィンガーボールにしては熱すぎる。実は箸や小皿などを熱湯消毒するためのものである。屋台の衛生状態を気にする人もいるが、都会ではこのような配慮は結構行われている。

アジア料理がたくさん！

マレーシアを旅すれば、中国各地の屋台料理も食べることができる。ホッケンミー（福建麺）、ハイナンハン（海南飯）、釜飯などなど、看板を見ているだけでも楽しくなってくる。

またイスラーム屋台では、ナシ・チャンプラ（ナシ＝ご飯、チャンプラ＝まぜる……チャンプルーやちゃんぽん、ちゃんこの語源となるマレー語）といって、好きなおかずとご飯を盛り付けてもらうこともできる。またインド人街でも食事を楽しめるので、あれこれ目移りしてしまう。ただし、繁華街では貴重品の管理に要注意！

▲肉骨茶の店の調理場

▲チャイナタウンの釜飯屋台

3 「熱帯の工業国」マレーシアの余裕

街の中の看板に並ぶ歴代首相の顔写真。右より、アブドラ首相、マハティール前首相（2007年）

イギリスは産業革命によって「世界の工場」となり、非ヨーロッパ地域を工場労働者のための食料供給地と工場の原材料産地にし、工業製品の市場にする世界構造を作りあげた。19世紀後半に築かれた大英帝国による世界支配秩序"パックス・ブリタニカ"は、20世紀後半にアメリカとソ連（ロシア）の２大国によるルッソ・アメリカーナに継承された。現在はそれに、中国とインドが加わりつつあるように見える。

この間、非ヨーロッパ地域では、欧米列強の支配を排除して独立国が次々と登場した。国際連合の加盟国数は、1945年の発足時51国から、2010年11月現在では192国になっている。ただし、それらの国々の多くは経済的自立ができていない。そのことを端的に示しているのが、海外への出稼ぎだ。

かつてマレーシアも、アメリカやイギリス連邦内に出稼ぎ者を送り出していった。だが今では、シンガポールと競う形で工業化を推進し、逆に周辺の国々から出稼ぎ者を吸収し続けている。

想定外だった「熱帯の工業国」

「熱帯の工業国」という表現は、20世紀後半になるまで、ありえないものだった。欧米列強による世界支配の秩序を固定化し正当化しようとする欧米流

の文化、世界認識の下では、高度な工業化社会を築けるのは中高緯度の先進資本主義国だけとされた。資本主義の矛盾克服をめざしたマルクスの社会主義理論も、ヨーロッパ系白人優越観による矛盾を克服できず、「アジア的生産様式」などの枠組みをもって、「熱帯の工業国」は論外とした。

その「熱帯の工業国」を現実化したのが、シンガポールだった。赤道直下の島国、日本の淡路島と同じ広さしかない国土で特産品もなく、中継貿易のみに依存していた小国が、1965年にマレーシア連邦から分離独立した当時、工業立国の可能性を認めた専門家はほとんどいなかった。

だが、初代首相リー・クワンユーは強力な指導体制をもって外国資本を導入し、工業化に成功した。現在では観光、金融、貿易と国際会議など第3次産業部門でも集客力を高めている。

都市国家シンガポールでは、人口増加と経済活動の高度化に合わせ、立体的な土地利用のための工事が、全域でくり返されている。そうした工事現場や作業労働型工場の労働者の多くは、近隣諸国からの出稼ぎ者が占めている。各家庭のお手伝いさん（アマさん）も同様で、植物園やオーチャード通りなど繁華街は、休日の息抜きを楽しむ出稼ぎ労働者たちであふれている。

今や、シンガポール国民の1人当り国民総生産GDPは、日本の都道府県別1人当たり所得下位の数値を上回るまでになっている。かつては夢物語でしかなかった「熱帯の工業国」を、シンガポールは現実のものとした。それは欧米の白人中心社会にとって、経済上の絶対的優越の終焉を意味するという点で、大きな歴史的なできごとでもある。

このことを、日本社会はどれだけ認識できているだろうか、覚束ない。なにしろいまだに、日露戦争でいち早く白人国家を打ち破ったとか、「大東亜戦争」でアジアの独立を早めたなどと、「脱亜入欧」路線で白人社会に加わろうとしたことの誤りを認めようとしていないのだから。

資源の国マレーシアの余裕

ともあれ、シンガポールが成功した「熱帯の工業国」作りは、隣国のマレーシアでも踏襲され、ますます旧来の世界秩序観は崩されつつある。リー首相の用いた強権的な経済成長優先政策は、マレーシアでもマハティール首相の22年間の政権下で取り入れられた。それは言論の自由などを制限しながら外資導入を促進して工業化を図る「開発独裁」の手法だった。

日本のかつての治安維持法に該当する「国内治安法」によって、両国では現在も言論や集会の自由が厳しく制限され、労働者や政治団体の活動も規制されている。人権や政治的諸活動の保障が不充分でも、経済力の向上を優先することを多くの国民は容認しているとして、「開発独裁」型の政権は権力の座を維持してきた。

マレーシアの場合、そうした手法を採用する一方で、シンガポールとは大きく異なる一面もある。それは、国土面積が33万km²（日本は37万km²）と広く、人口2800万人（同1億3000万人、2005年）で土地利用に余裕があり、天然ゴム、油ヤシ、カカオなど多様な商品作物に加えて、豊富な石油、天然ガス資源を保有していることにある。「持たざる国」日本からすれば、うらやましい限りだ。マレーシアは新政権の下で、シンガポールの「開発独裁」を模倣していた段階から、余裕の国作りへ少しずつ転換しつつある。（TA）

4　壁画から見る歴史

博物館の正面右側にあるモザイク画

　国立博物館は、1963年8月31日（マラヤ連邦独立記念日）に開館した。KLセントラル駅から地下道が開通している。

　常設展示は、マレーシアの民俗・宗教などの展示と、独立広場前にあった国立歴史博物館の展示が加わり、日本の侵略を学ぶことができる（ただし以前より縮小された）。建物の裏側には、マレー鉄道で使用された蒸気機関車やイギリス植民地下で使用された自動車、国産車プロトンなどが展示されている。建物は伝統的なマレー王宮スタイルをデザインしており、左右13本ずつ立つ柱はマレーシアの13州を意味する。

　この建物で注目すべきは、正面左右の巨大な壁画だ。パキスタン政府から寄贈されたモザイク画だ。正面に向かって左側にはマレーシアの民俗、右側は歴史から、いくつかのテーマを選んで構成されている。ここでは歴史の壁画を右から年代順に見ていこう。

①12世紀
　マレー半島はかつて海のネットワークの要衝で、多くの人々が行き交っていた。インドとの交易を通じ、インド商人がヒンドゥー教や仏教文化を伝え、12世紀頃までこの2つの宗教が大きな影響力を持っていた。
　アラブ商人たちは8世紀頃からマレー半島に進出した。イスラーム教が拡がったのは13世紀以降で、明が弱体化した15世紀後半、マラッカ王の改宗でイスラーム化は決定的となった。

②1409年
　明・永楽帝は、朝貢国を広げるために、鄭和に南海遠征を命じた。船団はマラッカにも来航し、アユタヤ朝に圧迫されていたマラッカは、明の庇護を受け安定する。中国文化が開花した。

③1475年
　マラッカのスルタンに抵抗したハン・トゥア Hang Tuahと彼の友人ハン・ジェバ Hang Jebatの闘い。ハン・トゥアがスルタンによって死刑を言い渡されると、ハン・ジェバはスルタンに報復して王宮から追い出した。スルタンはハン・トゥアに恩赦を与え、ハン・ジェバと闘わせて、その命を奪った。ハン・トゥアの名前は軍艦の愛称や、機関車の名になっている。

④1511年
　ポルトガル人のマラッカ攻撃・占領。ポルトガルは1510年にマラッカへ交易を求めたが、攻撃を受けたため、マラッカを武力で征服した。この後ポルトガルはさらに東進し、モルッカ諸島の香辛料貿易を支配した。

⑤1720年
　16世紀半ば、マレー半島南部と周辺ではポルトガル領マラッカ、ジョホー

ル王国、アチェ王国が勢力を競っていた。1641年にはオランダがマラッカに進出し、またミナンカバウ人（スマトラ）がジョホールで独立運動を始めると、この地域は流動化した。99年に殺されたジョホール王の息子と自称するラジャ・クチルは、1712年にジョホール王位継承戦争を起こした。これに高い戦闘能力と操船技術をもって加担したのが、マカッサル王国（スラウェシ島）から移住してきたブギス人だった。ラジャ・クチルは18年にジョホール・リアウ王国を建国、一時失脚したが20年に再び王位に就いた。

⑥1840年

インドシナ半島南部では17世紀頃からアユタヤ朝の存在が大きく、周縁の国々は朝貢国と化していた。18世紀前半にはソンクラーの存在感が増し、ペナンのイギリス東インド会社の思惑もあり、現在のタイ南部〜マレー半島北部の政権や支配領域が再編された。18世紀半ばにはビルマの勢力が進出してきてこの地域の勢力図が変化していく。おりしも中国南部の人口爆発から中国人が東南アジアへ移住してきた。

⑦1874年

ペラ州では錫の採掘が進むと、華僑労働者間に採掘権の争いが発生。イギリスはこれを武力鎮圧した。1874年にはパンコール条約を結んで駐在官（レジデント）制度を導入し、保護領とした。この方式は、マレー半島の他の王国との条約でも適用されるようになった。96年にはペラ、セランゴール、ネグリ・センビラン、パハンの4ヵ国でマレー連合州が作られた。

⑧1886年

1885年に、錫鉱山のあるペラ州でマレー半島最初の鉄道が開通したのに続き、86年には、やはり錫採掘により発展したクアラ・ルンプールと港町クランの間に鉄道が開通した。

⑨1900年

イギリスは荷馬車の車輪などに重要なゴムを大量生産するために、ゴムの種子をブラジルから持ち出し、1877年からはシンガポールの植物園で苗を植え育成した。それが軌道に乗ったことから、大規模なゴム園がマレー半島に作られ、1900年には栽培ゴムがはじめて市場に出た。

⑩1941年

12月8日早朝、日本軍は真珠湾攻撃より早くマレー半島上陸作戦を開始した。イギリス軍の要衝であるシンガポール占領が目的で、主力はタイ領からの上陸であったが、コタ・バルの飛行場制圧が作戦の重要な目標だった。その後約2ヵ月でシンガポールを陥落させ、マレー半島を軍政下におき、「敵性華僑狩り」を行った。

⑪1957年

イギリス領マラヤは、イギリス連邦の自治領として、1957年に独立した。国旗と国花のハイビスカスが描かれている。63年にはシンガポール、サバ、サラワクとマレーシア連邦を結成するが、65年にシンガポールは分離・独立する。　　　　　　　　（SU）

〈注〉日本人ボランティアが週5日、10時からガイドしてくれる。

facebook参照

日本軍の侵攻を表現した1941年の部分

1章　マレーシアを知りたい

17

5　マレーシアの独立と政治

独立（ムルデカ）広場にある、世界一好きのマハティール首相が掲揚させた「世界最大」とされるマレーシア国旗。11州分の縞模様がマレーシア連邦では14州分に増やされた。シンガポールの分離独立後、クアラ・ルンプールを連邦政府の直轄地として区分することで14本の縞模様はそのままにされている。

大航海時代以後

　日本のように古代からの領域範囲が比較的単純だった社会は、世界全体で見ると例外的な部類に属する。マレーシアの場合は、ポルトガル、オランダ、イギリスによる影響、支配を受けて、地域ごとの小さなまとまりだったものが次第に拡大して現在の領域になった。

　元来、自給自足の農業を基盤としていたマレー半島の社会は、大航海時代（15〜16世紀）をむかえた西欧諸国の商業活動によって、いやも応もなく特産品の供給地として世界経済に組み込まれた。その特産品貿易を支配していたのは、西欧の政治権力と結託し交易独占権を得ていた特権商人集団の「東インド会社」などだった。

　しかし、これら特権商人はまた旧勢力として歴史の荒波にのまれざるを得なかった。旧勢力の特権商人を衰退さ

せたのは「新大陸」に入植した白人移民たちの抵抗と、産業革命を推進した新興の産業資本家だった。経済の主導権が商業から鉱工業に移り、海外に原材料供給と市場が求められると、非西欧社会の様子は一変する。それまでの基本構造である自給自足体制は、西欧の工業化進展の都合次第で強引に破壊された。主食を生産するための農地には工業用原材料作物が植えられ、人々は飢えに苦しめられる。オランダ領東インド（現インドネシア）の強制栽培制度は、その典型だった。オランダに莫大な富をもたらした東インド諸島は、「オランダ女王の首飾り」と言われた。

　イギリス領インドでも、香料類に加え在来工業の主力産品である綿織物で、「東インド会社」は巨額の富を得ていた。綿布の代名詞キャラコ Calico は、インド南部の輸出港、カリカット

18

Calicat からの木綿 Cotton を短縮して表現したことを起源としている。伝統的衣装のサリーの薄物を産み出していた極細の糸を紡ぐインドの織人の技術は、イギリスの産業資本の武力によって破壊され、インドは単なる綿花供給地へ変えられた。インド総督が「木綿織布工たちの白骨がインドの平原を覆っている」と公式報告書に記述した惨状が、現出した程だった。

既存勢力を温存させた独立

「世界の工場」イギリスを中心にして世界が1つの体系に再編成されていく中で、19世紀末以後マレー半島は錫産地に加え、ゴム園地帯に変えられていった。その過程で、英領マレーはマレー系、中国系、インド系の多民族社会に変えられていった（p.10〜12参照）。

日本の幕末維新期と同時期に、欧米列強は、それまで採用していた武力一辺倒の対アジア政策が原因で引き起こされた民衆反乱を教訓として、方針を転換していた（p.22参照）。その結果、マレー半島ではスルタンを中心とした既存勢力が温存されることになった。

それら既存勢力は、イギリス、のちには日本などその時々の新興勢力と結託することで、地域社会に君臨し続けた。第2次世界大戦後の民族解放、植民地独立の世界的潮流のもとで、イギリスは共産勢力との武力衝突という非常事態（エマージェンシー）を制した後に、スルタンたち既存勢力に政治的独立を認めるという形で、経済的影響力は存続させた。それが1957年8月のマラヤ連邦独立だった。

やがて63年には、自治領として59年に独立していたシンガポールが、ボルネオ島のサバ、サラワクとともに加わり、14州から成るマレーシア連邦となった。しかし、65年にはシンガポール

が連邦から離脱する。

この、戦後の比較的短期間に起きた複雑な動きについて、ややもすれば日本国内の認識が粗雑で、かつては大学入試で出題ミスさえ生じた。また解説書や旅行記などでマラヤをマレーシアと混同したり、マレー（マラヤ）半島を「マレーシア半島」としているものも散見される。ちなみにマラヤ大学であって「マレーシア大学」ではない。

既存勢力と近代化政策との軋轢

ともあれ、こうした変遷はあるものの、現在でもスルタンたち既存勢力がマレーシアでは特権階級として存在し、大地主として社会全体の経済に影響力を及ぼしている。地主制は、近代的な工業化の促進に不可欠な土地の流動性を弱め、また刑事事件における不逮捕特権は、社会的公平、公正の定着を阻害する。

最近のマレーシア政府、とりわけマハティール政権（1981—2003）は、こうした政治状況の改善に腐心し、一定の成果をあげた。それが長期政権を支えた1つの要因だった。

しかしその一方で、マレーシアとシンガポールの両国には、共産勢力との対決を主たる根拠とした治安維持目的の法律「国内治安法」が、今も存在している。逮捕状なしの拘束、無期限拘禁や国外追放など、戦前の日本に類似した状況下で、両国の外資導入、工業化や観光客誘致が進められている。

したがって、観光やロングステイで滞在する外国人も同法の対象とされる。歴史について論じることは許容されるが、現在の政府について公に批判することは、同法によって規制されている。観光客誘致政策とは別の1面を、同国内にいるときは忘れずにいる必要がある。

（TA）

6 日本との交流
── 日本人移民はからゆきさんだけではなかった

①農林漁業移民

農林漁業移民は、1890年代初期から始まっている。初期の移民は、外務省が各地で移民地調査を行ったこと、93年に榎本武揚ら政界有力者が設立した「殖民協会」が、貧困解決のためには「移住殖民」が「国是」だと唱えて政府に働きかけたことが、背景にあった。

サバの農林労働者

現在のマレーシア領域に渡航した最初の農林漁業移民は、記録に現れる限り、1893年に英領北ボルネオ（現サバ州）に渡って木材伐採に従事した12人で、95年までに併せて110人ほどが木材伐採、樟脳採集にあたったりイギリス系コーヒー園に雇われたりした。熊本県が最も多く、次いで広島、和歌山の順だった。地元民も入らないような奥地に入って働き、死者も多かった。新潟大学大学院の都築一子さんの調査によると、彼らの居住地としてはサンダカン郊外（といっても、当時は人煙稀な地域）のクブン・チナ（Kebun Cina「中国農園」の意）が確認できるという。山崎朋子『サンダカン八番娼館』に登場する木下クニが渡来したのは85年だから、その8年後にはからゆきさんをはるかに上回る男子農民が入植したことになる。しかしこうした移民は96年以降途絶えた。過酷な労働環境に耐え切れなかったためであろう。

ジョホール州への農民入植

マラヤへの最初の米作農民入植は、1896年に愛知県七宝町とその近在から名主・石原哲之介とその息子・竜太郎に率いられてジョホール州ブキ・クポン（Bukit Kepong）に入った一行29人である。彼らは、なぜわざわざ海を渡ったのだろうか❷　最大の理由は、地租改正に伴う「格別の増租」（『七宝町史』1976年）と度重なる洪水だった。

現地ではスルタンから広大な土地の貸与を受けて水田、住居や橋の造成から手がけ、翌々98年には郷里から第2陣10人が入植した。しかし洪水やすずめの害にあったり、病死者（埋葬のため、マレー半島最初の日本人墓地が作られた）や逃亡者が出たりしたため、1900年頃には行き詰まり、残された一行の大部分はマラヤ各地に四散し、一部は帰国した。ブキ・クポンへは、当時ムアール（Muar）からムアール河を半日かけて遡らなければならなかったが、51年に自動車道路が完成し40分ほどで行けるようになった。

カメロン高原のトマト栽培

マレーシア最大の茶、高原野菜栽培地で避暑地、観光地としても有名なカメロン高原に、1930年代初頭、併せて20戸弱の日本人が入植した。一部はふもとでゴム園経営などにあたっていた人々だったが、多くは南洋協会（1915年に設立された半官半民組織）が募集した青年農民だった。34年には共同出荷を目的として「カメロン高原日本人農産組合」（JapaneseAgricultural Trading Co.）を設立し、リングレット（Ringlet）に事務所を構えた。この事務所の建物は今も残っている。農民たちはジャガイモ、キャベツ、カンコン、イチゴ、ルバブなどいろいろな野菜を植えたが思うような収入が得ら

「カメロン高原日本人農産組合」領事来訪時の記念写真

カメロン高原でのトマト栽培

れなかったが、トマト栽培をマラヤで初めて成功させてからようやく生活が安定した。しかし戦雲が迫るとほとんどが帰国し、残った3家族はイギリス当局に逮捕されて事業は終った。

トマト栽培の技術は近隣の華人農民に引き継がれ、カメロンは今日でも国内最大のトマト栽培地になっている。

サバ州のマニラ麻栽培農民

「日産コンツェルン」の創設者・久原房之助は、1916年に英領北ボルネオのタワウ（Tawau）でゴム園を買収して「久原農園」を設立した。これが「日産農林」の起源である。同社はその後耕地面積を大幅に拡大するとともに、37年からは拓務省の支援を得てマニラ麻（アバカともいう。漁網や網の原料）栽培のための日本人農民入植事業を行った。フィリピンのミンダナオ島ダバオの日本人によるマニラ麻栽培がアメリカの規制強化で拡大できなくなったことが、背景にあった。当初は同社の農園で雇い、数年後には自立させる、という計画だった。日英関係の緊迫に伴って41年初頭にイギリスが新たな入植を禁止するまでに、1000人近い農民が雇われた。40年半ばには、賃金引下げ、自立費引き上げを契機に入植者のストライキが起きた。賃金はほぼ元に戻されたが、首謀者3人は日本に送り返され、戦争中ずっと特高の監視下に置かれた。戦前戦後を通じ、恐らく最初で最後の、東南アジアにおける日本人移民のストライキだった。

戦争中も残った者が多く、終戦間際、軍による移動命令で密林の中で命を落した者も相当数に上った。

サバ州の漁業移民

折田一二が1926年にタワウに設立した「ボルネオ水産」は、まずサバ南東沖のシアミル（Si Amil）島に、38年には、北方沖のバンギ（Banggi）島に鰹節、鮪缶詰工場を設立し、日本から労働者を募った。ボルネオ研究者の望月雅彦氏によれば、シアミルには戦前延べ1668人（「内地」1052人、沖縄616人）、バンギには40年時点で138人の日本人が働いていたという。彼らの多くも、終戦時の混乱で南溟に果てた。

（原　不二夫）

〈参考文献〉

原不二夫『英領マラヤの日本人』アジア経済研究所、1986年

原不二夫『忘れられた南洋移民』アジア経済研究所、1987年

望月雅彦氏のWebsite「ボルネオ研究」http://borneo.web.infoseek.co.jp/index.html

コラム

日本社会の歪んだままのアジア観

日本の敗因

アジア太平洋戦争における日本敗北の最大の要因、それは侵略に対するアジア、特に中国の人々の抵抗力を過小評価していたことだった。当時の中国、中華民国の首都南京が攻略されれば中国側は抵抗を断念するはずだという勝手な思い込みが、日本を泥沼の中国戦線にはまり込ませることになり、破局の対英米開戦に突入させるに至った。

だが、この要因や経過を当時はもちろん現在も、日本社会では広く認識している様子がない。それが、毎年12月8日となれば対米開戦がらみの話題をくり返し、他方で、東南アジアでの対英戦から開戦した事実に触れるのを避け続けているマスコミの姿勢に、端的に示されている。

なぜ、日本の社会はアジアの人々の抵抗をみくびったのが敗因だったことを認めようとしないのか❷

アジアに対する差別的民族観

そこには、江戸時代の国学以来のアジアに対する差別的民族観の存在がある。本居宣長に代表される国学は皇室崇拝の念から日本民族の優秀さを強調する過程で他のアジア民族をべっ視する観念を形成していった。

それが、明治以後に帝国主義列強の植民地化という脅威に対抗するための殖産興業、富国強兵政策によるアジア侵略推進を正当化する理論の下地となった。この正当化理論をまとめあげたのが、福沢諭吉の『脱亜論』（1885年）だった。

福沢は、中国と朝鮮の近代化に見切りをつけ、日本は欧米諸国への仲間入りをめざして中朝両国も植民地化すべきだ、と提案した。さらに日清戦争の際には日本＝文明社会と清＝野蛮社会との"文野の戦い"と決めつけ、中国民衆の犠牲はやむをえないとした。

その後の日本は、「脱亜論」の路線そのままにアジア侵略をエスカレートさせ、アジアの人々の怒りと抵抗によって破局を迎えることになる。この間アジアの人々の抵抗力の重みに気づく機会は何度もあったし、気づいた日本人も少なくなかった。

しかし、そうしたまっとうな認識や声は、天皇絶対の差別観を掲げた思想統制と軍部の強圧によって、広く認知されることはなかった。

それでも、1945年8月の敗戦に際して、なぜ破局を迎えたのかを冷静に分析していれば、人々はこの差別的アジア観の誤りに気づいていたはずだった。しかし、事実上の米軍単独による占領下では、米軍の圧倒的軍事力がもっぱら強調された。天皇制を占領政策で活用されたことが、天皇の戦争責任を不問にさせ、差別的アジア観の問題点指摘を困難にした。

それに、差別的アジア観は日清戦争の勝利によりマスコミや学校教育を通じてくり返し強調されていた。日本社会の隅々にまで至る数世代が骨の髄まで植えつけられた優越感は、心地良いものだった。できればそのまま温存したいという心情が無意識の内に作用したとしても不思議ではない。

やがて、朝鮮戦争を契機に日本は経済力を回復し、高度経済成長を経て「経済大国」となる。ここでまた「やはり日本はアジアで最優秀なのだ」と

いう思い上がりが、再度定着する。

しかし、現在では中国経済の急上昇やシンガポールが日本と並ぶ所得水準に近づいたことで、思い上がりの誤りは、明白になっている。

アジア民衆の抵抗の力

一方、歴史学界においては、こうした思い上がりの誤りに気づかせる決定的な合意が昭和20年代に成立していた。

それは、幕末から明治維新にかけての時期に欧米列強が日本の植民地化、主権侵害をエスカレートさせなかったのは、アジア民衆の抵抗のおかげでもあったというものであった。

アメリカを先頭に「鎖国」をやめさせた列強はその後、南北戦争やクリミヤ戦争、農奴の反乱などに直面し、さらに「太平天国の乱」「セポイの反乱」等のアジア民衆の抵抗鎮圧に忙殺される。

そこで欧米列強が学んだのは、アジアの人々も欧米人と同等に誇り高く、差別的な強圧は逆に巨大な抵抗を派生させ、必然的に鎮圧に要する軍事費を膨大なものにして植民地会計を大赤字にするということだった。

この失敗を総括した列強はアジア政策を強圧から経済力格差の活用優先に転換し、先送りにしていた日本進出の本格化に際して、この新方針を適用した。したがって、明治以後の欧米諸国には日本植民地化の意図はなかった。

これが、戦前からの遠山茂樹・井上清論争を経て羽仁五郎と野原四郎などによってまとめられた結論で、昭和20年代には学界で定説と認められた。その証拠に、1966年に刊行が開始された『日本の歴史』叢書（中央公論社）の第19巻「開国と攘夷」には、このことが明記されている。

しかし、この定説を明記した歴史教科書は最近数冊登場しただけだ。「恩を仇で返した」ことに日本社会全体がいつ気づくのか。マレー半島における対英開戦を軽視し続ける日本社会へのアジアの視線は、厳しい。　　　（TA）

〈参考文献〉
家永三郎・黒羽清隆共著『新講日本史・増補版』三省堂、1976年

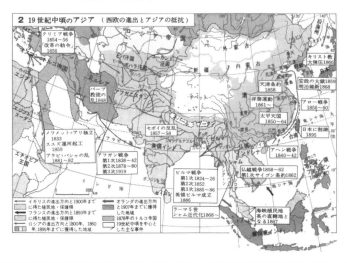

▲19世紀半ばのアジア民衆の抵抗（『年表・地図・史料　資料世界史』東京法令出版株式会社　1979）

②日本人墓地

長いこと埋もれて

戦前作られた日本人墓地は、戦後日本人居住者が絶えたことなどで多くが打ち捨てられた。特に奥地の小さな墓地は、小さなゴム園の経営者や労働者、商店主の墓が多く、長いこと埋もれることになった。開発などのために消えてしまった墓地もある。筆者は1976年時点で26ヵ所にあったことを確認したが、その後の日本大使館の調べで所在地は31ヵ所（戦没者慰霊碑も含む）に増えた。このうち、クアラ・ルンプール（KL）、ペナン、イポー、ジョホール・バル、マラッカ、クチン、コタ・キナバル、サンダカンなどの比較的大きな墓地は大使館、総領事館、日本人会などが管理しているが、小さかったり遠隔地にあったりした墓地は、「再発見」のあと移転された。例えばスレンバン、バトゥ・パハ（1920年から戦中まで、石原産業の鉄鉱山があった）、アロー・スター、コタ・バルの4墓地は1961年に整理されてKLに「共同墓碑」が建てられ、タイピン墓地（戦犯として刑死した51人の合同碑などがあった）の墓標は67年にイポー墓地に移された。22年に造成され戦後は忘れ去られたクラン墓地は、筆者が88年に古い文献を頼りに『南洋商報』記者の協力を仰いで探し出したのだが、宅地に侵食されて管理は難しく、91年に残っていた墓5基全部が大使館の手でKL墓地に移された。その後も大使館の手で各地の小さな墓地の墓標の移転が進められている。

戦時期「マレーのハリマオ」として知られた谷豊の父（理髪店を営んでいた）と妹の眠るクアラ・トレンガヌ墓地は、94年に再発見されて95年に再開された。近くのドゥングン（日本鉱業の鉄鉱山があった）で再発見された墓碑も移葬されている。

KL墓地は96年に再開発のために移転を求められ移転先も選定されたが、近隣の墓地関係者の反対運動もあり、移転を免れた。

からゆきさんたち

最も古いのは1897年に造成されたジョホール州ブキ・クポンの墓（p.20～21参照）だが、今はもう何も残っていない。次に古いのは、97年にイギリス植民地当局から土地を貸与され99年に開設されたKL墓地で、同墓地はマレーシア最大の日本人墓地でもある。被葬者総計は約560人で、戦前約270人（うち7割が女性）、戦中・戦後200人弱（うち8割が軍人）である。女性はからゆきさんが多かったと思われる。最も古い墓碑は、1891年に死亡した和歌山県生れの女性のものである。軍人の中には、抗日ゲリラに殺害された者もいたようだ（抗日軍の記録には「敵の将兵5500人以上を死傷させた」とある）。戦前からの在留者で戦後マラヤ国籍をとりメソジスト学校の校長として高い名声を得た森敬湖さん（1907～86）の墓もある。ちなみに、森夫人の妹はアブドゥラー前首相夫人（2006年死去）の母である。

タワウの墓地には、日系マニラ麻園の労働者の家族が数多く埋葬されていたが、管理の困難を理由に、遺族の了解のないまま墓碑が取り払われ「日本人合同墓碑」が建てられている。

このような日本人墓地に眠っているのは、あるいは眠りの場所さえ失ったのは、多くが農民やからゆきさんなど、国や企業の保護からは無縁だった人々である。彼らはなぜ日本での埋葬を求

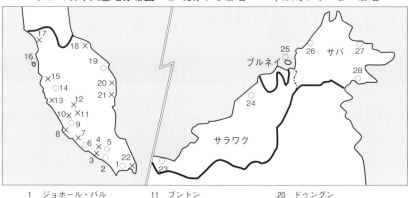

マレーシアの日本人墓地分布図　○ 現存する墓地　× 今は残っていない墓地

1	ジョホール・バル	11	ブントン	20	ドゥングン
2	バトゥ・パハ	12	ラウブ	21	ケママン
3	ムアル	13	トゥルク・インタン	22	トゥルク・スンガ
4	ブキ・クポン		（旧トゥルク・アンソン）	23	クチン
5	スガマ	14	イポー	24	ミリ
6	マラッカ	15	タンピン	25	ラブアン
7	スレンバン	16	ペナン	26	コタ・キナバル
8	クラン	17	アロー・スター	27	サンダカン
9	クアラ・ルンプール	18	コタ・バル	28	タワウ
10	ウル・スランゴール	19	クアラ・トレンガヌ		

めなかったのだろうか❷　郷里のなけなしの資産を総て整理して文字通り骨を埋めるつもりで来ていたこと、遺骨を日本まで運ぶ資力がなかったこと、現在の日本人滞在者のほとんどが企業経営者や技術者でいわば現地の上層階級に属するのと違って、往時の日本人の多くは現地社会から対等な仲間として受け容れられていたこと、などが挙げられよう。　　　　（原　不二夫）

主な日本人墓地の所在地
・クアラ・ルンプール（上記地図の9）
　No.2, Jalan Lapangan Terbang Lama, Kuala Lumpur.
・ペナン（上記地図の16）
　Lot. No.10, Jalan Rawang, 10150 Pulau Pinang.
・イポー（上記地図の14）
　No.18, Jalan Sungai Pari, Ipoh.
・マラッカ（上記地図の6）
　No.120, Section 3, Bandar Bukit Baru, Melaka.
・トレンガヌ（上記地図の19）
　Lot. No.3568, Jalan Pusara, Kuala Terengganu.
・ジョホール・バル（上記地図の1）
　No.1142, Jalan Kebun Teh, Johor Baru.
・クチン（上記地図の23）
　Town Land, Lot 47, Section 36, Survey Plan No.W43-6-8-7 and 3239C, Kuching.
・コタ・キナバル（上記地図の26）
　Jalan Tuaran, 2・1/2Mile, Kota Kinabalu.
・サンダカン（上記地図の27）
　Jalan Istana, Sandakan.

〈参考文献〉
市川義範他編『クアラルンプール日本
　人墓地――写真と記録と改修事業』
　クアラルンプール日本人会、1991年
マレーシア各地日本人会編『マレイシ
　アの日本人墓地及び墓標――写真と
　記録で辿る先人の足跡』在マレイシ
　ア日本国大使館、1999年

7　日本の南侵
　　——昭和の時代

①対米英開戦と日本敗北の理由

援蒋ルート

なぜ米英との戦争に突入したのか❓

　日本軍はなぜ米英と戦争に突入してしまったのか❓　当時、多くの知識人たちは「無謀な戦争」「勝ち目のない戦争」と内心では思いながら、それを口にはできない状況にあった。

　では現在はどうか❓　毎年開戦日が近づくと、多くのマスコミは「真珠湾奇襲攻撃で太平洋戦争が始まった」と、事実に反する説明を続けて60年以上になる。その一方で、歴史教科書では「12月8日、日本陸軍が英領マレー半島に奇襲上陸し、日本海軍がハワイ真珠湾を奇襲攻撃した」と、事実の順に正確な記述で示したものがふえている。

　ハワイ奇襲よりもマレー半島東岸の日英衝突のほうが早かった。このことを日本のマスコミは知らないはずがない。それなのに、なぜ避けて通ろうとするのか❓　そこに、米英と全面戦争に突入するまでの経過に対する思惑がかい間見える。それは何か❓

中国との"宣戦布告なき戦争"拡大

　1931年9月の満州事変以後、日本軍はさまざまな口実を用いては、中国各地を侵略していった。その際、宣戦布告による開戦という国際法に準拠した手順はとらなかった。正規の戦争となれば、捕虜の公正な扱いや毒ガス兵器の使用禁止などの規制を受ける。それにまた、アメリカが中立法で戦争当事国への石油や製鉄原料の提供を禁じているので、その適用を避ける必要もあった。それゆえ「満州事変」「北支事変、支那事変」などのごまかし表現を

用い続けた。

　国際ルールを守る意思に欠け、ごまかしをくり返していたのが、日本軍による戦争だった。その日本軍がなぜ正規の戦争を米英にしかけたのか❓

　それは、中国民衆の予想外の抵抗で、先の見えない長期戦"泥沼の戦い"に引きずり込まれたためだった。

　満州事変以後の中国侵略は、日本軍のほぼ思惑通りに進められていた。しかし、主導権を握っていたのは現地陸軍の若手将校たちだった。かれらは東京からの指示・命令などを無視し、既成事実を作ってあとから追認させるという、戦国時代さながらの手法をくり返して用いた。たとえば、満州事変の発端となった1931年9月18日の柳条湖事件は、関東軍参謀石原莞爾らによる謀略だった。やがて37年7月7日の盧溝橋事件を契機として、日本軍は"宣戦布告なき戦争"に突入する。上海では待ちかまえていた中国軍と激戦になり、大幅な増援軍の派遣でようやく11月9日に占領する。この時、参謀本部は戦線を不拡大とする方針で、現地軍には追撃を禁じていた。しかし、上海派遣軍の長勇参謀たちは、南京攻略をめざして部隊を進撃させた。その命令違反に対し、長は、石原と同じ手法を用いただけだとうそぶいていたという。日本軍は南京に向けて突進を続け、12月1日には陸軍中央も南京攻略を「追認」してしまった。

南京占領時の誤算

　しかし、それは兵士たちにとって、上海さえ占領すれば復員できるという希望の消滅を意味した。南京は首都なので上海以上の抵抗が予想される。明日は戦死かという絶望感が下地となって、食料強奪などの際に女性への暴行が頻発し始めた。軍規の乱れを正すため、憲兵隊は見せしめとして強姦事件

では当該兵士の上官にも厳罰を科すことにした。そこで、各部隊では被害住民が憲兵隊に訴えられないようにする、すなわち被害者の女性に加えて、その家族、目撃者などを皆殺しにすることが一般化した。こうして、南京への進撃中から住民虐殺が頻発し、南京大虐殺の下地が形成されていった。

　それでも兵士たちは、首都南京を占領すれば、今度こそ家族のもとに戻れると期待していた。そこには、「中国人はいくじなしだから、首都まで奪われたら抵抗をあきらめて、日本側の要求を何でも受け入れるはずだ」という、差別的アジア観があった。

　だがここでもまた、兵士の期待は裏切られた。中国の国民政府軍はさらに内陸の重慶に首都を移し、共産党との第二次国共合作をもって徹底抗戦を続けた。

　重慶に対しては空爆以外の攻撃手段がなく、日本軍は果てることのない泥沼の戦いに引きずり込まれることとなった。業を煮やした日本軍は、重慶への支援物資輸送ルート（援蒋ルート）の遮断を名目に北部仏印（ベトナム北部）への進駐を強行した（40年9月）。これに対し、アメリカは鉄鉱・屑鉄の対日禁輸を実施した。

　ここに至って、日本は長期戦のために東南アジアの資源地帯の確保、つまり米英との開戦という無謀な道に踏み込むことになる。それは敗北が予想されたものであり、その通りの結果となった。ただし、こうなった最大の誤算は、アメリカの強硬姿勢ではない。首都南京を占領すれば中国人は日本側の言いなりになるはず、という差別意識こそ最大の誤算だった。敗北の原因は、中国の民衆の抵抗、その根底にある人間としての誇りの高さを日本社会が見誤ったことにある。　　　　（TA）

27

②マレー上陸作戦

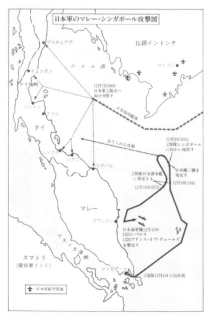

日本軍のマレー・シンガポール攻撃図。『写真記録 マレーシア・シンガポール』ほるぷ出版より

日中戦争打開のための南進

日中戦争の長期化で日本は国力を消耗した。1940年7月28日、事態を打開するため大本営政府連絡会議はドイツ・イタリアと結束を強化し、東南アジアへの積極的南進策を決定する。

ドイツ軍がパリを占領し、フランスを降伏させた翌月のことだった。

東南アジアには石油をはじめ種々の重要資源がある。南進策はこれを獲得するとともに、イギリスなどの対中国援助ルート（いわゆる援蒋ルート）を遮断することを目的とした。そして同年9月、日本軍は北部仏印に進駐、ほぼ同時に日独伊三国同盟を結んだ。アメリカは直ちに屑鉄・鉄鉱の対日輸出を禁止、経済制裁を強めた。

41年6月、独ソ戦が開始されると日本は対英米戦を覚悟して南部仏印に進駐し、スマトラのパレンバン油田まで往復できる長距離爆撃機のための航空基地の整備を開始した。誰が見ても東南アジア侵攻の意図が明らかとなった。アメリカは、4月以来の日米交渉で問題の核心である日本軍の中国撤兵を要求していたが、ここに至り在米日本資産を凍結。イギリス・オランダも同様の措置をとった。アメリカはさらに対日石油輸出を全てストップする。

開戦の決定と作戦準備

こうして、日本は中国での泥沼の戦闘から東南アジアへ戦線を拡大し、英米蘭との衝突に追い詰められていった。

開戦を事実上決定したのは41年11月5日の御前会議で、「自存自衛ヲ完ウシ大東亜ノ新秩序ヲ建設スル為、此ノ際、英米蘭戦争ヲ決意」するという「帝国国策遂行要領」を決定した。これにより陸海軍は戦争準備に入った。

東南アジア侵攻のため、南方軍（寺内寿一陸軍大将）が編成された。すで

にマレーとフィリピンの2ルートで南下、蘭印（現インドネシア）の資源地帯を攻略する計画が練られ、並行して海軍機動部隊がハワイのアメリカ艦隊に奇襲攻撃をしかけアメリカの戦力を減殺する作戦の準備も進められた。

当初、ハワイ奇襲は夜明けに実施し、マレー上陸はこれに先行せず可能な限り早く行うことが陸海軍の間で約束された。しかし、この通り実施するとハワイ奇襲の航空部隊は夜間に空母発艦となる。海軍内での検討の結果、技量の面で危険であるとされ、部隊の発艦を夜明けまでのばすことになった。このためマレー半島上陸が真珠湾奇襲に先行することとなった。

マレー半島侵攻作戦

1941年12月8日、日本陸軍は一斉に作戦を開始した。

第25軍の侘美支隊（第18師団の一部）は午前2時25分、英領マレーのコタ・バル海岸に上陸、続いて主力の第5師団がタイ領シンゴラ、パタニに上陸した。近衛師団は仏印より陸路タイに進み、その後第5師団を追って半島を南下する。

第5師団は上陸後、英領マレーに入りジットラの防衛線を突破（12月12日）して西海岸を進み、42年1月11日にクアラ・ルンプールを占領した。以後、後続の近衛師団と並行して進軍し、1月31日、半島南端のジョホール・バルを占領すると、第18師団を加えてシンガポールを総攻撃して2月15日イギリス軍を降伏させた。

国際法違反の無通告攻撃

日本政府はハワイ真珠湾攻撃の30分前にアメリカ政府に日米交渉打ち切りを通告する予定だった。これはあくまで交渉打ち切りの通告で、宣戦布告ではなかった。しかもこの通告の手交でさえ、攻撃（日本時間午前3時19分）よりも遅れた。

日本側はマレー半島上陸でもイギリス政府に対し事前通告をしていない。上陸時刻午前2時15分はほぼ計画通り（計画では2時）で、日米交渉打ち切り通告の予定時間と比較しても、もともと早く設定されていた。つまり、英米いずれに対しても事前に宣戦布告するつもりはなかったということだ。これは「開戦に関する条約」（1907年）に明らかに違反する行為だった。

さらに日タイ中立条約を結んでいた独立国タイに対しても、日本側は過ちを犯した。日本軍のマレー侵攻にあたっては、部隊の上陸・通過点として、またマレー占領後の対ビルマ侵攻の基盤としてタイを押さえておく必要があった。そこで日本側は南部仏印進駐後、「タイ国を抱きこむ」（東条首相の発言）ため密かにピブン首相に接触をはじめていた。しかし"正式な"交渉は、日本軍の行動を極力秘密にするという観点から、開戦前日（12月7日）18時以降に申し入れるとされ、たとえタイ側が日本の要求を認めなくても、タイへの進軍は決行すると決めていた。

事態を察知したピブン首相は12月7日失踪した。交渉は不可能となり、日本軍は無協定のままタイ領内に侵入、各地で戦闘が発生する（ピブン首相がバンコクに戻るのは日本時間で8日午前9時、日本軍通過が認められたのは12時30分だった）。

このように日本は、国際法を顧みず軍事行動のみを優先させてアジア太平洋戦争に突き進んだ。英米両国への宣戦布告がラジオで放送されたのは8日11時40分、あくまで国内向けであり、米英両国への通告は同11時45分だった。両国首都と東京とで同時に行われた。

（TA）

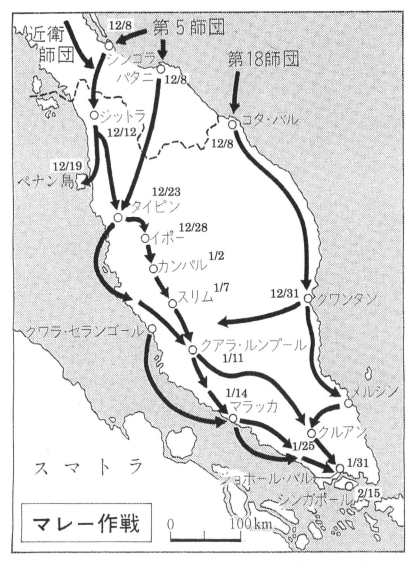

　日本軍主力は、道路と鉄道が整備されていたマレー半島西側を駆け抜け、開戦時に予想された半分の日数で、シンガポールまでを制圧した。この"楽勝"が日本軍を自信過剰にし、予定になかった南太平洋島嶼部まで占領地を拡大したことが、敗因の1つになった。
　兵力の島嶼部への分散に備え、日本軍は1942年3月末までにマレー半島中で「敵性華僑狩り」を名目とする住民虐殺を頻発させた。

コラム

マレーシアの書店事情

　IT時代になったとはいえ、まだまだ書籍の需要は少なくない。マレーシアの都市部には大型書店があって、年輩者だけでなく、若者たちの姿も多い。

　KLのチャイナタウンには、シンガポール、香港に出店しているポピュラー（POPULAR）書店があり、各コーナーを順に見ていくだけでも、時間がかかる。数年前に、華語本と英語本とで店舗を分離し、チャイナタウンの東西両端にそれぞれの店舗が位置していたが、2009年にマラヤホテル西隣の新店舗に再び両語本部門が合流した。

　華語本部門では、マレーシア国内の出版物だけでなく、隣国シンガポールのものも取り揃えている。また、同書店はシンガポールに系列店が多数あるので、シンガポールの出版物は取り寄せを頼みやすい。

　同書店に限らないが、華語本の場合は、台湾や香港さらには北京・上海の出版物などが同一店内に混在して売られているのが一般的で、同一テーマを扱っているものの対比が可能になる。

　時には中国内で発禁になったものがこれらの店頭に早々に並ぶこともある。マレーシアの場合、「国内治安法」にもとづく検閲制度があるが、マレーシア政府を批判するものでなければ、あまり規制されていない。

　日本企業の進出や日本留学志向の高まりを受けて、日本語テキスト類もふえてきている。日本人向けよりはマレーシアの若者たち向けに品揃えをしたと思われる日本のファッション雑誌類も少なくない。服飾の「東京ファッション」、化粧品の「東京カラー」などのコーナー看板が、それぞれの専門店だけでなく、書店の中に掲げられていて、国際的流行の一端を見てとれる。

　旅行ガイド本のコーナーでも、東京や京都がそれぞれ1冊本になっているのは、なるほどと思える。それが、北海道や九州もとなると、そんなに東南アジアからの華人系旅行者がふえていたのかと、驚かされる。『（東京）中央線沿線』などという単行本に出会うと何か嬉しくさえなってくる。どこで出版されたのかと奥付を見ると、出版社の住所は台北市だった。

　なお、児童書のコーナーには、漢字の練習帳や、果物や動物、花などの名称を、マレーシア語、華語、英語で併記した絵本やポスター類がある。世界の有名な童話の絵本なども価格が安い。

　教材探しには手頃だし、同僚へのおみやげをここで入手した教員の例は多い。
　　　　　　　　　　　　　　　（TA）

▲クアラ・ルンプールのポピュラー書店ビル。戦時中は憲兵隊本部、戦後はBC級戦犯裁判の法廷として使用された

③日本占領時代──地獄の3年8ヵ月

ヨンペンの碑
南北高速道路のヨンペン料金所を出て国道1号線の突き当たりを左折し、約500mの地点、道路の左側、アブラヤシ集荷場に隣接する華人墓地（義山）の入口脇にある（p.129）。

三族英魂の墓
バターワースの南、南北高速道路の南行車線168.9km地点に、バイクが出入りする金網の柵の切れ目があるので、路肩に車を停めて徒歩で柵の外側を約100m戻り、さらに道なりに約100m進んだ左手道路端にある。

華僑弾圧

シンガポールでは、日本軍占領時代を「3年8ヵ月」あるいは「昭南島時代」と表現している。前者は1941年12月8日のマレー侵攻開始からを意味している。後者の場合は、日本軍がシンガポールを勝手に「昭南島」と改名したことに由来しているので、時期的には42年2月15日からということになるが、地元では前者とほぼ同じ意味に用いている。

いずれにしても、シンガポールの大部分の人々にとって、日本占領時代は暗黒の地獄のような日々であり、1945年8月15日（日本の敗戦）はそうした恐怖から人々が解放された「光復節」として位置づけられている。

この日本軍占領は当初の大義名分からすれば、イギリス軍を追い払った段階でマレー半島とシンガポールに自治を認め、独立を援助することになるはずだった。日本側の宣伝を信じ日本軍を解放軍として歓迎したマレー系住民の多くは、独立実現の日は近いと思い込んでいた。ところが、日本軍は、「第25軍軍政実施要綱」（42年4月27日）で「16　馬来人其ノ他原住民族ハ勉メテ之ヲ愛護スルモ独立運動ニ関スル援助及示唆等ハ之ヲ行フコト無ク且急激ナル地位ノ向上ハ之ヲ行ハス」と、明確に定めていた。

日本軍の真の意図が、大義名分とはまったく別個のものであることが、マレー系住民の間でも次第に認識されていく。中国系住民（華僑）の場合はマレー系住民よりも早かった。日本軍は最初から華僑を弾圧の対象とし、シンガポール陥落によってマレー戦が終結すると、時を置かずに英領マレー全域で「敵性華僑狩り」を実施した。その際、中国戦線で抗日組織のゲリラ戦術に悩まされつづけていた第5師団と第

18師団の兵士たちは、たとえ不確かな
うわさ程度の情報であっても、疑わし
いとみなしたものは容赦なく殺害した。
マレー半島では、家族ぐるみ、あるい
は集落ぐるみの皆殺しだった。

　少し疑わしいという程度の情報でも
殺害の根拠としていた日本軍が、情報
収集のために手先としたのが、マレー
系の警官や密偵たちだった。それがマ
レー系と中国系の反目をあおることに
なり、日本軍撤退後に両民族間のしこ
りとなって残った。

　強引な殺害にみちびいたのは、華僑
に対する日本兵の誤った認識だった。
ネグリ・センビラン州（第5師団第11
連隊担当）やジョホール州（第18師団
担当）では「敵性華僑狩り」と称して、
ゴム園労働者の華僑を家族ぐるみで多
数殺害している。戦後、その事実を指
摘されたこれらの部隊の戦友会員は、
次のように弁明している。「普通の華
僑は経済力がありますから町に住んで
います。ジャングルなどに住んでいる
華僑はまずなにかの目的を持っていた、
と見ていいですよ」（『中国新聞』1990
年10月25日付）と。

　イギリスがマレー半島でのゴム園開
設の際に、熱帯での肉体労働に耐えら
れる中国人（華僑）とインド人（カー
スト制最下層のドラビダ人）を意図的
に導入したことは、今では中学の地理
の教科書でも記述している（p.10～11
参照）。こうして、初歩的知識もない
日本軍が、新たな支配者として君臨す
ることになったのだった。

日本文化の強要

　新たな支配者は現地社会に対する正
確な知識に欠け、自分たちこそ最優秀
の民族だ、と思いあがっていた。在来
文化を否定し、日本文化の押しつけを
性急に次々と実施した。たとえば日常
生活の時刻を日本内地と同じ兵庫県明
石の東経135度を基準とする時間帯に
変更させ（「東京時間」）、日本語の使
用の奨励、日本語使用者の登用、日本
の国家神道に従う神社参拝の強要など。
こうした強制行為の蓄積の結果、マ
レー系住民の中からも抗日運動に参加
する者が次第に増えていった。

　日本軍による犠牲者の中には華僑以
外の人々も多く含まれるようになった。
ケダ州の南端バンダル・バハルの古い
義山（華人墓地）では、日本人入植者
の墓と並んでいた墓に「華印巫（マ
レー）三族」の「英魂集骸義塚墓」と、
はっきり刻まれている（写真参照）。

ヨンペン（ジョホール州）の追悼碑

　ヨンペンの町から国道1号線を北へ
行くと、500m付近に義山が目に入る。
その入口に再建された追悼碑があり、
このあたりの戦闘で犠牲になった人々
の氏名が刻まれている。碑は戦後間も
なく建立されたが、いつの間にか倒さ
れて草むらに放置されていた。最近見
つけ出されて台座の上に据え直された。
碑には星印がつけられていることから、
共産党系の人民抗日軍の戦死者たちの
ものと思われる。

　マレー半島では日本の敗戦後、共産
勢力とイギリス側との間で主導権争い
がつづいた。イギリスから独立した後
も共産勢力が山にこもって反政府ゲリ
ラ活動をつづけていたため、共産勢力
に同調するそぶりを少しでも示すこと
は、生命の危険に及ぶものだった。近
年になって共産ゲリラの投降や中国と
の交流促進など、国内外の情勢変化に
よって、過去の抗日戦の犠牲者を追悼
しても物議をかもすおそれがようやく
なくなった。この碑の再建もこうして
実現したと解釈できる。

　なお、この碑の犠牲者名には、女性、
マレー人、インドネシア人などの注記
のあるものが幾つかある。　　　（TA）

33

④華僑虐殺──今も続く歴史的事実の掘り起こし

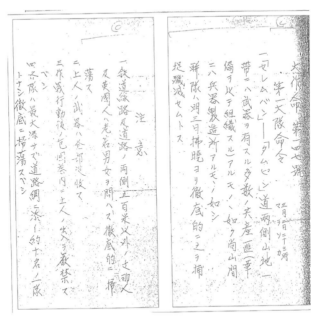

陸軍第5師団歩兵第11連隊第1大隊が1942年3月2日に発令した命令

きっかけは、1982年、教科書問題

アジア太平洋戦争中の日本軍による住民虐殺は、中国各地や沖縄での事例が南京の場合を筆頭に数多く知られている。ただし、それらに関する日本側の記録は兵士個人の日記・手紙や記者の目撃談などにほぼ限られている。そのためにそれらの事件の実相をめぐって、議論がくり返されている。

他方、マレーシアでの日本軍による住民虐殺については、犠牲者数で議論はあるものの、事件そのものの有無や責任が日本側にある点に関しては、日本軍関係者から反論らしい反論も異論も出されていない。なぜか❷

それは、各地の事件の体験者や目撃者が多数健在で、それらの証言を相互に照合した結果、事実の確定がほぼできていることにある。そうしたマレーシアにおけるオーラルヒストリーの取り組みを促進したのは、皮肉なことに、1982年の日本の教科書問題だった。それまでの10年来、文部省（当時）がアジアへの日本の「侵略」を「進出」と検定で書き替えさせていたことに、アジアの人々が怒り、外交問題にまで発展したというものだった。

ちなみに、この時日本の一部メディアはそうした検定事例はなかったというキャンペーンを展開し、今でもそのように思い込んでいる日本人が少なくない。しかし、そのキャンペーンこそ「誤報」（虚偽）で、この時にも『世界史』教科書（帝国書院版）で、東南ア

ジアへの「侵略」を「進出」と変更させられた例は実在した。

こうした事態への怒りから、アジアの人々は改めて体験者の証言を集め、検証し、記録として出版した。その結果、新たな「幸存者（負傷したが虐殺を生きのびた人）」や目撃者の存在が確認され、忘れられていた各地の追悼碑の存在と虐殺事件の内容が世代間で継承されるに至った。

公式記録『陣中日誌』の発見

加えて、日本軍自身による住民虐殺の公式記録が、1987年秋に防衛庁防衛研修所図書館（当時）の所蔵資料から発見された。そこには、明確に「敵性華僑」は「老若男女を問わず全員を殺害せよ」との命令が示されていた。「敵性華僑狩り」の経過は次のようなものだった。

日本軍は、シンガポールを占領すると、全占領地域での「敵性華僑狩り」作戦に着手した。そのねらいは①「籌賑会（ちゅうしんかい）」（中華民国への献金組織）の幹部の摘発、②華僑共産ゲリラの摘発、だった。①はペナン占領の際に組織の名簿を入手していたので、ジョホール水道渡過作戦開始以前に、憲兵隊に準備が指示されていた。②はシンガポール陥落と前後して、日本軍の戦線後方で活動を始めたイギリス軍ゲリラによる破壊を、華僑系共産ゲリラの活動と思い込んだ日本軍の早とちりによるものであった。

具体的には、シンガポールの「大検証」（「敵性華僑狩り」という名の住民虐殺）が一段落した1942年2月下旬に、各部隊に改めて「治安粛清」すなわち敵性華僑狩りが命じられた。

近衛師団は「昭南市」を除くシンガポール島全域、第18師団はジョホール州、第5師団はその他のマレー半島全域が担当で、期間は3月末までの1ヵ月と定められた。

前頁の図版にあるように、陸軍第5師団歩兵第11連隊第1大隊が1942年3月2日に発令した命令には、「鉄道線路及び道路の両側500m以上の地域で発見した中国人とイギリス人は、老若男女を問わず徹底して皆殺しにする」と強調されている。

この命令によって、ゴム園の作業を一家で引き受けていた普通の中国系住民が次々と各地で殺害された。その様子も日本軍の公式記録『陣中日誌』に具体的に記されている（5章・ネグリ・センビラン州参照）。

なぜ、抗日ゲリラやその支援者でもない人々を、次々と日本軍は殺害してしまったのか❓

前述のように日本軍は、華僑を「金儲けが巧みな商売人」という固定観念にしばられていた。したがって、華僑は商人であり、町に住んでいるはずと思い込んでいた。ところが実際には、町と離れた場所で、幹線道路から500m以上も引っこんだ、人目につきにくい場所に、1戸か2戸だけで生活している華僑がいた。かれらは、より低賃金ですませるために、子供も含めた家族単位でゴム園ごとに居住させられていたのだった。プランテーション型の大規模ゴム園以外の中小ゴム園では、1つのゴム園に1ないし2家族でゴムの樹液採取の人手は足りた。

それを日本軍は人目を避けて1軒家で隠れているものと思い込み、1家皆殺しの理由としたのだった。この事実誤認による殺害からからくも生き残った血縁者たちが、今度は本心から抗日の意志を持ち、ゲリラに加わった例が少なくない。

この思い違いの根底にあったのは、華僑に対する偏見・差別意識だった。これが今は日本人から払拭されたのか。アジアの人々は注目している。　（TA）

35

⑤住民虐殺の公式記録『陣中日誌』
——日本軍はなぜその隠滅に失敗したのか❓

『偽装病院船事件』御田重宝著、徳間書店

終戦時の資料焼却隠滅

　日本軍と日本政府は、国内外での異民族に対する侵略・加害行為、とりわけ強制連行や「日本軍慰安婦（性奴隷）」、住民虐殺などの証拠資料類を、終戦時に焼却隠滅した。全部隊に指示したもので、官庁に対しては当時内務省課長だった奥野誠亮氏が自身で全国を駆け回り、指示で徹底させたと、官僚OBの会誌でくり返し自賛している。同氏の場合、そうした関与がありながら、旧「従軍慰安婦」からの賠償請求に対しては「商行為だったはずだ。強制であるというなら証拠を出せ」と迫った（朝日新聞1996年6月5日）。

　また日本政府は焼却しきれなかったものを今も隠し続けている。それが研究者や関係者の努力で、少しずつ掘り起こされている。

　ところが、英領マレーで起こされた華僑を主な標的にした住民虐殺の場合は、違った。前述のように、1987年秋、防衛庁（当時）の防衛研修所図書館で、陸軍第5師団歩兵第11連隊第7中隊の『陣中日誌』が"発見"され、住民虐殺が、老若男女を問わず殺害しろという命令による、日本軍の組織的行動だったことが確認された。

　この内容からすれば、同『日誌』は当然ながら焼却処分の対象だったはずだ。それがなぜそのまま残ったのか❓ そこには、日本陸軍史上で最大の汚点とされる国際法違反事件があった。

偽装病院船橘丸事件

　終戦直前の1945年8月3日、インドネシア東部のバンダ海で、日本軍の病院船「橘丸」が、アメリカ海軍艦船によって臨検を受けた。乗船している兵士たち1562人は白衣を着、病床日誌も完備していた。しかし、船倉の赤十字マークのついた箱類から合計30tの弾薬が発見された。病院船は偽装で、軍事輸送であることを隠そうとした国際法違反行為であることが、ここに露見した。第5師団の基幹だった広島第11連隊の第1、第2大隊の全員と山口の第42連隊の1個中隊が、指揮官以下全員そのままアメリカ軍に連行されることになった。

　これが「偽装病院船橘丸事件」の始まりだった。発端は、イギリス軍のシ

ンガポール総攻撃が近いと判断した日本軍が、インドネシア（当時オランダ領東インド）の各島に分散していた部隊に、シンガポールへの再結集を命じたことだった。すでに制海権と制空権を失っていた日本側に残っていた大型船は、病院船だけだった。そこで、違法性を承知の上で、病院船による兵員輸送となった。

企ては失敗し、1562人全員が捕虜となった。これだけでも恥辱である上に、国際法違反の汚名が重なった。さらに戦後のBC級戦犯法廷では、責任のなすりつけ合いが日本陸軍内部で展開され、醜いかぎりであったと、御田重宝著『偽装病院船事件』（徳間書店、1977年）に詳述されている。

一方で、同様の集結命令を受けた第3大隊などは、現地の漁船など小型船を徴用したりしながら島伝いに移動して、シンガポールに集結し、8月15日の終戦を迎えている。

国際法を無視した日本軍の捕虜虐待や毒ガス兵器使用などは、被害者側からの告発は比較的早かった。しかし、この件は広島の地元を除いては、あまり話題にされなかった。

アメリカ軍に押収された資料の返却

ところが、1987年に発見された第7中隊の『陣中日誌』が再び関心を集めるに至った。"なぜこの『陣中日誌』は処分されずに残ったのか❷"という問いをもって。

本来であれば、終戦時に焼却されていたはずのものが、この「偽装病院船事件」によって、他の記録類とともに、すべてアメリカ軍側に押収されてしまっていた。終戦約2週間前のこの不祥事によって、記録は抹殺されずにすんだ。

アメリカ軍は国際法違反事件の証拠とする観点からのみ内容を精査し、必

要と思われる部分を横浜でのBC級戦犯裁判に用いた。

その後、1960年頃にアメリカ政府から、これらのうち、裁判上の証拠とされなかった記録類が、日本政府に返却された。それを当時、『戦史叢書（いわゆる公刊戦史）』全102巻の編纂に着手していた防衛庁防衛研修所が、参考資料として引き取った。その中に第7中隊『陣中日誌』も含まれていた。

やがて戦史叢書の刊行も終了し、これら参考資料は、防衛研修所図書館に移管されて、一般の閲覧請求とコピーサービスの対象とされた。それが87年秋、林博史関東学院大学助教授（当時）の検索によって、住民虐殺を具体的に記録した公式資料であると確認され、一躍脚光を浴びたのだった。

この間、アメリカ側はともかくとして、公刊戦史編修者や研修所研究員たちはこれらの記述を見落していたことになる。その点を意識してか、第5師団長松井太久郎の長男の妻である中島みち氏は「ずっと一般に公開しており、当然、目を通している人も少なくないはず」とし、「読む人はすでに30年以上近く前から読んでいる資料について、第一級資料の『発見』と報道するのは常識的と思えぬが、私は、この騒ぎ自体に問題の本質を見るようで興味深く感じた」としている（『日中戦争いまだ終わらず』文藝春秋　1991年）。しかし、この論理からするなら、文書資料類の"発見"はその大半が否定されてしまう。

なお、防衛研修所図書館では、第7中隊の『陣中日誌』発見報道（87年12月8日）以後、部隊員のプライバシー保護などを名目に閲覧を一時中止したが、すでにコピーが出回っていることもあり、その後も閲覧請求に応じている。　　　　　　　　　　　（TA）

⑥日本軍兵士たちの心情

前線部隊の不満やあせり

　マレー戦線で戦い続けた日本軍の足どりを見ていくと、無計画・無定見な陸軍上層部に振り回される前線部隊の不満やあせり、悲哀が浮かび上がってくる。それは同時に、住民側の被害の悲惨さを増幅させるものだった。また日本軍兵士たちの多くが、将棋の駒のように扱われ、命を落としていった悲哀にも思いを馳せさせられる。

　シンガポールが1942年2月15日に陥落した時も、多くの兵士たちは「これで日本に帰れる」と連想したという。日本軍は対英米開戦に際し、泥沼化した日中戦争の長期持久戦に耐える体制作りのため、東南アジアの資源地帯を獲得すればよしと、目標を定めていた。ヨーロッパ戦線重視の英米は、資源地帯の占領維持という限度内で休戦交渉に応じるはずと予想していたのだった。

　そうなれば、占領地の警備任務は、若い兵士の戦闘部隊から中年兵士たちの部隊に引き継がれるから、戦闘部隊の兵士たちの多くは、帰国できると期待をふくらませた。

　しかし、その期待は裏切られる。当初、日本軍は軍備の近代化が遅れている中国軍との戦いと異なり、対英米戦では苦戦すると予想していた。シンガポール陥落の目標日は4月29日の天皇誕生日（天長節）に設定されていた。それが思いがけない破竹の進撃によって早められて3月10日（陸軍記念日）に変更され、さらには2月11日（紀元節）にまでくり上げられた。

　イギリス軍の最後の抵抗によってこれよりは数日遅れたものの、2月15日にシンガポールは陥落した。当初の目標をはるかに上回る、大戦果だった。

　これに気をよくした日本陸軍は当初の基本計画を放棄し、フィリピンからオーストラリアへ逃げたマッカーサーを追って、インドネシアから南太平洋に戦線を拡大することに決めた。それは、太平洋の島々へ兵力を分散することであり、制海権を保持できて初めて可能な戦略だった。

　しかし、日本軍には、そうした島嶼作戦に向けた事前の調査、研究、演習などの実績・経験は、ほぼ皆無だった。緒戦の見かけ上の勝利にうぬぼれて、思いつきで戦線を拡大してしまったせいで、反攻をめざす連合国軍側にスキだらけの陣容で兵士たちを晒すことになった。

最前線はインド兵

　日本軍には、マレー戦線でイギリス軍がなぜ予想以上に弱体だったのかを冷静に分析した様子がない。世界最強の陸軍と思い込んでいたのに、あっけなくイギリス軍は敗走をくり返した。なぜだろうか❷

　マレー戦線に投入されたイギリス軍の主体はインドで編成された部隊だった。指揮官は白人のイギリス兵であっても、最前線の兵卒の大部分は、インド兵だった。インド兵にとってこの戦争は、しょせんイギリス人と日本人の戦いでしかなかった。それだけに強固な忠誠心や愛国心がかれらにあったわけではない。

　しかも、イギリス軍は近代的で組織的な戦闘を前提にした部隊配置で待ちかまえていた。ところが日本軍は、合理主義より玉砕も辞さずの精神主義で猪突猛進し、いきなりインド兵の前に突撃してきた。

　歩兵の攻撃の前には一定の砲爆撃があるはずと思い込んでいたインド兵た

ちは、不意を突かれ、混乱した。防御線の一画が崩れると他の防御線も側面からの攻撃を恐れて、後退に追い込まれる。

しかも、多くの場合、指揮官の退却命令を待たずに、インド兵たちは逃げだしていたという。イギリス人と日本人の戦いのために自分たちが命を落とすのはごめんだ、という心情がそこにあったと考えられる。

日本兵の胸の内

こうしたイギリス軍の実態を把握しないまま、日本軍は緒戦の勝利にうぬぼれて、南太平洋へと戦線を拡大してしまい、自滅の道を歩むことになる。

シンガポール陥落で日本へ帰れると思い込んでいた兵士たちの期待は、こうして裏切られた。同様のことが、第2次上海事変後にも起きている。上海に立てこもる中国軍の抵抗に手こずった大本営は、中国戦線で兵役を済ませて復員し、すでに世帯を持った年代の兵士たちを再度徴兵して増援部隊として送り込んだ。杭州湾に上陸した日本軍によって退路を断たれるのを恐れた中国軍は撤退し、上海を日本軍が占領した。増援部隊の兵士たちはこれで家族の元に戻り、農作業の遅れを回復できると、再度の復員を待ち望んだ。

しかし、現地軍指揮官たちは大本営の追撃停止の指示を無視し、南京までの追撃を決定したのだった。

事実上、南京攻略戦では多数の中国兵が捕虜にされたが、軍事裁判はもちろんなく、氏名の記録もないまま虐殺された。虐殺命令に従った日本兵の胸の内では、復員の期待を断たれた不満のはけ口を、その遠因とみなした中国兵や住民に向けたと考えられる。

シンガポール陥落後のマレー半島各地の「敵性華僑狩り」においても、日本兵は同様に不満のはけ口を、華僑に向けた可能性が高い。　　　　（TA）

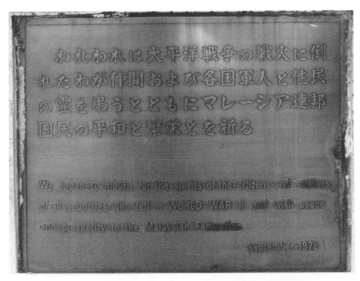

クアラ・ルンプールの日本人墓地に広島第5師団第11連隊の戦友会有志が建立した慰霊塔背面の銘板。マレーシアの住民に言及している唯一のもの（p.47参照）。

コラム

マレーシアのイスラーム事情

　マレーシアの地方都市に滞在していると、明け方、大音量のアザーン（礼拝の呼びかけ）で目覚めることがある。中東から離れたマレーシアの国教が、なぜイスラーム教なのだろうか❓

　それは、8世紀頃からムスリム（イスラーム教徒）商人が香料を求め来航し、その後欧州からの需要が拡大した15世紀後半にはマラッカ国王がイスラームに改宗したことが大きい。王国が繁栄したことが影響し、この地にイスラーム教が拡がった。イスラーム教の影響は国旗や各州の旗にみることができる（例えば救急車のシンボルマークは「赤十字」ではなく「新月」だ。

　街を歩けばベールをまとったムスリム女性と出会うが、中東の人々とは異なり、シンプルないでたちで若いカップルが手をつないで歩いていることも多い。こうしたマレーシアでのイスラーム教を見ると、かつてジズヤ（人頭税）を払えば改宗しなくてもよかったというイスラームの制度や、モスク建築のデザインが多様性に満ちていることなど、イスラームの柔軟な側面を感じさせられる。

　マレーシアの祝日はさまざまな宗教に関連したものが多く（例えばイスラーム関係ならハリ・ラヤ・プアサ＝断食明け、ハリ・ラヤ・ハジ＝聖地巡礼記念日）、ここからも多民族国家マレーシアを知ることができる。またマレーシア一般は日曜日が休日だが、イスラームの安息日は金曜日のため、イスラーム政党が与党の東海岸の州では官庁も金曜日が休みになっている。

　ではマレー系、中国系、インド系などから構成されるこの国では、どのようなファスト・フード店が多いのだろうか❓　豚肉も、牛肉も食べないということで、ケンタッキー・フライド・チキンの店が多い。もちろんマクドナ

▲救急車についている新月のマーク

▲食堂に掲げられた「ハラール」のマーク

ルドも指をくわえて見過ごすはずはなく、チキン・メニューを充実させている。いずれのチェーン店でも、イスラームの決まりに則って処置されたハラール・チキンが供される。店頭や、パッケージにもこのマークは表示されている。

　高級ホテルでは全身黒ずくめのチャドルをまとったムスリム女性とすれ違うことがある。これはマレーシア政府観光局が同じイスラームである中東の国々へ、マレーシアを「避暑地」としてPRした効果だ。つまり中東に比べれば過ごしやすく、またキャメロン・ハイランドなどの高級リゾートもあり、しかも国教がイスラーム教だから、ムスリムにとっては食事から何まで安心できる受け入れ態勢が充分であることを意味している。

　最近はイスラーム金融の存在も大きい。シャリーア（イスラーム法）では利息を禁止し、また商取引も実態経済中心で信用膨張を排している。また宗教的タブーとするものには投資しないなど、欧米流の市場経済と一線を画した部分を有する。「シャリーア・コンプライアンス」と呼ばれる信頼醸成を重視するビジネスを追求する点で、日本的ビジネスとの共通点を指摘する声もある。9.11同時多発テロ事件以降は、対米投資を避けた中東マネーが大量にマレーシアへも流れている。現在イスラーム金融機関は全世界で400以上、75ヵ国以上で展開されている。日本企業もマレーシア証券委員会からイスラーム運用業務のライセンスを取得し始めており、アジア・中東での取り引き拡大を目指している。

　マレーシアへの旅は、日本に住む者にとって接することが少ないイスラーム教の理解を深める機会となる。イスラーム世界における女性の地位について、そのあり方が西洋的普遍性だけで判断していいのかも考えてみることもできるだろうし、またイスラーム・フードや道具などを入手して、教員が授業実践に使いながら、世界の多様性や異文化共生を生徒に提起するのにも適している。　　　　　　　　（SU）

▲中東からの観光客

▲ラブアン島のモスク

コラム

マレーシアの凧揚げ、コマ回し、セパタクロ

　東南アジアを歩くと子どもたちのさまざまな遊びと出会う。特によく見かけるのは凧揚げ、コマ回し、セパタクロなどである。

　モンスーンが吹き、広い土地があればできる凧揚げは、電線の多い日本ではあまりみられなくなったが、マレーシアでも近ごろは同様らしい。マレーシア航空のシンボルマークは、凧をデザインしたものだ。凧は中国が発祥地だと考えられており、かつては宗教的な占いや、軍事的にも利用されていた。日本には平安時代に伝わったという。現代では凧揚げは娯楽や競技として人気をあつめている。世界各地にある凧の会をインターネットで探すと、イギリス、オランダ、イタリア、アメリカ、オーストラリアなどの国々にあり、どちらかというとスポーツ凧のジャンルで楽しまれている。

　また、コマも世界各地で独自に発生したようだ。エジプトでは紀元前1500年頃からはじまったという。日本のコマは、中国から韓国経由で伝来したという説もある（日本のコマ遊びは九州に多く分布している）。

　観光客も気軽に見学できるコタ・バルのコマ回しは、「回転力をつけたり、重みをつけて『ちょんがけ』をしやすくしたり、けんか勝負に強くするため、コマの周りに鉄などをつけ」たもの（名古屋・日本独楽博物館ホームページから）で、「世界1長く回るこま」だということだ。実際迫力はすごい。

　セパタクロは9世紀ごろから東南アジア各地で伝えられてきたスポーツで、語源はマレー語で蹴るという意味の「セパ」、タイ語で「ボール」という意味の「タクロ」が合成されたらしい。マレー語の「セパ・ラガ／sepak raga」（籐で編んだボールを蹴るの意）が語源との説もある。実戦ではネットをはさんで足や腿、頭などを使って竹製のボールを相手コートに蹴り入れて得点を競う。日本の蹴鞠も、なにかつながりがあるのかもしれない。

　昨今、ゲーム機はマレーシアでも多くの家庭に普及しており、抱える問題も日本と同様のようだ。1つの遊びにもアジア各地でいろいろなルールがあることを調べて、遊び方を「再発見」して楽しんではどうだろうか❷（SU）

▲マレーシア航空のマーク

▲コタ・バルのケランタン・カルチュラル・センターでコマ回しの実演を見ることができる。

2章
ＫＬとその周辺

1　クアラ・ルンプール
──イギリスが小集落を首都にした町

植民地時代の姿を残す KL 鉄道駅

15世紀

　クアラ・ルンプール（KL）がマレーシアの政治と経済の中心となったのは、そう古い時代のことではない。西欧諸国との接触が始まる15世紀以前、マレー半島は西岸の米作地帯を中心にマレー人社会が成立していた。北のタイ領に接するアロー・スター周辺、マラッカとジョホール州南部などで、それぞれにイスラーム教が定着し、スルタンを頂点とする社会秩序が築かれていった。それら以外の地域でも、漁業や小規模米作によるマレー人社会が存在した。香料貿易などで環インド洋経済圏に属していたものの、マレー半島全体が統一された状況にはなかった。

　当時、マレー半島で最も活気があっ たのは、マラッカだった。マラッカには対岸のスマトラで勢力争いに敗れたヒンズー教系の王国の生き残りが移住し、商業による成功を基盤に半島全体への影響力を強めつつあった。

　しかし、マラッカの隆盛は西欧諸国の欲望を刺激することになり、1511年にポルトガルに武力占領される。以後、オランダからイギリスへとその支配者は目まぐるしく転換する。

　イギリスの東インド会社は、商館建設の拠点としてペナンとシンガポールを入手すると、マラッカと合わせて海峡植民地を形成する。やがて、イポー近辺で錫の生産が本格化すると、イギリスは内陸部の開発、道路の整備に着手する。さらに19世紀末にブラジル原

産のゴムが持ち込まれる。20世紀前半にアメリカで自動車が一気に普及すると、ゴム園が各地に新設される。タイ領以南のマレー半島全体をイギリスは植民地にし、統一的な支配に踏み出す。

この時、当時の拠点としてイギリスによって選ばれたのが、KLだった。

「泥の川の合流するところ」

クアラ・ルンプールとは、マレー語で「泥の川の合流するところ」を意味し、錫鉱山で比重選鉱に用いた泥水で汚れたクラン川とゴーバック川の合流地点付近に立地した集落にすぎなかった。北に位置するペラ州と競うようにセランゴール州でも錫鉱山が多数開発されるとともに、その中心として人口が集中していったのがKLだった。

それが、イギリスの植民地統治政策により1880年に統治の拠点にされると、施設の整備、南北縦貫道路と鉄道の建設などが進められて、中核都市としての機能が高まった。ブラジリアやキャンベラのような純然たる計画的都市ではないものの、植民地都市としての性格を、KLはそなえている。

その様子は、今もKL中心部に残る、広い敷地と高い天井、幅広のひさしとベランダで風通しをよくしたコロニアル様式の邸宅に見ることができる。また外壁をアラビア風縞模様で装飾された横長121mの旧連邦事務局ビルは、1910年に建てられたものだ。その前の独立広場はかつてはクリケット場だった。広場の西側にあるその旧クラブハウスが、今はロイヤル・セランゴール・クラブによって継承され、ハイ・ソサエティの人々が集まっている。

急速に進む都市化

マレーシアの経済成長と産めよ殖やせよの人口増加政策に比例して、KLの人口は急増している。1980年に約19万人だったのが現在では約180万人に増大し、今もその勢いは続いている。1974年にKLは連邦直轄地になり、州都は郊外のシャーラムに移されたが、ペタリンジャヤなど南西方面に向けて市街地が拡大し、網の目のように高速道路が建設されている。

また、KL中心部の再開発も活発で、高層のマンションやオフィスビルが林立している。

繁華街は、かつてのブキ・ビンタン通り近辺からペトロナス・ツインタワー近辺のKLCC地区に移っている。マハティール政権下の外資導入政策で工業生産量が増加の一途をたどり、中産階級の成長とともに、ブランド品を扱う店も増えている。

日系企業の進出も、景気の変動を受けながら早くから進み、KL日本人学校は大規模校になっている。

なお、急速に進むKLの都市化の中で、かつての地方都市的様相を残す住宅地や商店街が、都心部でも大通りから少し脇に入ったあたりに見られる。最近はKL中心部と郊外を結ぶ軽鉄道（LRT）やモノレールの路線が整備されてきているが、接続の利便性についての配慮が二の次にされている感がある。ただし、これらも少しずつ改善されているので、その様子に注目することで、マレーシア社会の成熟ぶりを測れるように思える。　　　　　（TA）

2　日本人墓地

アクセス：道順は複雑だ。Jln. Bkt. Bintang（ブキ・ビンタン通り）の東側のJln. Imbi（インビ通り）を旧刑務所前から南西方向に直進する。消防署前からの高架道路には上がらないで、そのままJln. Lapangan Terbang（ラパンガン・トゥルバン通り）に直進する。最初の信号を左折し、入ったすぐの突き当たりに、墓地の門柱（写真下左）が見える。タクシーで行く場合は、裏表紙の地図を見せるとよい。

クアラ・ルンプール日本人墓地の旧入口門柱　　　　日本人会発行の記録集

「からゆきさん」の墓

クアラ・ルンプールに日本人が居住し始めたのは1888年だとされる。当時の日本人は「からゆきさん」が知られているが、農民や、イギリス人家庭などで働く洗濯夫などもいた。日本人が出稼ぎ労働力として、マレー半島でのイギリスの発展の一部を支えたことになる。1894年ころには、クアラ・ルンプール最初の日本人互助組織である「厚徳会」が結成されている。こうした日本人社会形成を背景にして、墓地開設の申請が1896年12月に出され、99年に開設された。マレー半島部ではシンガポール（1888年）に次ぐもので、97年にセランゴール政庁から暫定認可（正式認可は1914年）を受けている。

この墓地で1番古い墓は、墓地開設以前の1891年のもので、ほかから移されてきたのだろう。ここには約560人が埋葬されている。

白亜の旧入口門柱には、右側に「大日本帝國□民之墓地」、左側には「明治三十二年三月吉日建設」（1899年）と大きく印されている。

現地の日本人会は墓地改善委員会を組織して、1988年8月から90年3月まで改修工事を実施した。これには経済進出している日系企業などの寄付もあり、お堂や説明板、フェンス、歩道、トイレなどが整備された。また登記台帳などが残されていたため、記録の伝承もしっかりされており、1990年に日本人会は『クアランプール日本人墓地―写真と記録と改修事業―』を刊行した（日本人墓地に墓守がいるときに購入可）。2000年に新入口が旧入口横に新設されたさい、旧門柱の金属板が取り払われて不明だった1字が「臣」と判明した。

クアラ・ルンプールの日本人学校では現在、この日本人墓地の清掃を年3回行なっている。

では墓地に入ってみよう。門に向かって左側にお堂があり、そこに墓守がいる（ただし日本人ではない）ので、声をかけて入れてもらい、入口の説明板でお墓の配置を確認するといい。

東南アジア各地の日本人墓地で共通して目にするのは、熊本県天草郡や長崎県高来郡といった明治初期に貧困に苦しんでいた地域出身の女性の墓で、いわゆる「からゆきさん」の墓だ。これからブロック別に特徴的な墓や碑をいくつか紹介する。

A 地区

A―1■共同墓碑

1961年3月、手入れの行き届いていなかったセレンバン、バトゥ・パハ、アロー・スター、コタ・バルの日本人墓地がここに合葬された。

A―48■森敬湖

日本人墓地の整備に尽くした人で、1986年に死去。p.24参照。

B 地区

B―63■「故妾脇田ナヲ墓」

大正11年建立。中国系では2番目の妻のことを「妾」と表現することもあり、本当はどのような意味で使用されたのかは不明である。「妾」の文字を使った墓はもう1つ（D地区）ある。

C 地区

C―8■「十八才戦死～□□晃之霊□□年四月二十八日」

中国式墓石で、墓石上部が欠けている。十八才戦死とはどのようなことがあったのだろうか。詳細は不明だ。

D 地区

D―10■「殉難碑　陸軍中将沼田多稼蔵書　昭和二十一年三月十二日建立」

日本の敗戦後、残留された軍で死亡した人たちの墓。捕虜と名乗ろうとせず、「作業隊」と自称したようだ。

D―122■「JA8051号機遭難者慰霊碑」

1977年9月、旧クアラ・ルンプール空港に着陸しようとした日航機が、悪天候のためにゴム園に墜落し、乗員乗客あわせて34人の犠牲者を出した。はじめてこの地にフライトした乗務員は必ずこの慰霊碑を訪問するとのこと。

D―123■「慰霊塔」

歩兵第11連隊有志による慰霊塔で、11連隊は1875（明治8）年に広島に創設され、アジア太平洋戦争では中国、マレー、ニューギニアなどを転戦した。碑の裏面には「われわれは太平洋戦争の戦火に倒れたわが仲間および各国軍人と住民の霊を弔うとともにマレーシア連邦国民の平和と繁栄とを祈る」とある。「戦火に倒れたわが仲間および各国軍人」そして「住民」は同列なのだろうかと考えさせられる1文である。戦争を起こしたものと、従事した者。その地を守るために戦った兵士、そして平穏な生活から悲惨な目にあわされた住民。この1文を読み流すことなく、戦争の構造をしっかりと意識したい。また、日本軍関係者が建立した碑で「住民」に言及した希な例であることも注目したい（p.39写真参照）。

E 地区

E―14■スバギヨ

墓地図と名簿から推測された兵補の墓。この日本人墓地で唯一、明らかに日本人ではないケース。　　　（SU）

3　虐殺犠牲者の碑

アクセス：日本人墓地へ行くよりも複雑だ。裏表紙参照。

追悼碑下の説明板を作ったことを報じた『星洲日報』（2008年8月16日付）。
KLの追悼式典だけではなく、各地の式典には誰でも参加できる。日本人の参加は歓迎され、主催者が用意した花や線香などを渡してくれることもある。KLの場合、数年前から大使館員が出席し花輪を供えている。

8月15日の追悼式典

　首都クアラ・ルンプールでは毎年8月15日に王宮背後の福建義山にある追悼碑の前で、中華大会堂総会内の実行委員会が主催して行なう追悼式典がある。この地で現在のような式典が行なわれるようになったきっかけは1996年、「アジア太平洋戦争の犠牲者に思いを馳せ、心に刻む会」（以下「刻む会」）によって実施された式典であった。もともとマレーシア各地の華人はそれぞれの地元で小規模な追悼式典を行なっていたが、1990年代から地元華人と「刻む会」の共同による式典がジョホール州などで行なわれるようになり、それが97年からは中華大会堂総会が主催するようになったのだ。日本の市民団体の気持ちと華人団体の意向とがうまく合致した例といえるだろう。

中華民国男女僑胞惨死墳

　この地に建つ追悼碑には「中華民国男女僑胞惨死墳」と刻まれている。「惨死墳」とあるように、ここには、戦時中プドゥ刑務所で日本軍による取調べ中に亡くなった人たち約800人をはじめとして、抗日軍約500人、虐殺による死者約50〜60人が埋葬されている。さらにまた、別の場所で生き埋めにされた約20〜30人が合葬された。戦後になって、日本軍の蛮行を見ていた地元の人たちが遺体を掘り出して改めて埋葬しなおし、その無残な死を忘れないように、ここに墓を建てたのであった。回収のさいに出土した頭蓋骨は1100人分に及んだという。

劉金さんの話

　近所の石屋の息子だった劉金さん（1936年生まれ）は当時5歳だった。「戦時中刑務所で病死したり、拷問などで殺された人が毎日午後に3〜4人ずつ運ばれてきては谷に埋められていた。谷では、何人も埋められるように

細長い穴が掘られていた。父から聞いた話では、生きて連れてこられた人は後ろ手に縛られていて、ピストルや機関銃で撃たれてそのまま埋められた」と証言している。

現在の追悼碑は1946年に建立された石碑だが、新しい石碑に改装された際に1度近くに埋められた。2005年に整備工事を行った時に出土したため、これを再び使用した（一般的慣習として、新しい石碑を建てると、古いものは割って横に置いたり埋めたりする）。また08年には、中国語、英語、マレーシア語、日本語の説明板が碑の下部に取り付けられ、歴史的背景について訪問者の理解を助けてくれる。

この追悼碑の手前を右に入っていくと、またその右奥に「日治僑胞殉難者総墓」という追悼碑が建っているが、背丈の高い草むらの中にあり見つけづらい。すぐ横には「惨死墳」と刻まれた石碑があるが、これは「総墓」の古い碑のほうで、現在のは1989年に再建されたものだ。

また福建義山の惨死憤からさらに300mほど進むと、「雪蘭莪（セランゴール）華僑機工回国抗戦殉難紀念碑」がある（p.50参照）。　　（SU）

当時の様子を話す劉金さん（左）

「惨死憤」の説明板除幕式は多くの地元マスコミが取材した。08年8月15日

毎年8月15日の式典には、地元学校の生徒たちが参加している（カラー口絵のトップ参照）

福建義山追悼碑の近くにある「総墓」

コラム

華僑機工回国機工の碑

　1937（昭和12）年7月に日中戦争が始まると、東南アジアの華僑たちは祖国を守るためにどのような行動をしたのだろうか？　資金援助などが考えられるが、他にも方法があった。

　それは日本から見てちょうど「裏側」になる山深い雲南省などのルートを使っての兵器や物資輸送であった。こうした援助ルートには、香港ルート、仏印ルート、北部（ソ連）ルート、ビルマルートなどがあり、これらは蒋介石の政府を助けるという意味で、「援蒋ルート」と呼ばれた。その地形から道のりは大変険しく、道路開拓のみならず、輸送においても過酷なルートだった。日本軍はこれらを遮断しようとして、ルートへの空爆を必死に行なった。

　こうした情勢下で、物資輸送の運転手やエンジニアが不足し、マレー半島から参加志願者が次々と現れた。その時に犠牲となったセランゴール出身者の碑が、「雪蘭義　華僑機工回国抗戦殉難紀念碑」である。碑の説明板には、この「南僑機工隊」に参加した者が3200名にのぼり、戦後戻れたのは1748名だと記されている。碑の建立は民国36（1947）年である（中華民国建国は1912年で、「民国○○年」に11を加えると西暦になる）。

　日中戦争において中国が負けなかった背景には、こうした東南アジア華僑の援助があった。それゆえ日本軍はこのルートを断つために、東南アジア華僑の財産と生命を狙ったのである。

　1990年代半ばまで、追悼碑は野原に建っているようであったが、近年は周辺の整備が進んでいる。毎年8月15日には、近くにある福建追悼碑の午前11時からのセレモニーに先立ち、その30分前に追悼碑前で地元華人主催のセレモニーが行なわれている。

　90年代から中国本土では愛国主義教育を背景に「南僑機工隊」などの活動が評価されるようになった。マレー半島の華人社会でも援蒋ルートの訪問キャラバンが組まれた。こうした動きから2013年8月、ジョホール州クライの大規模墓地・富貴山荘内に「南僑二戦抗日機工罹難同胞紀念碑」が建立されたり、ペナンの追悼碑周辺に説明版などが整備された（口絵参照、『旅行ガイドにないアジアを歩くシンガポール』編P96参照）

コラム

マレー住宅──カンポンの生活を楽しむ

▲マレー系の人たちの高床式住宅

　最近は、日本からの修学旅行やロングステイで、マレー系の人々の住宅の生活を楽しむ日本人も少なくない。農村部で高床式の住宅があったら、マレー系の人の家と思ってよい。

　なぜ高床式なのか❓　古代から日本でも、食料貯蔵庫などにはネズミの侵入防止や湿気対策で高床式があった。

　マレーシアの場合は、観察してみると実に多様だ。水田近くでは万が一のときの浸水対策、ヘビやサソリなどの害獣虫対策、それに暑気を防ぐための床下通風効果もある。また、外からの観察だけででも、農機具置き場や作業場、あるいは一部分を囲って鶏小屋にしているところもある。マイカーの普及で、ガレージ替わりにしているのも見かける。

　もしも、家の中に入れてもらえる機会があれば分かるが、床板にはすき間が作ってある。そのすき間から下を吹き抜ける風が室内にも入ってくる。日中でも、家の周囲にはさまざまな樹木が植えられているので、風は涼しい。夜になれば、「熱帯夜」などということばとは無縁な涼しさになるので、クーラーはまず必要ない。

　マレー人の家にホームステイの機会はなくとも、通りがかりの家に声をかけてみると、多くの場合、気軽に内部を見せてくれる。老人が孫と留守番したりしているので、ちょっとしたオミヤゲを渡すのを忘れずにするとよい。

　家のつくりは、玄関側の主屋を最初につくり、次に若夫婦のために順次増築していくしくみや、あるいは火事対策で炊事場を独立させていることなど、工夫の様子を聞くだけでも楽しい。

　マレーシア全国各地に、ゆったりとした敷地を使った小ぎれいなマレー系住宅がある。特に、国道5号線をマラッカから南東へ海岸線沿いに走ると、道の両側に点在する家々には、色あざやかな花々が家の上がり口に供えられているのが目に入り、思わず車をとめたくなる。5号線自体も、ムアルから南は、ヤシの並木が青空に映える。お勧めのドライブコースだ。　　　　（TA）

4 慰安所跡
──強要された女性たち

慰安所設置責任を認めた河野談話

　日本軍は、国内の駐屯地はもとより海外の占領地でも、平均200人規模の中隊駐屯地ごとに、慰安所を開設させた。多くの場合、形式上の経営・運営主体は民間業者だったが、実態は軍の監督下に置かれていた。

　特に占領地では、部隊の移動に際して慰安所の女性も軍の車輌で移動したという体験談が少なくない。日本政府は1993年の河野官房長官談話で、慰安婦にされた女性の強制連行の件を含め、日本官憲や軍の関与による責任を公式に認めた。

　これに対し、日本国内の一部には確実な証拠が見つかっていないとして、根強い反発がある。中には、女性たちが代価を得ていたのだから、当時としては社会的にも容認されていた1種の商行為であって、批判されるものではない、という開き直りの主張さえある。また、官房長官の指示によって政府内の記録類を点検したが、公式に関与していた証拠は発見されてないから、政府に責任はないとする声もある。

　しかし、未調査の官庁資料が多数ある、と指摘されている。また終戦時に日本の全軍と国内諸官庁に対して、戦争犯罪を問われる可能性のある記録類の抹消・焼却が指示され、一斉に実行されたことが判明している。

　最近では、歴史学において、文献資料（史料）に準拠するだけでなく、証言のクロスチェックによって史実を確定し評価するオーラルヒストリーの手法も、広く認知されつつある。

　そうした歴史学および社会全般の、歴史認識手法の変化を無視し、旧来の証拠文献の有無のみにこだわる一部文化人・政治家の動きには、海外からも厳しい目が向けられている。

　2007年にアメリカ議会と欧州議会などが採択した「日本軍慰安婦」に関する日本政府非難決議も、こうした国際的な流れの中で出現したものだった。

クアラ・ルンプールの場合

　日本軍占領下の英領マレー、シンガポールでも、各地に慰安所が開設された。クアラ・ルンプールの場合も、市内に何軒もの慰安所が開設された。そうした場合、将校用と一般兵卒用とに分けられるのが普通で、将校用には住宅街のコロニアル風邸宅を使って民間業者が開設していった。

　兵卒用は、現在の中華大会堂に向かって左手奥に入った住宅街の中の1軒があてられた。部屋数が多く、今は荒れ果て、不法滞在の人々の仮住まいとなっている。市街の環状道路に面している2棟は、現在もデザイン学校として活用されている。また、市中心部のブキ・ビンタン通り近くにあった慰安所の建物は撤去されたが、付近の住民の間では記憶されている。

日本軍に慰安婦にされた少女の事例

　日本国内では前述のように、今でも日本の官憲や兵士が女性を強制連行して慰安婦にした証拠はない、と一部で強調されている。しかし、中国や東南アジアの占領地では、実例がある。ここにも1人の女性の事例がある、

　彼女は1942年3月、クアラ・ルンプール南方30kmのゴム園で、父母、弟と働いていた。当時15歳。突然、日

本兵がやってきて弟とともに連行された。両親が必死で止めようとしたが、日本兵の銃の台尻で激しく打ちすえられた。

戦後、隣家の人からこの時の傷が原因で両親は死亡したと聞いた。彼女も抵抗して頭を殴られケガをしたので、治療のため医者のところで降ろされた。

車に残った他の女性2人と弟とは、そのまま生き別れとなった。治療後クアラ・ルンプールの日本軍高級将校の宿舎に連行され、そこで1ヵ月間慰安婦にされた。その後、華僑女性の経営する慰安所に引き渡され、下級日本兵相手の慰安婦にされた。市内の慰安所を何ヵ所か移動させられた。1室を与えられ、他の女性と一緒に食べる食事の時も監視つきで私語を禁じられていた。外出は日本兵同行の場合だけ認められた。ときどき、高級将校の相手をするため移動させられた。

45年5月頃、突然慰安所を閉鎖するので家に帰るように言われ、バス停まで送られた。この時初めて現金を渡されたが当時のタマゴ10個分の金額だった。

家族がいた家に戻って、慰安婦にされていたことを隠さないでいたところ、日本軍への協力者として周囲からつま弾きされ、つばをかけられることもあった。いたたまれず逃げ出し、知人の食堂で働いた。そこでめぐりあった男性と結婚した。慰安婦だったことを告げなかった。処女でないことは告げたが、夫は愛しているので過去は関係ないと言ってくれた。しかし、夫婦の営みはどうしても昔の恐怖がよみがえってできなかった。

1952年と58年に2人の子を養女にした。無学だった彼女に夫が読み書きを教えてくれた。一生で最も幸せな時期だった。

ところが、やがて夫は他の女性と親しくなり、家に戻らなかったのでお金も入らなくなった。洗濯や屋台引き、子守りなどをしながら生活を必死で支えてきた。長年の無理がたたって63年に子宮のかいよう切除のため入院、71年には血圧上昇で昏睡に陥り、再入院、92年には胃かいようの大手術、そして今は糖尿病と心臓病もある。娘の1人は結婚しているが、家族には慰安婦だったことは内密にしている。

健康の不安を考えると、日本政府の公式か否かにかかわらず、少しでも早くお金を払ってほしいという気持ちが強い。そのためにどうしても必要ということであれば、氏名や顔写真の公表も辞さないつもりでいる。

96年秋、彼女本人から証言を聞いてほしいという要請を伝えられ、出かけた。クアラ・ルンプールで体験を聞きながら、逃げ出したかった。それまでの20年余の調査・聞き取り活動のなかでも、とりわけつらい体験だった。証言中、彼女は視線を下に向けたままだった。現在の写真撮影は拒否された。そのかわりに渡された若い時の写真の笑顔と証言の惨酷な内容とが、私にはどうしても一致しなかった。　　（TA）

日本軍に強制連行され、慰安婦にされた女性（1956年12月）。写真は本人提供。彼女は数年後に亡くなられた

5　プドゥ刑務所跡
──日本軍による拷問とBC級戦犯

刑務所から捕虜収容所へ

現在のインドを植民地支配していたイギリスは、19世紀に受刑者をペナンへ送っていた。多くの受刑者を抱えるようになったため、1891年、クアラ・ルンプールに新しい刑務所の建設を開始し、1895年に10ヘクタール、3階建ての施設が完成した。

刑務所の建物配列はアフリカのガンビア刑務所のデザインを取り入れたものだという。

当初は240室、600人の収容能力だったが、その後次第に増加・増築して、1985年には6500人という最多受刑者数を記録した。このため受刑者が寝るのも交代制を取り入れたというから、その待遇にはかなりの問題があったようだ。

日本軍が侵攻、占領すると、この刑務所には日本軍が捕らえたイギリス軍、オーストラリア軍の捕虜が収容された。

1942年2月中旬に収容された捕虜は550人を超え、劣悪な環境は赤痢を流行させた。7月8日にはペラ州タイピンから323人の捕虜が連行されてき

た。このころから華僑も投獄されるようになり、その役割は占領統治のためという質的変化を迎える。やがて捕虜収容所としての機能は閉じられることになり、連合国軍捕虜は8月から10月までの間に、約600人がシンガポールのチャンギー収容所へ、約400人は泰緬鉄道の労働者として移送された。

一方、日本軍の占領政策が進められると、華僑の投獄・拷問、そしてその犠牲者が急増した。現在、8月15日に最も大きな追悼式典が行なわれるクアラ・ルンプールの「中華民国男女僑胞惨死墳」には、その場所に埋められていた多くの犠牲者を追悼して、犠牲者の内訳が碑文に記されている。それによると刑務所で亡くなった人は、800人余りであると記されている。

戦後は日本人戦犯を収容

戦後になって、イギリスによる戦犯裁判がマレー半島ではアーロスター、ペナン、タイピン、クアラ・ルンプール、ジョホール・バルで行なわれた（ボルネオ島では、ラブアンとジェッセルトン（現コタ・キナバル）で実施）。

マレー半島南部の戦犯容疑者はこのプドゥ刑務所に集められた。当初300名ほど、のちには50〜60人になった（北部のタイピン刑務所では1200〜1300名）。

日本の南方総軍司令部は、戦犯弁護対策のために東南アジア各地で組織を作り、クアラ・ルンプールには戦争犯罪弁護班を設置した。その結果、49件82名が扱われ、判決は死刑28名、終身刑2名、有期刑39名、無罪7名、その他6名という結果となった。

刑務所の正門前には2003年にモノレールが開通し、隣には大きなホテルも建設された。刑務所を囲む壁には1980年代に、受刑者が1年かけて熱帯の様子を描いた260mの壁画があった。

1996年11月には受刑者の増加から新たにスンガイ・ブロ刑務所が建設され、収容されていた受刑者は移動させられた。跡地は、「クアラ・ルンプールシティ計画2020」の中で、再開発が計画され、都市計画公社（UDA）に委譲された。1997年のアジア通貨危機の影響などで開発計画が止まった。その後警察署の一部と拘置施設として再使用されたが、2015年には正門を残して取り壊され、BBCC（Bukit Bintang City Centre）として再開発されている。

＊KL市内に和平公園と追悼碑計画
2015年からクアラ・ルンプール市内に中国系の人々によって「和平公園」と「馬来亜二戦人民蒙難紀念総碑」の建立計画が進んでいる。市内での施設ということで諸課題をクリアしながらの工事になっている。完成時期などは中華大会堂へ問い合わせたい。
（注：馬来亜：マラヤ、二戦：第二次世界大戦）
アドレス：info@klscah.org.my

コラム

マレーシア映画界の"線香花火"
ヤスミン・アーマド

　ヤスミン・アーマドは現代マレーシアを代表する映画／テレビCM監督です。東京国際映画祭をはじめ、各国で高い評価を受け、今後の活躍が大いに期待されていましたが、2009年7月、脳溢血により帰らぬ人となりました（享年51歳）。

　映画監督としてのスタートはかなり遅かったため、遺した映画作品は『ラブン』『細い目』『グブラ』『ムクシン』『ムアラフ〜改心』『タレンタイム』の6本に過ぎませんが、人種間の友情や恋愛を温かく瑞々しいタッチで描き、国内外の映画ファンに鮮烈な印象を与えました。

　また、彼女のCM作品は、それ自体が素敵な物語であり、そこには古き良きマレーシアとともに、ぜひ将来の世代や世界中に伝えていきたい「肌の色や文化の違いを超えた人と人の心の触れ合い」がユーモアを交えて描かれていました。

　日本で育った私でさえ郷愁を覚え、見終わった後には必ず温かい気持ちになり、何度でもまた見たくなるCM。そんなCMを作れる人がこの世の中にいったい何人いるでしょう❷

　多民族国家マレーシアでは、2009年4月に就任したナジブ・ラザク首相が「1 Malaysia（1つのマレーシア）」というコンセプトを掲げ、民族間の相互尊重と信頼に基づく国民の結束を呼び掛けていますが、ヤスミン監督を知る人たちは、「彼女は20年も前から1 Malaysiaの精神を示し、実践してきた」と言います。

　ヤスミン監督と彼女の作品はどこか線香花火を思わせます。それを囲む時、人は自ずと寄り添い、心を通わせます。派手な色彩や大きな音で気を引くわけではないのに、その独特の煌きを人は息を詰めて見守り、その灯が消えた後もほのぼのとした余韻が長く続くのです。

注）日本ではヤスミン・アハマドと表記されることが多いのですが、発音はむしろアーマドに近いと思うので、本稿ではアーマドで統一しました。

（中善寺礼子）

▲『細い目』のポスターを背に微笑むヤスミン監督
(http://eigajigoku.at.webry.info/201008/article_11.html)

◀「タレンタイム」のポスター

3章
ペナン島とその周辺、タイ国境地帯

1　ペナン島の歴史
―― 世界の変化の中で

ペナン中心部・ジョージタウン Georgetown

政治的津波が BN を襲った

2008年3月マレーシア国会の勢力地図は、激変した。圧倒的な強さを誇示していた与党連合・国民戦線 BN が、全議席の3分の2を維持できず、マスコミは「政治的津波が BN を襲った」と評した。ここでは"津波"が政治状況の評価に用いられている。

この大幅退潮の責任を問われた BN の中核であるマレー統一国民組織 UMNO の総裁アブドラ・バタウィは、2009年に退陣した。首相でもあるアブドラをそこまで追い込んだものは、国政選挙だけでなく、州議会選挙などで も敗北が続いたことだった。以前から野党が優勢だった東マレーシアやケランタン、トレンガヌ両州に加え、ペナン州でも政権交代が実現した。

ペナンは、国内治安法に象徴されるような独裁的強権政治に対する反発や抵抗がもともと根強い。なぜか❷

マレーシアではペナン州が古くから交易の場として、国際社会に存在感を示してきた。カリスマ的存在だったマハティール首相が退任し、同氏との不仲が表面化して基盤が揺らいだアブドラ首相の強権的政治に抵抗する動きを

早くから具体化したのがペナン州だった。そのことに、不思議はない。

アユタヤの勢力下に

ペナン島を「東洋の真珠」にたとえたのは、同島を支配していた西欧列強だった。蘭領東インド（インドネシア）の島々を「オランダ女王の首飾り」、香港の灯火を「百万ドルの夜景」にたとえたのと同様だ。そこには、入れ替わり立ち替わり武力による支配で君臨したことへの自省の念など見当たらない。あるのは西欧人の目から見たアジア評価、それも皮相的なものでしかない。

年代をたどってみれば、西欧人が訪れるより早く、インド洋周辺や東南アジア、さらには東アジアの人々もペナンを訪れている。タイ（シャム）のアユタヤ王朝の全盛時には、一時的に勢力下に置かれた。アユタヤ軍はマラッカを脅かすまでになっていた。マラッカのスルタンが明の永楽帝が派遣した鄭和の艦隊の来訪を大歓迎したことでも、理解できる。

ついでポルトガル、オランダ、イギリス

タイの次にペナンにやって来たのがポルトガル、次いでオランダだった。モルッカ諸島との香料貿易に関心を集中させていた両国は、マラッカをそのための中継港として重視したので、ペナン島を領有している半島側ケダのスルタンとは緊張関係に至らなかった。

コーンウォリス要塞に数多く据えられている大砲の存在は、イギリス東インド会社社員フランシス・ライトが、1786年に武力でペナン島をイギリス植民地にした歴史を思い出させる。

インドを生命線とする植民地支配を全世界規模体制でまとめあげた大英帝国が重視したのは、海軍力の充実だった。マラッカ海峡の出入口という要衝を押さえて軍事的睨みを利かせながら、しかし通商に関しては自由港として、国籍を問わず商船の出入りを促すという巧妙な手法だった。

ちなみに、マラッカ海峡の南の出入口のシンガポールは、ペナン島の東インド会社商館長だったトーマス・スタンフォード・ラッフルズが1819年に、地元のスルタンたちの了解を得てイギリス商館を開設し、植民地化を進めた。

世界支配には海峡の通航権獲得とその独占的支配が不可欠と知るイギリスは、地中海でも西の出入口ジブラルタルの領有（1713年）とスエズ運河会社の買収（1875年）により、地中海全域に対する強い影響力を行使した。

しかし、1956年のスエズ動乱のさい、アメリカの調停でエジプトによるスエズ運河国有化を認め、運河地帯からイギリス軍が全面撤退した。それは、地中海支配の終焉と生命線であるインド支配に必須であった最短航路からの軍事的撤退という点で、大英帝国の没落を象徴するものであった。これとほぼ時期を同じくして、マレー半島とシンガポールの独立をイギリスは認める。

以後、ペナンはイギリスの世界的退潮の下で、政治的・経済的に弱体化を続けている。空港周辺と対岸のバターワース地区に工場誘致をしているものの、KL近郊や半島南端ジョホール州のような勢いはない。それでも人口増加は続き、高層住宅が増え、朝夕の通勤時のペナン・ブリッジやジョージタウン内の道路渋滞は激しい。　（TA）

2　日本軍占領下のペナン

鐘霊中学校の正面入り口の内側に据えられた追悼碑。碑には、犠牲者の氏名が刻まれ、命日が1942年4月6日と記されている。

さまざまな民族が出会い、交流してきたペナン島に、新たな支配者として日本軍が登場したのは1941年12月19日だった。それまで島を支配していたイギリス軍は、タイ領内に上陸した日本軍が、万全だったはずのジットラ防御陣地を簡単に突破したという報告にあわせ、あっさりと退去してしまった。島の中心都市ジョージタウンの刑務所も看守まで姿を消してしまった。収容されていた在留日本人は市街に出て、イギリス軍の撤退を知った。

一般住民の不安、恐怖の念も高まっていた。在留日本人たちは相談し、急拠、連絡係を派遣して日本軍の来島を要請した。こうして日本軍はペナン島を無血占領したのだった。

住民は市街戦に巻き込まれずにすみ、歴史的建造物も破壊を免れた。ペナン島は半島内の激戦地よりは幸運だったかもしれない。

しかし、翌年2月15日にシンガポールが陥落した直後の3月、マレー半島全域で「敵性華僑狩り」が本格化し、ペナン島も暗黒の"3年8ヵ月"を経験することになる。しかもこのときの摘発の手がかりとなったのが、上記無血占領の際に日本軍が入手した半島内各地の「籌賑会」の幹部名簿だった、と言われている。

ちなみに、シンガポールでの実施を先駆とする「敵性華僑狩り」作戦は、ブキテマ高地などでの激戦で多くの犠牲者を出した日本軍が、復讐心の激情などから実施したものだとする日本軍関係者などの主張が根強くある。しかし、旧憲兵隊関係者が、同作戦の準備を命じられたのはシンガポールへ進撃途中のジョホール州内で1月28日から2月4日の間だった、と証言している。しかもそのとき、手がかりとするようにとして渡されたのが、ペナンで入手したあの「籌賑会」幹部名簿だったという。ペナンを無血開城して住民と施設を守ったイギリス軍は、一方でマレー半島全域に禍いを及ぼす材料を、日本軍に与えていたのだった。

私立鐘霊中学の犠牲者

ペナン島内でも「敵性華僑狩り」が

実行された。もともと商業が活発だったペナンには中国系住民が多く、中国を支援するための募金組織である「籌賑会」の地区幹部がねらいうちにされた。

また、ペナン・ヒルに近いアイル・ヒタムにある私立鐘霊中学校の教師8人と生徒46人が殺害された。教師は授業を通じて、生徒は校内誌や自治会活動で、抗日愛国の活動を呼びかけていたという、密告者による情報を得たうえでのことだった。

同校は歴史も古く、華僑社会に多くの指導者を送り出してきた伝統校で、抗日救国運動の拠点の1つだった。それを日本軍はすかさず弾圧した。

慰安所の設置

ペナン島には、主力である陸軍のほか海軍も配備されていた。1942年3月末頃をめどとした"敵性華僑狩り"が一段落すると、第5師団はオランダ領東インド（当時）の島々へ移動し、年配者を中心とする警備隊が新たにペナン島に配属された。

日本軍は、中国戦線以後、中隊の駐屯地ごとに慰安所の設置を原則としてきた。ペナンの場合も、ジョージタウン市内に将校クラス用と兵卒用の慰安所が複数開設された。いずれも市街地の中に位置しているので、日本軍将兵の出入りは、住民の眼前で公然と行われていたことになる。それらの慰安所に、日本軍占領下のマレー半島各地から強制連行された女性がいたことを、住民たちが目撃していた可能性が高い。この目撃体験が、住民に占領軍に対する反発を抱かせるもう1つの要因となったであろう。今も市中心部に残る建物が慰安所だったことを、そこの居住者や近隣の住民が熟知していることの意味は重い。

残された建物が語るもの

日本軍はイギリス海軍施設を接収した。敗戦後にはイギリス軍が戻り、独立後はマレーシア海軍が継承している。その間、同施設の敷地や主要建物に大きな改変はされていないことが、ペナン占領直後に日本軍報道班が撮影した写真（下・左、ペナン歴史博物館所蔵）との照合から、明らかだ。

日本軍報道班の写真の中には、隣接する現シティ・ホール前広場に日本海軍部隊が整列し、元旦の宮城遥拝をしている場面がある。

こうして旧慰安所の建物だけでなく、他の建物や施設、さらには広々とした空地・広場さえもが、暗黒の占領時代を思い出させる、いわば証拠として無言のうちに語り継がれている可能性が、示されている。　　　　　　　　　　（TA）

日本海軍の中島部隊駐屯地入口（1942年正月）

現在も残る慰安所だった建物。Jln. Buruma と Jln. Zainal Abidin の交差する角。現在は「同楽旅社」

3　世界遺産、ジョージタウン
　——今に残った事情

ペナンのフェリーターミナル

　2008年7月、ペナン島の中心都市ジョージタウンは、「マラッカ海峡の歴史都市群」として世界遺産に指定された。個々の建築物を中心に、街並み全体の文化的価値が認識されている。

　ジョージタウンの名称は、島内の開発を進めたイギリス東インド会社のフランシス・ライトが、国王ジョージ3世にちなんで命名したのに由来する。

　市内の海岸部は、軍関連施設が並び現在も駐屯地として使われているものが多い。コーンウォリス要塞は、当初の木造から1804年にコンクリート製に改装され、現在に至る。対岸のバターワースとの間の海峡と港も北側出入口を制圧する拠点であり、先込め式の古い大砲も据えられている。

　ひときわ目立つのが東北の角に設置されている大型砲で、その砲身にはVOC（オランダ東インド会社）のマークがついている。イギリス東インド会社の砦なのに、なぜ❓

　それには、ペナンをめぐる諸勢力の攻防の歴史がからむ。この大砲は最初、VOCがジョホールのスルタンに贈ったものだった。それをポルトガルが奪い、ペナンに持ち込んだ、と記録にあるという。

　その大砲がイギリスに引き継がれ今では世界各地からの観光客をひきつけ、存在を誇示している。

　イギリス支配時代の著名建築物は、その多くが戦火にもほとんどあうことなく、古い姿を残している。なぜか❓

　前述のように、ペナンのイギリス軍は、日本軍の予想外の進撃ぶりにおびえ、撤退した。日本軍は、刑務所から脱出した在留日本人に先導されて、島を無血占領した。

　日本軍降伏時も、連合国軍の総反撃を予想した日本側は、分散していた兵力の再集結を進めた。シンガポールを中心に、激戦は必至のはずだった。だが、原爆投下やソ連参戦などで総攻撃前に日本は降伏し、マレー半島地域では戦闘が回避された。

　日本の東南アジア侵略の目的は、泥沼化した中国戦線に必要な軍事用資源産地の確保であり、中国での「三光作戦」のような戦術は、初期の"敵性華僑狩り"以外あまり用いなかった。

　ペナンでは、歴史的建造物が少なくない点に、日本軍から報道班員に徴用された文化人も着目し、破壊を避けるよう尽力したケースもあったとされる。その尽力については、功績を讃える石碑が、海軍基地前を少し北に通り抜けた住宅街の一角に以前はあった。

　ジョージタウンの山側の住宅地は、コロニアル様式の、風通しを重視した建物と広い前庭の邸宅が並び、その背後には競馬場がある。　　　　（TA）

4 ペナン消費者協会（CAP）
Consumers Association of Penang

CAPは有機野菜の販売も手がけている。CAPの事務所はひんぱんに移動しているので、機関誌『コンシューマー』で確認するとよい

反コマーシャリズムをかかげて

　ペナン州の反中央政府的気風を代表するものとしては、ペナン消費者協会CAPがある。1970年にインド系実業家モハメド・イドリス氏が創設した民間団体で、徹底した反コマーシャリズムによる運営を続けている。財政基盤は月刊機関紙『コンシューマー』（数ヵ国語版がある）の購読料とカンパで、広告類を同紙は掲載していない。日本では『暮らしの手帖』に相当する。

　事務局は、数十人で運営され、ボランティアも少なくない。活動は食品その他の安全性検査や公害反対運動、金融・大規模開発での庶民生活擁護など多岐に及ぶ。

　外資導入による工業化を推進したマハティール政権は、先端産業の電子機器部門での労働組合結成などを、規制してきた。その政権下で政策批判をすれば、それこそ国内治安法による弾圧のターゲットとされる。CAPの存続は苦難と慎重さの蓄積の上に成り立っている。

海水汚濁問題に取り組む

　CAPが注目された活動の1つとして、ペナン島周辺の海水汚濁問題への取り組みがある。もとは州政府の衛生局が島内各地の海岸で海水を採取して調査していた。1980年頃の調査で、ジョージタウンのフェリー桟橋以南の沿岸部の汚染が最もひどいと判明していた。都市下水道整備の遅れが原因だった。しかしその後も、ジョージタウンへの人口集中や空港周辺の工業化進展で、対策は後手となっている。

　ペナンにとってさらに深刻なのは、重要な観光収入源であるフェリンギ・ビーチのリゾートホテル群が下水を未処理のまま庭先の海へたれ流ししていたことだった。環境基準を大幅に上回る汚染が判明し、各ホテルは処理施設の設置を指導された。

　しかし、その実施状況に対して州政府による監視は厳しくない。マレーシアに限らず、工業化を急ぐ新興国の場合、公害対策の法的規制は緩く、抜け穴も多い。

　それに、州政府など公的機関が把握している調査結果は、不都合と判断された場合、公表が先送りとされることも少なくない。消費者団体などがデータを入手して公表すると、国内治安法違反とされかねない。現にシンガポールでは、経済動向調査結果を、政府の公式発表前日に特ダネとして新聞が報じたところ、関係者が国内治安法違反で逮捕されたことがある。こうした状況下でCAPは活動を続けている。

（TA）

5　バターワース
―― プライ工業団地の光と陰

プライ工業地帯の基幹となったマラヤワタ製鉱所大規模炭焼ガマ。いまは、役割をおえて解体されている

　ペナン州の州名は、ジョージタウンを中心とするペナン島の島名に由来しているが、州の領域は対岸のマレー半島西岸部分の方が広い。州面積全体の4分の3（760km²）を半島部が占め、島部は4分の1（285km²）を占める。半島部は、ジョージタウン対岸のバターワースが、フェリー航路の基点になり、南北縦貫の国道1号線との結節点、さらにバンコクとクアラルンプールへの列車のターミナル駅、半島内各地との長距離バス起点など、交通と流通の要所となっている。

　最近では、半島部との自動車交通量が増加し、フェリーだけでは対応しきれず、全長12kmのペナン・ブリッジが1985年に建設させた。現在、さらなる交通量の増加に伴い新たな橋の建設が計画されている。一方で、フェリーの利用者は依然として多く、特にバイク通勤者は増加の一途だ。

熱帯の工業化―八幡製鉄の進出

　かつて、バターワースの周辺はマレー半島で数少ない水田地帯だった。そこに多数の外国系企業による工場が進出し、半島内だけでなくペナン島からも従業員が通勤している。マレーシアは、シンガポールと同様に赤道に近く、熱帯に属している。従来の一般的イメージでは、近代的な、特に重化学部門の工業は熱帯地域に立地できないとされてきた。

　ところが、バターワース郊外のプライ工業地帯は、製鉄所の設置を軸に工業化が進み、現在では工業用地をその周辺に拡大している。ブラジルなども含め、熱帯地帯では工業化などありえないという観念は、過去のものになりつつある。そうした観念の転換をもたらしたのが、プライ地区の工業化成功だった。

　同地区の工業化を成功させたのは何だったのか❓　ポイントは、製鉄所開設だった。確かに、原料の鉄鉱石はタイ国境に近いマレー半島内にある。しかし、海外の国際市場で競争する力などあるはずがない。製品の鉄を消費する市場はマレーシア国内にあるのか❓

　それに、製鉄業の歴史が浅いマレーシアで技術者の養成はどうするのか❓

　あるのは、広大で安価な工業用地と税制面での優遇措置程度だった。

　ところが、マレーシア政府の要請に応じた世界の大手製鉄会社があった。それが日本の八幡製鉄（現・新日鉄）

だった。対外協力を意識した日本政府の要請や支援があったにしても、同社は上記の問題点をどのように解決していったのだろうか❷

「海外進出の教科書」

要請を受け入れた八幡製鉄側の判断の基礎となったのは、やがては海外進出が必要になるという見通しだった。そのための実体験を積むのには、容量1000t級の溶鉱炉の製鉄所が手頃であり、かつ万が一に失敗しても打撃は小さいという計算もあった。

とはいえ、必需品のコークスを輸入に頼ってはコスト割れになる。そこで考えだされたのが、邪魔もの扱いされていた伐採後のゴムの樹を木炭にして使う木炭製鉄法だった。コークスによるものよりも鉄に不純物が少ないことも判明した。無用の長物だった廃ゴム樹による炭焼きガマが、西マレーシアの各地に出現し、地域経済を刺激した。

次に技術者養成は、日本国内の工場で長期研修を体験した修了者が現場の指導役になる体制を用意した。1967年の操業開始後の悩みは、そうして技術を習得させた技術者が簡単に他社へ引き抜かれることだった。しかし、それも待遇改善や権限委譲で対応した。80年代には、日本人スタッフが経営部門と技術部門に各1人のみになるまで現地化が進んだ。

製品の販売先は国内市場を限定して想定し、建築用の線材、鉄筋に単純化した。鋼板を銑鉄から作る広大な設備、特に圧延のストリップミルを省略することで、設備投資の負担は軽減された。

こうして八幡製鉄は、プライ工業地帯の基幹となる製鉄所の合併事業マラヤワタを定着させた。以後、同社は世界各地に大規模な製鉄所を建設するなど、今日の世界企業としての地位を確立した。マラヤワタ創設当時の様子を語りつぐ新日鉄社内では、プライの溶鉱炉が小規模であったにもかかわらず、その後の海外進出に必要なさまざまなノウハウを学ぶ場としての大きな"教科書"であったと評価されている。

公害規制の甘さ──漁村ジュール

今日では当然と思われているマレー半島各地の工業地帯の先駆けとなったプライ工業地帯には、トヨタ、スズキなど組立産業に加え、カネボウ、花王などの油ヤシによる原料立地型のものも含め、多数の企業が進出し、周辺の人口増加を支えている。

しかし、以上が光であるとすれば、陰もある。企業誘致策の一環である公害規制の甘さもあって、工業地帯内の水路は廃液で黒く染まり、水位の下がる干潮時にはメタンガスの泡が激しく水面に浮かんでいる。また周辺の漁業者は漁獲量の激減に悩まされている。ジュール川河口の漁村ジュールでは、試行錯誤の末に、貝の養殖でようやく生活を支えている。将来をになう若者たちの現状は、工場で働いて現金収入を得るのが大勢となっている。（TA）

バターワース、ある日系企業脇の汚れた水路

6　タイ国境地域
―― ジットラ・ライン

ジットラ・ラインに残るトーチカの1つ

不安定な国境地帯

　旧英領マレーとタイとの国境線は、歴史上何度も変わっている。古くは鄭和の大航海の15世紀前半には、タイのアユタヤ王朝が勢力圏を拡大し、マラッカに迫るほどだった。
　その後も、タイ王国とマレー半島のイスラーム勢力は攻防をくり返し、現国境周辺の地域は、その所属先がめまぐるしく入れ替わった。そのため現在も、国境北のタイ側に居住するマレー系住民が少なくない。イスラーム教のモスクが多数見られる。
　しかし、タイ全土ではイスラーム教徒の比率は小さい。それが仏教国タイ国内でイスラーム教徒の不満の根源にもなり、社会的政策の差別もあり、国境地帯で反政府勢力の行動が続く原因にもなっている。

ジットラ・ライン突破

　1941年12月8日の開戦時、日本軍は、東南アジアの資源地帯制圧という目標達成上の最大の障害は、シンガポールのイギリス軍の存在とみていた。
　資源地帯強奪の軍事行動や同地帯制圧後の資源輸送のためには、制海権を握るイギリス海軍の拠点シンガポール占領が不可欠と判断し、背後から攻略することにした。それには、マレー半島最狭のタイ領クラ地峡部を横断して、道路と鉄道の整備されている半島西側を一気に南下するのが最善だ。
　そうした作戦手順をイギリス側も想定し、タイ国境からの南北縦貫道の両側に防禦陣地トーチカなどを配備し、約30kmに及ぶ強固な防御線を構築していた。それは、フランスがナチス・ドイツ軍による侵入防止策として、対独国境線に築いた要塞陣地マジノ線に匹敵する強固なものとして喧伝され、ジットラ・ラインと呼ばれた。
　マジノ線攻略の難しさを理解したナチス・ドイツ軍は、迂回してオランダ・ベルギーをまず攻撃し占領したあとに、北からフランスに侵攻してマジノ線の存在を無意味なものにしたのだった。

イギリス軍は、このジットラ・ラインで「1ヵ月は持ち耐えてみせる」と豪語していた。しかし、日本軍はそれを開戦4日目から、わずか1日半で突破してしまった。なぜ、それが可能だったのか❓

イギリスの敗因
ジットラ・ラインの防禦体勢の根本理念は、待ち受け攻撃だった。丘陵地の切り通しや水田地帯の一本道など、ここを進むしかないという場所の、道脇に厚さ2mものコンクリートで固めたトーチカをいくつも構築し、その中から砲撃できる体勢を30kmにわたって築いたのだから、日本軍の大損害は必至だった。

ところが、12月8日に開戦した直後、イギリス軍はこの強固な陣地から兵士を外に出してしまった。それは、日本軍がタイ領に入ったのだからイギリス軍も、国境を越えてタイ領内で日本軍と対峙すべきと考えたためだった。

ただし、この決断は遅れた。パーシバル司令官は、タイが中立宣言をしていることにこだわり、即断しなかった。日本軍がビルマ（当時はイギリス領）にも達しつつあると聞いてようやく越境攻撃を命じた。

ところが、日本軍はタイ軍との戦闘を半日で停戦にすると、す早くタイ国鉄の車輌などを活用して、翌日には国境にまで達した。この日本軍の予想外に早い進撃を知らされたパーシバルは、今さら越境攻撃の意味はないとして、北へ移動を始めたばかりの部隊に停止命令を伝えさせた。

兵士たちは、進撃継続かジットラ陣地での再待機かの指示を待つため、道路脇で休息や食事にかかった。そこへ日本軍の先頭部隊がいきなり現われ、自動車を連ねて駆け抜けていった。

不意討ちをくらったイギリス軍は大混乱になり、連携作戦を基本とする反撃ができないまま、次々と駆け抜ける日本軍に蹴散らされてしまった。

1ヵ月は持ちこたえられるはずのジットラ・ラインはあっけなく突破されてしまった。その結果、今でもアロー・スター空港横の幹線道路沿いに残るトーチカには戦闘の痕がほとんどなく、無用の長物の姿をさらしている。

以後、シンガポール陥落までイギリス軍は組織的戦闘の原則を無視した日本軍の先陣争い的進撃にかく乱され、戦線の崩壊が予想外に早く進んだ。ただし猪突猛進した日本軍部隊の背後には、無傷に近いイギリス軍が残っていて、後続の部隊はそれとの戦いが重荷だった。

ペナンのイギリス軍がいち早く撤退したのは、ジットラでの大敗北におじけづいたためとも考えられている。

（TA）

バターワースの追悼碑。フェリー・ターミナルから正面の1号線を北上し、最初の信号を右折した先の横断歩道橋ぎわ左側の華人義山にある。「省威」とはペナン州半島地区、「北海」はバターワースの意味

コラム

マレーシアの音楽2題　マルチ・アーティスト、P・ラムリー、そしてヘビメタ「KAMIKAZE」

◆永遠のスター、P・ラムリー

　ペトロナス・ツイン・タワー前の道路は、「Jalan P.Ramlee（ポール・ラムリー通り）」という。ポール・ラムリーとは、俳優、映画監督、歌手、作曲家として活躍しながら早世した、"マレーシア音楽の父"と呼ばれる人物だ。

　1929年にペナンで生まれた彼は、日本海軍が運営する学校で学んだという。彼の作ったメロディにどこか日本歌謡を感じるのはそのせいか。90年代には彼の歌をシーラ・マジット（『レジェンダ』）やリザ・ハニムがカバーして大ヒットした（日本でも発売された）。また映画には43本の作品に出演し、そのうち18本は自らが監督した。作品の多くはVCD化されて、CD店で安価に入手できる（ただしマレーシア語版のみ）。抗日戦を描いた『ハッサン軍曹』などは興味深い。マレーシア航空の機内映画では英語字幕付きで彼の作品を見ることができる。クアラ・ルンプールとペナン（日本人墓地の隣）には彼の記念館も建っている。

◆ヘビー・メタルと政府規制

　数年前、KLの屋台で、「KAMIKAZE」というグループのカセットが目に入った。一言で言えばヘビー・メタル・バンドである。マレーシアでは、民族音楽や香港ポップス、また日本と同様に西洋ポップスなどが盛んであるが、ヘビメタバンドも多く、日本人によるファン・サイトもある。ほかに目を引くバンド名に「SAMURAI」がある。名前に抵抗感はないのだろうか❓

　かつて日本軍は民族分断政策をとり、中国系を厳しく取り締まる一方で、マレー系を優遇した経緯があった。「KAMIKAZE」という名にもそれほど抵抗がないのかもしれない。「KAMIKAZE」は2003年にバラード集も発表している。ヘビメタは精神的抑圧の強い国で流行るという説があるが、本当だろうか❓

　最近マレーシア政府は、歌詞に悪魔崇拝的内容を持つノルウェーのブラック・メタル・バンドの演奏を禁止した。以前にも長髪が若者に悪い影響を与えるとして、あるロック・バンドの曲を流すことを禁じたことがあった。シンガポールでは、1960年代にハード・ロック禁止令があったという。音楽のもつ影響力を政治も見過ごせないのかもしれない。　　　　　　　　　　（SU）

▲▶P.ラムリーの切手セットと、VCD『ハッサン軍曹』

▲シーラ・マジットの『レジェンダ』

▲「KAMIKAZE」のカセット・ラベル

4章 ペラ州

1 ペラ州
―― 錫の産地として

この地の繁栄を今に伝えるイポー駅

名前の由来

　マレーシアの有名なお土産の1つに、ピューターがある。装飾具や花器など銀色の美しい輝きをみせてくれるピューターは、「銀」のように見えるのだが、実は「錫」製品である。そう思うのも無理のないことで、昔のマレー人もこの「錫」を「銀」と思ったのか、この地をマレー語で「Perak」＝「銀」と名づけた。

　ペラ州はこの地域で大きな力を持っていたシャム（タイ）の王朝の影響を受けた。それがこの地の錫を重視するセランゴールのブギス人を刺激し、またペナンに進出したイギリス東インド会社の軍事出動を誘発した。錫は地域情勢を左右するものであった。

　錫は古くからの交易品であったが、近代になってこれに目をつけたのが、産業革命後のイギリスだ。

軍隊の携帯食料容器は、19世紀初めにフランスでのびん詰めに続き、イギリスで鋼板に錫をめっきしたブリキによる缶詰が考案された。これがイギリスの戦争を支え、錫の需要は高まった。しかしイギリスの錫資源はすでに枯渇しており、ペラ州の錫資源が重視された。華僑労働者も集まり、この地は他より早い段階から繁栄した（現在華人人口は約75％）。そしてイポーから近く、イギリス人のための保養地として開発されたのが、有名なキャメロン・ハイランドだ。

　マレー半島で初めて鉄道が開通したのはペラ州だった。それは、錫鉱山から産出した錫の輸送のためで、錫の産出地タイピンから港のあるポート・ウェルドまでの路線であった（現在は廃線）。イポーの駅舎（1917年築造）はこの地の繁栄を今に伝えている。首都

クアラ・ルンプールの鉄道駅と並ぶクラシックな建物で、今は1階は駅舎に、2階はホテルに使用されている。

自動車も錫景気に支えられたペラ州から普及した。マレーシアでは車のナンバープレートは州別にアルファベット記号が付され、ペラ州は「A」（最初の意）である（クアラ・ルンプールは「W」）。

抗日運動の拠点の1つ

ペラ州の山間部は大変複雑な地形をしており、アジア太平洋戦争時、抗日活動を展開するには都合がよかった。マレー半島の中でも抗日運動の拠点の1つであったことが、追悼碑の多さからもわかってきた。イギリスが指導した抗日組織の1つ、「136部隊」のリーダーで、現在も抗日英雄としてマレーシア、シンガポールで有名な林謀盛は、イポーで活動中に捕らえられ、死亡している。イポー市内には「Jalan LIM BO SENG　林謀盛通り」がある（p.72参照）。

日系企業・ARE社の進出

1970年代になって、この地のモナザイトに注目し工業利用したのが日本とマレーシアの合弁会社エイジアン・レア・アース（ARE）社だ。

しかし、1979年に設立されたこの会社は、放射性物質を労働者に素手で扱わせ、また放射性廃棄物を野積みのままでブキ・メラの地に放置していた。このため近隣住民に白血病などの重い病気をひきおこした。特に廃棄物置き場を日常的に通行していた妊婦からは先天性障害児が産まれるなど、深刻な事態となった。マレーシア政府に異議申立てをするのは、国内治安法の存在などもあり厳しい状況にあったが、住民の結束は強く1984年、88年に提訴した裁判は、いずれも地元住民が勝訴した（詳細はp.78〜79）。

ペラ州は先進工業国の下部構造に組み込まれてきた。その中で抗日運動の拠点となり、また裁判闘争を根強く進めるなど、普段は穏やかなこの地の人々から学ぶことは多い。　　　（SU）

ビドー山中で発見された追悼碑

冷戦の終結で手入れできるようになった碑も多い

イポー市内にある林謀盛通りの標識

日本の侵略を「倭寇」と刻んだ碑（サラ・ウタラ）

2 林謀盛 Lim Bo Seng
―― 救国の英雄

シンガポールにある林謀盛の顕彰碑

小学校の歴史教科書でも

 日本軍の敗北後、マレーシアとシンガポールでは、抗日運動で活躍した人物が次々と英雄として称えられた。その中でも救国の英雄として崇められているのが、非業の死をとげた林謀盛だ。

 特にシンガポールではそれが顕著で、小・中学校の歴史教科書で詳しく扱われ続けている。また彼の生涯を描いた子供向けのコミックも出版されている。街路の名称にもなっている。

 ただし、彼は開戦当時から抗日の戦闘員だったわけではない。1910年シンガポールで華僑の実業家の家に生まれた林謀盛は、ラッフルズ学院卒業後に香港の大学に進学。父が死去したためシンガポールに戻って家業を継ぎ、財界人として実績をあげていった。

 1937年7月7日の盧溝橋事件以後、母国中国の国難を海外から支援する愛国華僑としての行動を広く呼びかけ、義捐金をつのる団体の結成に参加した。同年8月15日には、118団体の代表1000人が参加して「新嘉坡華僑籌賑祖国難民大会」が開催され、籌賑会による募金、日貨排斥、抗日宣伝が展開された。以後、イギリス領マレーをはじめとして東南アジア各地に籌賑会が組織された。38年10月には、シンガポールでそれらを統括する南洋華僑籌賑祖国難民総会（南僑総会）が結成された。

 林博史（関東学院大学教授）著『華僑虐殺』（すずさわ書店）によれば、募金の約6割がマレーの華僑によるも

ので、大半はシンガポールで集められ
ていたという。その地で林謀盛は組織
の幹部として活動していた。

日本軍がマレーに侵攻しシンガポー
ルに迫ってくると、林は船で脱出した。
日本側がペナンで入手した籌賑会幹部
の名簿などに基づく「敵性華僑」摘発
の動きがあり、イギリス軍が彼に脱出
を勧めたのだった。

136部隊

ここまでであれば、林謀盛は非軍事
面での抗日運動を指導した民間人でし
かなかった。だがセイロン（現スリラ
ンカ）に到着した彼は、脱出した中国
系船員たちを中心とするゲリラ部隊の
編成と指揮官就任を、イギリス軍から
依頼される。

要請に応じた林は、重慶で中華民国
政府と接触し、中国軍の陸軍大佐に就
任した。セイロンに戻るとイギリス軍
から中国系ゲリラ部隊の訓練を継承し、
136部隊を編成した。

ところで136部隊の名の由来は❓
という私たちの問いに、林の副官だっ
た李金泉氏は、次のように語った。
「ゲリラ戦のための秘密部隊だからX
部隊としたかったけれど、それでは逆
に特殊な部隊だと分かってしまう。そ
こでXは数字の10だから合計がそうな
るように136としたのさ。暗号めいて、
秘密部隊らしいだろう」と。

真偽のほどは不明だが、抗日戦を生
き抜いた旧ゲリラ部隊幹部の余裕ぶり
を見せつけられた気がする。

ともあれ、林謀盛は訓練もそこそこ
に、43年に部下たちとイギリス軍の潜
水艦でマレー半島へ送り込まれる。ペ
ラ州を中心とする山中で活動するイギ
リス軍ゲリラ部隊と行動を共にするた
めだった。そこで林はイポーやタイピ
ンの華僑たちとの連絡や食料入手の手
配なども担当していた。

日本軍憲兵隊はゲリラの動向を把握
し、重点的にペラ州内での探索を続け
ていた。44年3月30日、イポーの南約
10kmに位置する国道1号線ゴーペン
付近の交差点の検問所で、林謀盛は捕
縛された。

検問中の憲兵が「乗用車中の中国人
の腕時計が新しく異質な物に見え、疑
問に感じて尋問した結果」だったと、
第29軍憲兵隊戦友会のタイピン会回顧
録『マライよ遥かなり』（1989年）に
はある。

悲劇の英雄像はなぜ？

その後、林は日本軍の厳しい取り調
べにも黙秘を続け、同年6月に獄死し
た。ここから悲劇の英雄林謀盛像がで
きあがる。

戦後、彼の遺体はシンガポールに移
されて盛大な葬儀が営まれ、マクリッ
チ貯水池の岸に埋葬された。さらに、
シンガポール川の河口脇のエスプラ
ネードの脇には、4つの言語で彼の功
績を讃えた顕彰碑が建立された（前
ページ写真参照）。

独立後のシンガポールでは学校で必
ず彼のことを教えている。だが、なぜ
そこまで英雄視するのか❓

他にも、抗日戦の英雄の条件を備え
ている例がないはずはない。終戦まで
戦い通した人もいる。

だが、その多くはマラヤ人民抗日軍
で、共産党系の人だった。

日本の敗戦後、長く共産勢力との武
力衝突による非常事態が続き、独立後
も国内治安法で共産主義者弾圧を国是
としてきたシンガポールとマレーシア
では、これらの人を賞賛することはで
きなかった。だが、東西冷戦終結後、
状況は急変し、ペラ州はじめ各地で歴
史的事実の再確認作業が進んでいる
（p.82参照）　　　　　　　　（TA）

イポー近辺の追悼碑などの分布図

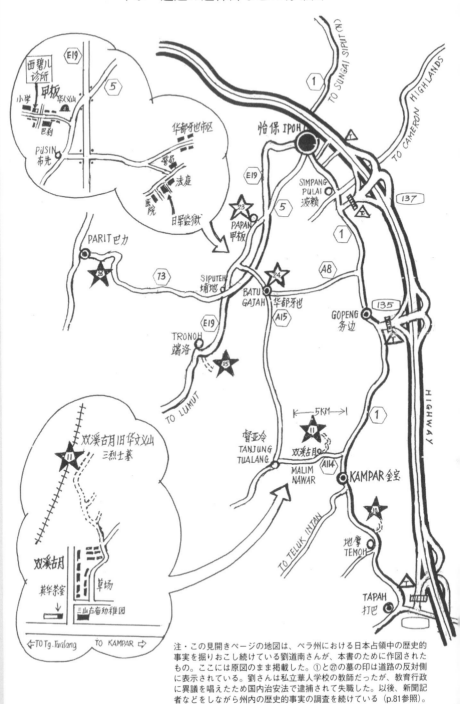

注・この見開きページの地図は、ペラ州における日本占領中の歴史的事実を掘りおこし続けている劉道南さんが、本書のために作図されたもの。ここには原図のまま掲載した。⑪と⑳の墓の印は道路の反対側に表示されている。劉さんは私立華人学校の教師だったが、教育行政に異議を唱えたため国内治安法で逮捕されて失職した。以後、新聞記者などをしながら州内の歴史的事実の調査を続けている（p.81参照）。

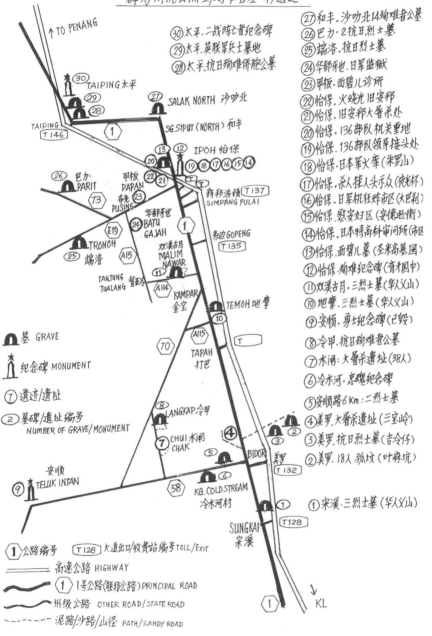

3　ランカップ住民虐殺事件

アクセス：イポーから国道1号線を南下し、カンパルから州道70号線に入る。イポーへ64km地点で左折し、しばらく進んで二叉路を左へ行くと、道路左側にある。

古い追悼碑（左）と、2003年に建てられた新しい追悼碑（右）

1942年4月4日

　イポーの南約60kmの小さな町ランカップ Langkap（冷甲）で起きた住民虐殺事件は、その経過を聞くうちに耳をふさぎたくなるケースだった。

　事件は1942年4月4日に発生した。タパー駐在の日本軍が突然やってきて「敵性華僑狩り」を実施した。手がかりは、抗日分子はからだにしるしをつけているはずで、それは刺青のことだという思い込みだった、という。

逃げた村人

　住民たちは集合させられ、身体検査で手に刺青があった男5人が連行されることになった。5人はそれぞれに日本軍の自転車を漕がされ、日本兵はうしろの荷台に跨るという、いつものやり方でタパーへ向かわされた。すると、そのうちの1人が疲れていると見せかけて故意に他の自転車と距離をあけ、前後に人目のないところで用足しを理由に自転車を停めた。直後に日本兵に襲いかかり、殴りかかった。油断していた日本兵は地面に倒れ、なおも殴られ続けて、死亡した。

　男は自転車に乗り、ランカップへ戻った。人々がなぜ戻れたのかを尋ねると、男はいきさつをありのままに語った。日本軍の横暴さを痛感していた人々にとっては、胸のすくできごとだった。それに数年来、母国を侵略している日本軍に応分の抵抗をすべきだと華僑社会で語りあっていた。だから人々が男をほめ称えていいはずだった。

　しかし、人々はあわて、恐れおののいた。日本軍が犯人探しに来るはずだと予想したからだった。住民は急きょ

話し合い、住民のほうから日本軍の警務局に事情を報告し、犯人を自首させることで、他の人々を巻きぞえにしないように要望することが、決まった。まず、男には逃げないように求めたところ、彼は「逃げないが、俺は1人で戦う。あんたたちは関係ないのだから、危ないのなら逃げてくれ」と応じたという。

住民代表が選ばれ、トゥルク・アンソン（現トゥルク・インタン）の警務局に、事態の報告に出向いた。すぐに日本兵が派遣され、男は逮捕された。

大人も子どもも

だが、事態はこれだけでは収まらなかった。タパーから日本兵が多数派遣され、もう1度抗日分子かどうかの尋問をするとして、成年男女が集合させられた。人々は手に刺青がなければ何も恐れることはないと考え、子どもたちを寝かしつけたまま、指定された茶店に集合した。夜9時頃だったという。

人々が店に入ると入口が閉められ外側に機関銃が据えられて、一斉射撃が始まった。裏口から暗闇の中に数人が逃げ出したが、大半は撃ち倒された。翌日、犠牲者は16人（1説には14人）と判明した。

別の日本兵たちは、住居に次々と放火した。眠り込んでいた子どもたちの犠牲者数は確定できていないが、10人前後だったとされている。焼かれた住宅は30数戸だった。

ことの発端となった男は、メッタ刺しにされ、死体はさらしものにされていた。一時の感情に駆られた行動の1つの結末だった。

この事件の経過は、蔡史君編『新馬華人抗日史料』に収録された陳晴山氏の記録（1945年12月30日記）に詳しい。陳氏は、事件の総括として人々がこの件から「敵軍の獣性」をはっきりと知り、「全く妥協の余地がないこと、徹底的抵抗以外に生存の道はないことを知ったのである」という。

「こうしてランカップはやがて抗日分子の活躍するところとなった。以後も殺戮はくり返されたが、その都度生き残った人々は、ますます抵抗の気運を倍加させ、日本軍の降伏まで運動は続いた。初め、人々はあの愚かな英雄がとてつもない禍いを引き起こしたと恨んだが、次第に自分たちが理性的で賢すぎたことを後悔するようになった。賢さゆえの誤りだったのだ」と陳氏は記録を結んでいる。

ヨーロッパ戦線で、ドイツ軍がゲリラによって兵士が殺された時に、見せしめのためとして1村を抹殺してしまった事例が、これまでにもよく知られている。それと同じことを日本軍は中国でも実施していた。占領下のマレー半島でも同様だったのだ、とこれでとうとう証明されたことになる。

この事件があった1942年4月頃は、抗日勢力もまだ弱体だった。それを人員数や意気込みなどで急速に勢いづかせてしまったのも、こうした日本軍の無分別、獣性による必然の結果だった。

ちなみに、こうした中国・東南アジア戦線の蛮行を、元日本兵からくり返し聞かされていた沖縄住民が、今度はアメリカ兵から同じ目にあわされると思い込まされ、事前の指示通りに手榴弾などで自死に追い込まれたのが、沖縄戦の「集団自決（強制集団死）」だった。　　　　　　　　　　（TA）

4　イポー、ブキ・メラ地区
　　──ARE社、日本の公害輸出の破綻

放射性廃棄物の除去を求める
看板とブキ・メラ地区の人々

ブキ・メラ地区での異常出産

　イポーの南西約10kmのブキ・メラ地区は、道路整備と工場用地の開発で宅地化も進み、活気に満ちている。その一画にAREエイジアン・レア・アース社の工場があった。ARE社は1980年に日本の三菱化成と地元資本の合弁で設立され、82年2月に操業を開始した。錫と一緒に取れるモナザイトなどの鉱石を化学処理し、イットリウムや粗塩化希土類を精製。ブラウン管の発色材の原料やカメラ、パソコンなどの部品にも使われている。問題は、精製工程で半減期141億年という放射性トリウムを含む有害廃棄物が出ることだった。その処理や保管の経費は大きい。
　ARE社は、機械の試運転許可を得ただけで最初からフル操業した。廃棄物の貯蔵保管施設はないままだった。同社は放射性廃棄物を、同社所有地ではあるものの地元民が日常的に通行し、子供の遊び場になっている、工場隣接の空地に野積みにした。
　そのうちにブキ・メラ地区で異常出産や白血病患者が多発したことから、住民の間で原因調査が進み、元凶がこの放射性廃棄物であると判明した。85年2月、住民はペラ州高等裁判所に同社の操業停止と廃棄物の除去を求めて、提訴。同年10月にでた仮処分では住民側の主張が認められた。

操業を再開したARE社と対決する住民が日本の市民運動と連携

　ところが、本訴が係争中の87年2月に、ARE社は操業を再開する。根拠は、工場から数km離れたパパン地区に政府が提供した土地に廃棄物の保管施設を新設したので、操業停止命令は無効になった、というものだった。
　しかし、それは地面を大きく溝状に掘り下げ、表面を薄くモルタルで覆っただけの単なるゴミ捨て場だった。住民が見に行くと、モルタルはヒビ割れし地肌が露出していた。その場所は、パパン地区の谷間にある村落の上流側にあるので、地下水汚染が危惧された。
　政府ぐるみのごまかし策に地域住民の怒りが爆発し、同年4月には「ペラ反放射能委員会」が組織され、工場前に24時間監視の小屋が建てられた。抗議集会やデモもくり返され、運動のリーダーたちは逮捕されたりもしたが、

マレーシア国内だけでなく国際的な市民運動を通じて、広く海外にも知られるようになった。

日本国内では写真週刊誌『Touch』89年2月14日号が、典型的な公害輸出の事例として紹介した。親会社三菱化成の社内でも、九州在住の社員村田和子さんがペラ州住民と連携した活動を、実名で実行。ARE社と三菱化成は孤立無援の状況に追い込まれた。

それでも、法廷でARE社の日本人支配人は、次のように主張していた。「AREは、マレーシア全土に広がっている放射能を含んだ石を集めて、集中的管理をしているのだから、マレーシア人の健康に良いことをやっているのだ」と。

71年までイットリウムなどは、日本国内で精錬していたのだが、放射性廃棄物が出ることや、処理用の薬品が有害なために、生産を中止したという経緯があった。そこで「公害発生防止の立場から、他国で化学処理済みの中間原料を輸入する方針に切り替えた」と、前出の日本人支配人が執筆に参加している『レア・アース』（新金属協会編）にあるというのだから、まさに語るに落ちた話だった。

やがて、92年7月11日、ペラ州高等裁判所で原告全面勝訴の判決が出された。ARE社側は最高裁に上告し、最高裁で原告敗訴の判決を得たが、国内外の批判の声などによりARE社は工場を閉鎖した。

「公害輸出」の破綻

その間、ARE社側は本格的な廃棄物恒久貯蔵所の建設に追い込まれ、89年に完成させた。そこには、工場周辺にあった残土類が運び込まれ、事実上の永久保存がされている。しかし、住民の間では、そこからの放射能もれが懸念されている。

一方、ブキ・メラを中心とする住民の健康被害についても、医療保障が多少は実行されているが、政府による着手は遅く、国内外からの支援運動で医療施設を設置するなど、住民側が先行している。

今では工場が閉鎖され、三菱化成はマレーシアから撤退している。その最大の理由は、住民のエネルギーによって「公害輸出」が破綻したことにある。ただし、中国からの輸入の方が安く済ませられる状況になっていることも、要因の1つとされている。

マレーシアの1地区のできごとだが、国内外の状勢と深く関連している事例であり、住民パワーの健在ぶりがそこに示されている。ちなみに、この時の住民側リーダーには抗日戦の兵士やその後継者たちが少なくなかった。（TA）

住民運動の拠点の1つだった大衆保健医療所（ブキ・メラ村）

ARE社。建物の2階のドアには放射性物質の存在を示すマークがついている（1995年）

証言──王家昆（オン・カクン）さん

明るくなる前に日本軍がやってきた

1931年生まれの王家昆さん　　当時の事件現場をさす王さん

サラ・ウタラで

　私が住んでいるサラ・ウタラ（Salak Utara）という町はタイピンとイポーの間にあり、宿場町として人が集まるようなところでした。

　1942年3月26日早朝、明るくなる前に日本軍がやってきて、1軒1軒家を回り、青年から40代くらいの男性200から300人を、小学校向かいのバスケットボール用コートに集めました。私は当時11歳。父と一緒に寝ていましたが、日本軍がドアを激しくたたいて家の中に入ってきて、父を連れて行きました。炎天下でみな服を脱がされ、下着だけでしばらくしゃがまされていました。

　日本軍は手に入れ墨のある者をヤクザか抗日の人間と考えていたようで、入れ墨のある者をはじめ、小学校の校長、教頭、教務主任などインテリだと思える人あわせて15人を選び出しました。ゴムの樹液を集める人や、錫鉱山で働く人、農民や商人もいました。そして小学校の建物を憲兵隊が使用し、そこに15人を拘束しました。うち校長先生はタイピンの刑務所に連行され、そこで拷問されて亡くなったと聞きました。

　拘束されて3日目の深夜になって、日本軍は14人を町から1.5km離れたサラ・ウタラ駅まで連行して、処刑したのです。私はそのすぐ近くに住んでいましたが、深夜で静かだったため、その14人が処刑されたときの泣き声や悲鳴がよく聞こえてきて、朝まで眠れませんでした。

銃剣で刺されて

　翌朝現場へ行ってみました。詳しいことが分からず、日本人の駅長に処刑

の場所を尋ねると、駅長は簡単に「現場は向こうだった」と教えてくれました。そこは乾燥した溝（水が流れていない水路）で、そこに土もかぶせられずに死体が捨てられていました。生臭い血のにおいがまず鼻をつき、吐き気がしました。死体を見ると銃剣で刺し殺されたことがわかりました。（親戚の1人も殺されていることがわかり、とても怖くなりました。）

数日たっても現場はそのままにされており、だんだんと悪臭がしてきたので、夜になって町のリーダーが人を雇ってその溝を埋めさせました。

あとからわかったことですが、処刑のため移動している途中で1人（教務主任）だけは、錫掘削あとの池に飛び込んで逃げ出すことに成功したのです。その人はジャングルへ逃げて抗日活動を始めました。戦後になって町へ戻ってきて、小学校の校長も務めました。戦争のときの思い出では、日本軍がさらし首をしたことが強く印象に残っています。当時習った「君が代」はまだ歌えます。

平和になってから犠牲者のお墓を作ろうとお金を出し合い、骨を掘り起こして追悼碑を作りました。清明節には小学校の生徒も呼んで追悼セレモニーを毎年実施しています。これは憎しみのためではなく、生徒たちに戦争は残酷なものだと教えることになるので、ずっと続けています。

過去は変えることはできないが、学ぶことはできる

過去のことは今では変えることはできませんが、そこから学んで将来に生かすことが大事だと思います。

私の子どもは1980年代に東京の写真学校に留学し、今では40代になってクアラ・ルンプールで写真スタジオやレストランを経営しています。私も子供の友人にお世話になり東京へ行ったことがあります。過去の戦争を起こしたのは軍国主義を進めた一部の人たちだと思っています。日本の多くの人たちは違う。だから日本は過去の歴史を学んで協調していってほしいと考えています。

横浜へ証言に来ることを決めたのは、日本の人でも過去の出来事を調べて、将来に生かしていこうという姿勢に共鳴したからです。今の日本は平和で豊かなようですが、過去のことをキチンと総括していないと感じます。今の幸せを続けるためには歴史の再確認をしていく必要があると思います。
（2009年12月、アジア・フォーラム横浜証言集会の記録から）

サラ・ウタラの追悼碑には犠牲になった12人の名が刻まれている。右はペラ州の追悼碑調査を行っている劉道南さん

5　情報空白州からの転換の理由
── 事件と追悼碑

錫鉱山の露天掘労働者として

ペラ州は、今でこそ経済力で他の州に遅れをとっているが、イギリス領時代は錫の産地として隆盛を極めた。

その錫鉱山の露天掘り作業に、安い労働力として導入されたのが、華僑たちだった。従って、ペラ州内には華僑が早くから住みつき、日本軍の母国侵略に対する怒りは広く形成されていた。それに同州は山岳部分も多く、抗日組織の活動に適していた。そのためイギリス軍や中国系抗日組織などのゲリラ活動が開戦当初から、他の地域よりも活発に行なわれていた。

日本軍もある程度はこうした状況を把握し、警戒を強めて情報収集にも力を入れていた。しかし、住民を侮蔑する差別的民族観にこり固まった日本軍の「敵性華僑狩り」や日常的にくり返されていた日本軍の獣性に悩まされ続けた住民たちは、時がたつにつれ抗日運動に追いやられていた。

日本軍の虎口をからくも逃れた人々は、自身への迫害だけでなく、家族の受難や生活の糧の強奪などに対する怒りから、抗日戦線に加わり続けた。占領期後半になると、家族で山中に潜むゲリラも少なくなかった。

そうしたペラ州内の抗日運動には、日本軍も過酷な対応をくり返し、残虐な事件を多発させた。それがまた抗日運動への参加者をふやすという悪循環となった。

当然の如く、ペラ州内では日本軍による弾圧等による犠牲者の墓や追悼碑が多数ある。しかし、それらについての具体的な情報は州外にまで詳しく伝えられることはなかった。なぜか❓

抗日運動の中心はマラヤ人民抗日軍

ペラ州内の抗日運動の中心は、マラヤ人民抗日軍で、実質的には共産勢力だった。抗日戦の間、イギリス軍と人民抗日軍は、共通の敵日本軍との対決のために、連携していた。

戦後、日本軍がいなくなると、主導権争いは武力衝突による非常事態にまで拡大し、追いつめられた人民抗日軍はペラ州からタイ領内にまで続く山中でのゲリラ戦をくり返すに至った。米ソ対立が続いている間、マレーシアでは共産主義が国内治安法によって厳しく規制された。

そうした政治状況下で、共産主義の人民抗日軍がらみの事件の犠牲者が大半を占めるペラ州内の墓や追悼碑を顕彰する情報を国内外に発信するには、時として生命をかける覚悟が必要だった。しかし、東西冷戦の終結を経て、今日では、過去のことであれば共産主義者でも救国の英雄として公然と語れるまでになったのだった。

こうして長い間空白だったペラ州内の抗日運動の犠牲者たちに関する情報を得られるに至った。それが短期間に可能であったのは、州内で情報収集と継承に長年とり組んでいた人々の存在があってのことだった。同時に、各地域の人々がそれらの墓と碑を保存・継承してきた。世代交替が進み、事件当時の世代が消えていきつつあっても、近年になって、それらの整備や改修、あるいは新設されている例まであるのだ。　　　　　　　　　　（TA）

5章
マラッカとその周辺、ネグリ・センビラン州

マラッカ川風景
作:樋口兼久(1985年のツアー参加者)

1　マラッカ
——アジアと西洋の接点

①アジア最古のチャイナタウン——鄭和の遠征とアユタヤ王国の脅威

マラッカ Malacca (Melaka) 市街図

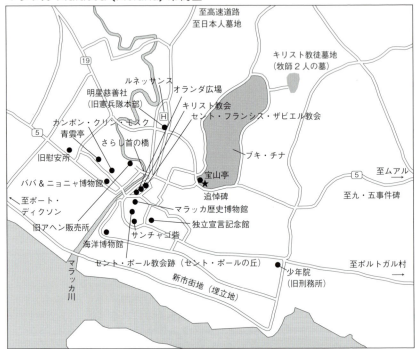

　マラッカを通り過ぎていったヨーロッパの国々の足跡は、マラッカ川左岸のセント・ポールの丘からポルトガル村にかけての一帯に残されている。アジアの国々の足跡は川の右岸のチャイナタウンの細い道をたどることで、確かめることができる。道の両側にぎっしりと並ぶ家屋の窓枠や入口装飾などに、最近の中国大都市では消えつつある様式が見られ、時代を逆戻りしたかのようにさえ思える。
　マラッカのチャイナタウンは、規模こそ大きくないが、明らかにアジアで最古のものと言える。なぜか❷　それは、多数の中国人がマラッカに定住するに至ったいきさつを解明していけば分かる。そこにはマラッカ周辺だけでなく、世界史規模のできごとが関連している。

鄭和艦隊 7 回の派遣
　発端は、中国の明朝第 3 代皇帝、永楽帝が国力の隆盛ぶりを国内外に誇示したいとの意図から、周辺諸国に朝貢

84

貿易を求める使節を派遣したことだった。この使節の大役を委任されたのが、雲南省出身イスラーム教徒の宦官鄭和で、彼の指揮下の艦隊は南シナ海からアフリカ東岸まで派遣されている。その回数は7回に及んだが、1405年から33年までの短期間におこなわれたので、鄭和は帰国してもゆっくり休むことはできなかったと思われる。

鄭和艦隊の事実は、日本の歴史教育からすると、意外の感が強いはずだ。いわゆる「大航海時代」のコロンブス（1492年）やガマ（1497年）、マゼラン艦隊（1519年）などによって大海を往来する航海が実現できたというイメージが、明治以来の学校教育では形成され続けてきた。ところが、コロンブスの第1回航海が実行されるよりも、約1世紀早く、中国ではインド洋横断を実行していた。しかも、コロンブスたちが150t級の船（長さ25m）を動かしていた時に、鄭和は1000t級（長さ120m）のものを使い、第1回の遠征だけで2万7000人が62隻に乗船していた。

こうした鄭和艦隊に関する調査と研究は、中国の国威発揚の意図も加わり、近年急速に進展している。最近では、イギリスの歴史学者ギャヴィン・ソンジーズが、鄭和艦隊の一部は大西洋を越えてコロンブスよりも前にアメリカ大陸に到達していた可能性があるとの著作『1421年』を発表したことで、鄭和は世界的にも注目されている。

日本の歴史教科書でも、かつてはほとんど無視されていた鄭和を、比較的詳しく扱うようにはなった。しかし、今もなおコロンブスたちを強く印象づける扱いが続いている。

日本人はバナナと同じ

マゼランについても、彼を倒したフィリピンの英雄シ・ラプラプに触れて

いる教科書は少ない。

これでは、「日本人はバナナと同じ」と皮肉るフィリピンの人々の日本人観が当分の間続きそうだ。このたとえの意味は何か❓

「日本人はアジア（黄色人種社会）の1員と言うけれど、一皮むけばバナナの中身のように歴史観や社会観は欧米（白色人種社会）と同じ」という意味だ。これを打ち消すには、私たちがアジアの豊かで欧米にひけをとらない歴史と文化を認識するしかない。

その豊かな歴史の一端がマラッカのチャイナタウンにあるとして、鄭和の大遠征の概要に触れた。

この大遠征当時、アジア各地には中国からの移住者たちがすでに存在していたものの、数はあまり多くなく、心細い日々を送っていた。そこへ朝貢を武力を用いても受け入れさせる大艦隊が来航したことで、地元の人々の中国人移民（華僑）を見る目が大きく転換する。その変化を実感したジャワ島スマランの華僑たちは、鄭和を神として祀る三宝亭を建立したほどだった。

同様に彼の来航を、マラッカの華僑たちは歓迎する。そしてそれ以上に歓迎したのが、地元のマレー人社会の権力者スルタンだった。なぜか❓

当時、マラッカへは、北からアユタヤ王国（シャム、今のタイ）が侵略の手を伸ばして迫っていた。アユタヤは、中央平原の豊かな農業生産と、海外交易の活発化で隆盛の頂点にあった。その脅威に悩んでいたマラッカのスルタンにとって、シャムの北方の大国明と朝貢関係を結ぶのは大いに好都合だし、関係強化も期待できた。

スルタンに嫁入りした永楽帝の娘

そこで、永楽帝は自分の娘を鄭和の第2回航海の際にマラッカへ送り、スルタンに嫁入りさせた。王女には約

500人の中国人が付き添い、マラッカに定住した。

定住した中国人を商売相手とする華僑が、他の地からマラッカに移り住み、チャイナタウンが形成されることになった。

ブキ・チナ問題

この地で王女たちが亡くなると、マラッカ川河口に近い丘一帯が中国人の墓地（義山）に当てられた。やがてマレー語で「ブキ・チナ（中国人の丘）」と呼ばれるようになった。「ブキ・チナ」最古の墓は1621年建立の黄維弘夫妻の墓で、修復されて現在もある。

さてマラッカでも鄭和はあがめられ、彼を祀った三保亭（宝山亭）がブキ・チナの麓に建立されており、参拝者が絶えない。

その後、市街地の拡大によりこの地は商店街や住宅地に囲まれるようになった。そのため、マラッカ州政府がこの付近一帯をショッピング・センター建設をはじめとする再開発を計画し、墓地の撤去を提案した。これに対して華人社会は猛反対した。これが「ブキ・チナ」問題と呼ばれたできごとだ。華人たちの反対を受けて州政府は提案を撤回し、新たに海岸線を埋め立てる再開発計画を提示した。一方華人社会も観光地にある墓地ということで、ここを公園化することを受け入れた。シンガポールの日本人墓地でも、都市化の進展の中で、公園化することで存続が可能になった例がある。都市化の進展と、その中で歴史をどう残していくかを考えさせられる話題でもある。

（TA）

〈参考文献〉
泉田英雄『海域アジアの華人街』学芸出版社、2006

宝山亭に立つ鄭和石像

オランダ広場の輪タク

コ ラ ム

マレーシアをドライブする

象に注意の標識。2010年8月には、ペナンからコタバルへ国道4号線を走っていたバスが野生の象に出会ったという。

レンタカーで

　マレーシアに調査で通うようになって30年あまりになる。1975年、初めて訪ねたときは、タイから国際列車で入り、その後も主に列車と都市間バスで、マレー半島を1周した。そのときの様子から、タイ国内よりはるかに運転マナーが堅実と分かった。77年からはレンタカーを利用している。

　南北を縦貫する高速道路を軸に近年では、クアラ・ルンプール（KL）周辺を含め、東西方向の高速道路の整備が急速に進んでいる。高速道路では最高速度制限が時速110kmなので、車が比較的少ないKL以北ではドライブ気分を楽しめる。

　荷物が負担にならないので、大汗をかかないですむ。シンガポールとともに、イギリス領だったため、車輛は左側通行で、とまどうことも少ない。それに、地図を頼りに自由に動き回れる。

　少しずつ値上がりしているものの、高速料金が日本と比較して割安なのも魅力の一つだ。ちなみにバスとタクシーの高速代は自家用車の半額、そしてバイクは無料である。なぜだろう❓

　鉄道路線があまり発達していないマレーシアでは、バスとタクシーが大切な公共交通機関の役を果たしているためとのこと。ガソリンも全国均一の公定価格で、日本よりはるかに安い。

　一方で、所得水準の上昇によりマイカーの普及も急速なため、KLでは通勤ラッシュ時の渋滞や連休時の高速道路での混雑も常態化している。

　日本と異なる点として、片側1車線の国道でトレーラーなどを先頭に長い車列ができたとき、急ぐ車は対向車線の空きに合わせて追い越しをかけてくるので、その時に車列に戻る割り込みを邪魔してはならないことがある。それに、ロータリーの出入りは内側にいる車優先が大原則なのを、忘れないこと。

　さらに、道路標識はマレー語だから要注意。　　　　　　　　　（TA）

②「3年8ヵ月」──追悼碑・慰安所跡・アヘン販売所跡

宝山亭の隣に立つ「忠貞足式」碑

独立宣言記念館　1階左手の部屋に、琉球の尚王がマラッカのスルタンに送った文書（漢文）のコピーを展示

2008年に世界遺産に登録されたマラッカへは、高速道路網が発達したために、クアラ・ルンプールからの日帰りツアーが増えている。しかしマラッカには世界史の観光ポイントと同時に、日本軍に関係する遺跡も多い。

追悼碑「忠貞足式」

ブキ・チナの南側にある宝山亭は多くの中国人観光客でにぎわっているが、そのすぐ隣にあるマラッカの追悼碑「忠貞足式」を訪れる人は少ない。碑に刻まれたこの4文字の意味は、「日本軍に殺された人々の忠誠心は人々の模範である」ということだ。

日本の第5師団が1月15日から占領したマラッカでは、ルネッサンス・ホテルの隣に建つ明星慈善社の建物に憲兵隊本部が置かれた。まず中国系住民の指導者、次に抗日の疑いをかけられた人々、工場やゴム園で働く人など千数百人が殺害された。そうしたことが、この碑文に刻まれている。

碑に向かって右下側には「馬六甲華人社団暨熱心人士重修抗日烈士紀念碑記」（1972年4月建立）がある。

シンガポール陥落、ヒロシマ・ナガサキ、日本の敗戦

碑文は、この碑の修復時の経緯や、1941年12月8日の開戦と翌年2月のシンガポール陥落、そしてヒロシマ・ナガサキへの原爆投下で日本は投降したという、アジアの原爆観が現れた文面となっている。

またその隣には英文の説明板がある。「IN MEMORY OF THE UNFORTUNATE CHINESE VICTIMS DURING THE JAPANESE OCCUPATION IN MALACCA」（1948年4月建立）というタイトルで、以下の文言が刻まれている。「日本人が中国へ侵略したため、抗日運動が始まった……マラッカは、1942年1月15日に陥落した。何千人もの中国人が命を落とした。野蛮で非人間的な方法によってだった……空中に放り投げられた赤ん坊や子どもが尖った銃剣で受け止められた……日本の敗北後にこのブキ・チナの丘の麓に中国人犠牲者の遺骨が集められた。このモニュメントはマラヤ財務省高官EDWARD GENTによって1948年4月5日建立された」（大意）。

市中心部の東にある少年院はかつて

88

のマラッカ刑務所で、そこでは抗日運動の嫌疑をかけられた人々が事情聴取され、中には拷問を受けた人も少なくなかった。

いまも残る旧慰安所

マラッカで最大の観光スポットといえるオランダ広場から歩いて、チャイナタウンを抜けたところに慰安所だった建物がある。向かい側にあるガソリンスタンドが目安になる。隣は当時から学校だったという。現在建物は陶器売り場となっており、中に入ることもできる。

またオランダ広場から海を背にして道路を少し歩いていくと、日本軍が作ったアヘン販売所だった建物も残っている。

日本軍は中国各地でアヘンを製造・販売して戦費を稼いでいたが、ここマラッカでも同様のことを行っていたのだ。アヘン販売所の目印は「日の丸」だったため、アヘンを買う人々は「日の丸」を国旗だとは思わず、アヘン販売所のマークだと思っていたという。

「さらし首の橋」

旧アヘン販売所の建物の近くを流れるマラッカ川にかかる橋は、「さらし首の橋」と呼ばれる。抗日運動をしたために処刑された人々の首が見せしめとしてさらされていたからだという。また下流のもう1つの橋のたもと（オランダ広場の前）には、日本軍の侵攻によって橋が破壊されたという説明板がある。

ブキ・チナの北のキリスト教徒墓地には、日本軍に捕らわれ、シンガポールまで連行されて死亡した（1944年3月8日）マラッカのセント・ポール教会の牧師2人の墓がある。

KLからの日帰りツアーの増加によりマラッカの宿泊相場が下がっているという話も聞く。宿泊して日本の侵略という視点から町を歩けば、もう1つのマラッカと日本が見えてくるはずだ。ただしホテル代が安い分、電話代、ミニ・バーやその他のサービス代を高くしているのでご注意を。　　　　（SU）

左上・マラッカの慰安所だった建物がいまも残っている。左下・セント・ポール教会の牧師の墓。右上・「さらし首の橋」右下・アジア最古のマラッカのチャイナタウン

③「9月5日事件」

「9月5日事件」の殉難者の墓。10数基の小さな墓が並んで建っている

　1945年8月15日に日本軍が降伏した後、連合国軍（イギリス軍）がマラッカに進駐するまでの間、しばらく軍事的に空白の期間があった。そのとき、マラッカに駐屯していた日本軍憲兵隊の小隊長が、終戦後の貧者対策などを話しあっていた住民の指導者たちの中に抗日ゲリラが含まれていることを知ると、独壇で部下を指揮してそれらの人々を捕らえ、沖合約10kmの小島へ連れて行き殺害した。これが「9月5日事件」と呼ばれている。その遺体が対岸に流れ着き、マラッカの華僑団体、が、国道5号線を東へ16km行った、ウンパイの中華義山の一画に埋葬し、墓を建てた。

　日本軍小隊長による逮捕、殺害は降伏後の明白な違法行為であり、この小隊長は戦犯として死刑判決を受けた。彼は最後まで自分の誤りを認めずに処刑された。

　連合国軍進駐までの時間の空白が生じたのは、この地区の連合国軍総司令官であるマウントバッテンが自身のシンガポール上陸まで各地の連合国軍に足止めを命じたからだった、と言われている。その間に事件は起きた。

放置されていたわけ

　この悲劇を記した石碑や墓は、長い間放置されていた。なぜそのような扱いを受けたのだろうか❓

　この事件の犠牲者には共産党系の人民抗日軍のリーダーが含まれていた。マレーシアでは共産党は非合法武装勢力で、一般国民からタブー視されていた。マレーシアでは第2次大戦後の共産主義勢力抑圧の時代を「エマージェンシー」（緊急事態）の時代と呼んでいる。

だが、1989年の冷戦終結から、その状況が変化した。この流れを受けて、その後抗日人民軍関連の追悼碑が多く報告されるようになった。99年にはこれまで読みとりにくかった碑文に朱が入れられ、判読しやすくなった。墓石に星や鎌のマークがあるものは人民抗日軍、何もないものは住民指導者の墓だ。

『中国新聞』の姿勢

1990年代に入って、「BC級戦犯」を連載した（全245回）中国新聞の解説委員は、この事件を取材して掲載した。自分の誤りを認めなかった将校の遺書を引用して「自己弁護する意志は初めから捨てている。日本的倫理観で言えば『いさぎよい』というしかない」（『中国新聞』1991年1月16日）と書いた。88〜89年にマレー半島の幸存者が来日して、広島で証言したことも否定的にふれた。しかしこの連載記事は、数多くの誤り、改ざんが指摘された。批判を受けた中国新聞社は事実を調査した結果、紙面での謝罪と、改めて日本軍がアジアで何をしてきたかを検証する記事を連載し、1冊の本にまとめた（『亜細亜からアジア──共生への道』1993年）。こちらはすぐれた内容で高い評価を受けた。　　　（SU）

「9月5日事件」の殉難史誌（右段に日本語訳）

一九四五年「九・五」殉難史誌

　人民抗日軍は各民族の前に姿を現わし、各民族の人々に呼びかけ、人民委員会という組織を設立し、社会の治安を維持したり、失業している人たちを助けたり、日本軍が実施していた厳しい政策を廃止したり、民主主義の精神を発揚したりした。当時、日本軍は治安を維持する責任を持っていた。その上、英軍はなかなか来そうになかった。もし、人民委員会の設立がなければ社会の治安は悪化すると予想された。

　しかし日本軍はそのリーダーたちを9月5日の夜9時に、マラッカの街の沖合にある5島で刺殺しようとした。途中で康景南（現在の当会の秘書）と張品森は車からとび降りて逃げることに成功した。また陳易経は海に舟からとび込み泳いで逃げた。さらに邦学深は海にとび込み自殺した。彰玉楼と曽才、呉世健の3人は刺されて負傷したが治療を受けられた。彰・曽の2人は生き残ったが、呉は治療が間にあわず亡くなった。残り7人は残念ながら死亡した。

　ああ、殉難者諸氏よ、尊敬すべき英魂は屈せず、歪まず、正しい精神はいつまでも残り、身は失われても精神は健在している。我々仲間が悲しみ惜しんでいる間に、きちんとことの経緯を書き、ここに碑を建立して刻むことで、忘れることのないようにした。

公暦一九四六年二月十五日
　　　　馬六甲人民委員会総会刊錚

　　　　　　　　　　　　（訳・楊佐智）

> コラム

最初の世界1周者はマゼラン？

マゼラン艦隊の航路

『図説　探検の世界史』1　大航海時代　1975年　集英社　ダンカン・カースルレイ著に加筆

当時のヨーロッパでは、地球の大きさを実際よりも1割小さく想定していた

最初の世界1周者は？

　マゼラン艦隊が1522年に最初の世界1周航海をなしとげたことは、中学校の歴史教科書にも書かれ、よく知られている。では、最初の世界1周「者」は誰か？

　マゼランは、航海の途中にフィリピンの住民との争いに敗れ、非業の死をとげたのだから、その後にスペイン本国まで帰りついた彼の部下たちということになるはずだ。けれども歴史学界では、マゼランを最初の世界1周者にしている。なぜ❓

　この謎を解くには、"そもそもマゼラン艦隊の目的は何だったのか"から整理しなければならない。上掲の同艦隊の航路をよく見てほしい。

　生き残った部下たちはフィリピンから香料諸島にたどり着いて、めざして

いた香辛料を手に入れた。ところが、帰路のコースをめぐり、意見が分かれた。西に向かえば、ガマのインド初航海（1497年）以来実績のあるポルトガルのアジア艦隊の勢力圏に入ってしまう。万が一にもポルトガル艦隊に発見されたら、積荷を奪われ殺されてしまうのは確実だ。

　それならば、逆戻りで太平洋をもう1度横断し、中米の陸地を越えて大西洋経由で戻ったほうがよい。でも、太平洋横断のあの瀕死の体験をもう1度するのは耐えられない。いやだ！

　結局、意見は割れたまま、残った船が2隻だったので、それぞれ西と東に分かれて本国スペインをめざすことにした。太平洋横断組のトリニダード号は、ハワイ付近まで行ったものの、島影が見当たらず、横断をあきらめてま

た香料諸島に戻ってしまった。そこで運悪くポルトガル艦隊に出会い、捕らえられて歴史から消された。

一方、西回り組ビクトリア号のフアン・セバスチャン・エルカーノたちは、西欧人では最初の南インド洋無寄航横断航海で無事にアフリカ大陸南端にたどりつき、ポルトガル艦隊と出会うことをうまく回避した。大西洋ではベルデ岬諸島に寄港した際に、香料諸島帰りが発覚してポルトガルに追われる危機にあったものの、何とか生き残ったエルカーノたち18人（1説には21人）がスペインに帰りついた。

つまり、マゼラン艦隊は最初から世界1周をめざしていたのではなく、たまたま結果としてそうなったのだ。本来の目的は、香料諸島航路の開設をコロンブスの第1回航海（1492年）以来の大西洋西回りで達成しようとしたにすぎない。だから、これ以後もスペインは、インド洋経由ではなく、太平洋経由でフィリピンや香料諸島との交易をしている

歴史学では、こうした経過や意図を大切にする。しかも、マゼランはスペイン人ではなく、ポルトガル人だった。彼はポルトガル艦隊の船長としてマラッカに派遣されたという記録があり、香料諸島にも行ったとみなされている。ところが彼はその香料諸島が1494年のトルデシリャス条約でとり決めたスペインの勢力圏内のはずだと、正直に上申した。そのため彼は本国に呼び戻され、任務を解かれてしまっていた。

そこで、未知の香料諸島へ艦隊を派遣しようとしていたスペイン政府が、マゼランを雇うことにしたのだった。この時、マゼランが顧問かアドバイザーだったら、後の非業の死は避けられたかも知れない。なぜ❓

彼がスペイン艦隊の隊長に任命され

たことで、艦隊の功績はまずマゼランのものになる。ポルトガルとのライバル意識の強いスペイン人の部下たちには不快なことだった。それが、南米ラプラタ川河口の越冬をめぐる意見対立の下地となり、船長たちの反乱計画にまで結びつく。反乱は密告で失敗し、マゼランはとりあえず命令服従を条件に船長たちを許すものの、本国に戻れば厳罰は避けられない。その船長たちにとって、フィリピンでの住民との争いは願ってもない好機だった。

応援すれば救助できたはずのマゼランの苦戦ぶりを船上から傍観し、彼が倒されるとすかさず残りの側近たちを救援して出帆し、彼の遺体はあとに残された。反乱の記録類も処分された。

こうして、マゼラン艦隊のいまわしい事実は臭いものとしてふたをされた。逆にスペイン艦隊の業績をことさらに賛美しようとして「最初の世界1周」が強調された。

この西欧白人社会優越を基本的視点とする歴史観（いわゆる「19世紀的西欧中心史観」）が、明治時代の欧化主義下の日本に直輸入され、現在もそこから脱皮しきれていない。それでも、厳密に歴史的事実を分析する歴史学界では、マゼランを最初の世界1周者としている。なぜなら、彼はポルトガル艦隊の時代にすでに香料諸島に到達し、今度はスペイン艦隊で同諸島と同じ経度のフィリピンへ今度は逆回りで到達したのだから。

最近の歴史教科書には、「ポルトガル人マゼランが率いる艦隊がスペイン政府から派遣され」云々とある。生徒が「当時のポルトガルとスペインはライバルだったはずなのに、なぜ❓」と気付けば、知られざる歴史ドラマに触れるのも可能になる。　　　（TA）

93

2　ネグリ・センビラン（NS）州

①追悼碑と周回ルート案

ネグリ・センビラン州略図

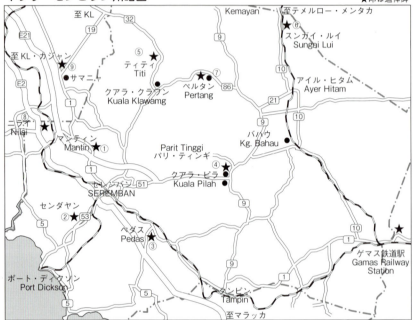

★印は追悼碑

　近年道路網が発達したマレーシアでは、クアラ・ルンプール（KL）から日帰りでも多くの追悼碑を巡ることができるようになった。ネグリ・センビラン州を周回するコースを紹介する。

ティティ、イロンロン村、スンガイ・ルイ

　まずはKLの東側郊外へ出て、州道32号線を南下するとティティの町の手前の義山に、イロンロン村の追悼碑がある（地図の⑤、p.104参照）。
　さらに南下してクアラ・クラワンから国道86号線を東に行くと、追悼碑と共産ゲリラの墓があるペルタンの中華義山が町の手前にある（⑦）。時間に余裕があればさらに東へ走り、州道21号線経由で、ゴム園にはさまれた国道10号線を北上すると、テメルローへ50km地点の右側にスンガイ・ルイの追悼公園がある（⑥、p.118参照）。ここにはマレー人の目前で虐殺された華僑の追悼碑がある。政府観光局の案内板と説明版もあるので、比較的わかりやすい。

クアラ・ピラへ

　スンガイ・ルイから再び南下して、バハウから国道13号線で州道を西に向かうと、クアラ・ピラ（④、p.110参

照）の追悼碑がある。さらにそのまま国道51号線を西に進めば、マレー鉄道の駅や高速道路のICのあるセレンバンに到着する。

このルートで高速道路へ出て、KLやクアラ・ルンプール国際空港（KLIA）、またはマラッカへ行くことが多いだろうが、さらに高速道路を越えて国道53号線を西へ走ると、右手にセンダヤンの中華義山がある（②）。丘の上には2001年に建立されたネグリ・センビラン州全体の追悼碑がある。

墓地公園「孝恩園」

さらにもう１ヵ所訪問できる追悼碑がある。それは高速道路の南行車線からサービスエリアのような形で入ることができるニライの墓地公園「孝恩園」の中にある（⑧）。マレーシア全体の追悼碑＝「馬来亜抗日英雄紀念碑」が入口近くにある。マレーシアで唯一日本語表記のある碑（「日本のマラヤ侵略に抵抗した英雄たちの碑」）で、そのすぐそばには、KLの北にあるバトゥ・ケイブで起きた「９月１日事件」の碑（「九一烈士紀念碑」）が事件の現場から移転再建されている。

このほか、クアラ・ルンプールから国道１号線を南下して、サマニャから州道19号線を北東へ行くとカジャンの民営墓地「富貴山荘」があり、その入口すぐ右手に追悼碑がある（⑨）。そのまま道を北東へ進めば前述のティティへ行く州道32号線に出る。

メンタカ、テメルローの追悼碑

別のルートとしては、KLからいったん北上して「９月１日事件」の舞台となったバトゥ・ケイブを見てからクアンタンへの高速道路へ入る。山越えをしたテメルローで降りて、メンタカ、テメルローの追悼碑に立ち寄ったあと、国道10号線を川沿いに南下していけばスンガイ・ルイも近い。

ここからティティ経由でKLへ戻るか、クアラ・ピラへ南下してセレンバンへ行く回り方がある。その後セレンバン経由でKLIAへ行く選択もある。

2008年８月には、カジャンとセレンバンの間に高速道路が開通し、マンティン（①、p.102参照）へのルートが格段に改善された。

追悼碑の訪問は、言うまでもないが、マナーや見識が問われることになる。60年以上前のことを鮮烈に記憶する人々、そして語り継がれた人々が碑の周りにいる。訪問する際にはそうした人々への配慮を忘れないでほしい。はしゃいだり大声を出したりするのは避けたい。　　　　　　　　　　（SU）

5章　マラッカとその周辺、ネグリ・センビラン州

←テメルローの追悼碑

KLとクアンタンを結ぶ２号線がテメルローの街の中央でカギ型に曲がる部分の中央広場の国道ぎわにある

←センダヤンのネグリ・センビラン州全体の追悼碑（②）

マレーシア全体の追悼碑（⑧ニライ・孝恩園）

95

②「敵性華僑狩り」の背景

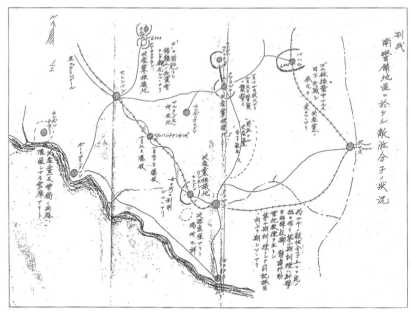

『陣中日誌』に添付されていた「南警備地区ニ於ケル敵性分子ノ状況」

　クアラ・ルンプール（KL）から南へ高速道路で約1時間、マレー鉄道の通勤電車なら40分で、ネグリ・センビラン（森美蘭）州の州都セレンバンに着く。同州はマラッカの内陸側の中央山地にかかる地域にあって、幾つもの盆地に区分され、かつてはそれぞれが1つの国（現在は県）だったので、9つの国より成り立っているという意味の名称がつけられている。
　州内を車で一巡しようとする場合、多くの峠を越えなければならない。そのため、山地から搬出されるラワン材などをつんだ大型トレーラーが1車線の峠道を登っている時には、幹線道路でもその背後に多数の車が、じっと我慢して長い列をなすことになる。
　最近は峠越えの国道を中心に拡幅工事が進んで、追い越し車線も増え、以前ほどにいらいらさせられることは少なくなった。とはいえ未整備区間で木材トレーラーの後についてしまったら、不運とあきらめるしかない。

集落ごと地図から消す
　ともあれ、州内に多数の盆地が分布しているネグリ・センビラン州は、戦時中の抗日勢力、特にゲリラ活動をする側にとっては、好都合な場所だった。また、そのことを承知していた日本軍は、同州内での「敵性華僑狩り」には丹念に部隊を配置して、巡回をくり返した。
　ただし、ここでの「敵性華僑狩り」も、シンガポールの場合と同様に、不確実な情報によることが多かった。少しでも疑わしいとみなした集落は、ともかく皆殺しにし、住居なども焼き払

って、集落ごと地図から消し去ってしまうという乱暴なものだった。

こうして、ネグリ・センビラン州各地で日本軍による住民虐殺事件が多発することになった。

とはいえ、日本軍はただやみくもに巡回して、手当たり次第に見つけた華僑を一方的に敵性と決めつけていたものばかりとは限らない。シンガポールを占領後に捕らえた抗日組織の幹部から聞き出した情報に基づいて、重点的に巡回していた。第5師団歩兵第11連隊第7中隊の『陣中日誌』1942年3月分には、命令書に別紙として「南警備地区ニ於ケル敵性分子ノ状況」と題した地図が添えられている。それには、ジョホール州北部からネグリ・センビラン州一帯にかけて、各地の襲撃事件の内容や抗日組織の情報などが記載されていて、概況としては、状況をそれなりに把握したものだった。

もっとも、それらの抗日組織情報は、「約二チノ敵性分子」とあるのが実際は50人ほどだったと、戦後に判明しているので、かなり不正確だった。それに道路や鉄道の破壊も、残置されていたイギリス軍のゲリラ部隊によるものだった。同部隊の存在に日本軍は敗戦までまったく気づいていなかったという。したがって「敵性華僑狩り」をしていた日本軍は、相手側を過大に評価していたことになる。

それがまた住民への過剰な暴行・殺害行為をもたらし、被害者の身内やかろうじて生きのびた幸存者たちを、新たな抗日メンバーに追いやることにもなるという、悪循環を生み出した。

20年目の証言

そうした悪循環が発生する場として

山がちなネグリ・センビラン州は、条件が整っていた。

シンガポールから送りこまれた華僑主体の抗日軍は、山地に身を潜めながら、各盆地内の集落に時々姿を現し協力者から食料や情報を得ていた。

動きを察知した日本軍は、気配のある地域を重点的に巡回していたと考えられる。その場合、山に潜伏している抗日軍と一般住民との識別は困難だった。中国戦線で住民のゲリラ戦法に悩まされていた日本軍は、対応策として疑わしいものは皆殺しにするという手法を多く用いている。マレー戦線でも同じだった。

しかし、だからといって無差別な住民虐殺は正当化できない。

なお、ネグリ・センビラン州内の抗日部隊の存在について、現在では各種公式記録等で確認されている。その一方、上記のような事情で住民虐殺が強行された地域では、それら被害者住民と抗日部隊とに接触があったことを認めた証言は、ほとんどない。

それでも、2000年12月に横浜で開催された証言集会に招かれた蕭雲（シャオ・ユン）氏は、「これまで村の長老たちから口止めされていたが、あなた方は信頼できるので、本当のことを言う。確かに日本軍が来る直前、抗日軍が山から降りて来て、父たちと接触していたのを目撃している」と語った。同氏と初めて会ったのは1984年8月だった。以来20年目にようやく聞くことができた証言だった（p.106〜107参照）。 　　　　　　　　　　（TA）

〈参考文献〉
「対談、蕭雲・高嶋伸欣」『MOKU』
　2001年2・3月号所収

③虐殺事件の掘り起こしと『史料集』刊行

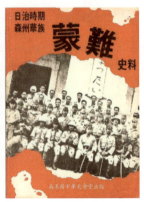

ネグリセンビラン州中華大会堂から出版された3冊の本

1982年

ネグリ・センビラン州（NS州）では日本軍の占領下、住民虐殺事件が多発していた。日本軍の降伏直後、それら事件の犠牲者の墓や追悼碑が各地に建てられたが、その後の独立に向けた政治的対立や世代交替が続き、人々の関心が向けられることはほとんどなかった。それに犠牲者の大半が中国系住民であり、独立後のマレーシアはマレー系を中心とする政府だった。

また1981年に首相に就任したマハティールは、「ルック・イースト」政策を提唱し、日本との親密関係構築を目指した。その日本の過去の悪行をあえて指摘するには、国内治安法が施行されている状況だったから、相当の覚悟が必要だった。

1982年、転機が訪れる。日本の高校歴史教科書の検定で、文部省（当時）が日本軍のアジア「侵略」を「進出」と、過去10年来書き替えさせていた事実が判明した。中国と韓国両政府が正式に抗議し、他のアジア諸国の人々からも、いっせいに批判や抗議の声があがった。

その結果、日本政府は、渋々ながら歴史教科書で「侵略」と記述することを認めた。しかし、それは次の検定からはそうするというもので、この時の検定意見の誤りを認めて撤回したのではなかった。

州内全域の華人たちへ

そうした日本側の責任をあいまいにする姿勢に、NS州内の華人たちは納得していなかった。NS州内各地の華人団体を総括するNS中華大会堂は、日本社会が侵略の歴史的事実をうやむやにしようとするのならば、自分たちが改めてその事実を掘り起こして、語り継いでいくことを確認した。1984年8月10日、同大会堂所属の「日本委員会」が発足し、州内全域の華人に向けて、体験者や証人、資料の"発掘"を広く呼びかけた。

そこでは、虐殺直後に仮埋葬されたままの遺骨が発見された場合、なるべく正規の墓と追悼碑を新たに建立することも、申し合わされていた。その申し合わせを実行したのが、マンティンとペダスの2地区だった。当時の生き

残りの人々の大半は土地を離れ、現在の住民の大部分は無関係だったが、それでも申し合わせは実行された。

一方、州内各地で若い新聞記者などが競い合うように、事件の目撃者や捕らえられながら生きのびた幸存者を探し続けた。各地で次々と関係者の存在が明らかになり、NS州中で事件が多発したのだと、再確認された。同時に、そうした証言記事などを中心に史料集編集作業も進み、1985年6月末に、あとは印刷するだけの段階に達したと報道された。しかし、そこで事態は停止してしまった。なぜ❓

史料集印刷はなぜストップしたか

この史料集を1000冊印刷して、発行するには、約1万リンギ(当時のレートで30万円)が必要だった。内容の性格上、有料ではなく、非売品としたい中華大会堂では、遺族のほとんどいない会員にその出費を承諾してもらえず、苦慮していた。印刷費用捻出で事態は行きづまっていた

他方で、華僑虐殺事件を調査していた林博史関東学院大学助教授(当時)と高嶋は、初の文字資料の出版を心待ちにしていた。それが上記の理由で実現できていないと知ったのは、1987年12月の現地調査の折だった。即座に両人は、発行部数を300部上積みし、そ

れらを日本国内で1部1000円の協力金で研究者などに引き取ってもらう方法を講じた。

この提案を契機に、『日治時期森州華族蒙難史料』1300部の刊行が、1988年1月末に実現した。

『マラヤの日本軍/ネグリ・センビラン州における華人虐殺』

その後日本国内でも、日本語版を求める声が強まった。青木書店から『マラヤの日本軍/ネグリセンビラン州における華人虐殺』と題して、日本語版が出版されたのは、1989年7月だった。同書には、林博史氏が華僑虐殺について、高嶋が同書出版の経過について、解説を付記した。

さらに青木書店から、原典使用に関する著作権料等が支払われることになり、マレーシア側に送られた。

NS州中華大会堂は、1990年が国内各州の華人団体持ち回りで開催していた全マレーシア華人文化祭の当番州であった。数千人の参加者に配る史料集の費用にこの支払い分が活用された。初版以後の資料も加えた増補改訂版が全国からの参加者の手に渡った。同書は品切れとなっていたが、2009年8月、日本占領時期殉難同胞委員会の歴史叢書第4巻として復刻再版された(p.98の写真)。　　　　　　　　　(TA)

パリ・ティンギの事件の追悼碑(クアラ・ピラの義山。p.110参照)。事件と碑建立経過との説明文。当時の主席(蕭文虎氏。p.112参照)の名は消されている

④第7中隊『陣中日誌』の意味

『陣中日誌』にあるゲリラ情報と刺殺の記録

語り継がれてきた住民虐殺

　ネグリ・センビラン州での住民虐殺については、州内各地でのケースが以前から地元の人びとを中心に語り継がれていた。それが1982年の教科書問題を契機に、同州の華人組織「中華大会堂」の呼び掛けで、体験者たちの証言や資料の掘り起こしが新たに進められた（p.34参照）。さらには、それらをまとめた資料集『日治時期森州華族蒙難史料』を刊行した。また地域によっては、この運動で発見した遺骨の埋葬などのために新たに追悼碑を建立したところも、前述のマンティン、ペダスなどのようにある。

　それらの中で、クアラ・ピラ県のパリ・ティンギの場合は、生存者の証言だけでなく、日本側の公式記録『陣中日誌』との照合によって、事件の全体像が具体的に把握された数少ないケースの１つとなった。

　防衛庁防衛研修所図書館に保存されている、日本陸軍第5師団歩兵第11連隊第7中隊の『陣中日誌』1942年3月分には「敵性華僑狩り」の実態が詳しく記録されている。第7中隊はネグリ・センビラン州の州都セレンバンから東へ約20kmの町クアラ・ピラに駐屯し、周辺地域を担当した。『陣中日誌』は陸軍の規定に定められた中隊ごとの公式記録で、隊長付きの指揮班が記録し、隊長の検印を毎日うける。1ヵ月分ずつまとめられ、保存されていた。

　同日誌には「敵性華僑狩り」の命令書に添付された「南警備地区ニ於ケル敵性分子ノ状況」図が保存されていたが、概してゲリラ勢力を過大に評価していることは、前に触れた（p.97参照）。同日誌の3月4日付けには、主要地方道路をはさんで、両側のゴム園地帯を移動しながら、ゴム園労働者とその家族を摘発し、「本日不偵分子刺殺数55名」とある。また3月16日には「不偵分子156ヲ刺殺シ19時30分クワラピラニニ集結ス」とある。ネグリ・セ

ンビラン州における1939年の調査では、華僑の6割がゴム園労働者だった。またシンガポールなどから疎開してきた人たちも少なくなかった。この時はすでに戦闘が終了していたので、軍法会議による死刑判決なしでの殺害は明らかに国際法に違反していた。

『陣中日誌』発見の重み

歩兵第11連隊第7中隊の『陣中日誌』の発見は、重い意味を持っている。

第1に、これでマレー半島での住民虐殺が、日本軍の命令による組織的活動であることが明白になった。その点で、命令書（p.34参照）とこの第7中隊の具体的な刺殺数の記録は決定的な意味を持った。

同『日誌』発見が共同通信社配信記事で全国に報道された1987年12月8日より後の同部隊戦友会では、「我々も命令でやむをえずやったことを分かってほしい」との発言が精一杯だったと、伝えられている。

第2に、この時シンガポールとジョホール州を除く英領マレー半島の全域で「敵性華僑狩り」による住民虐殺を実行したのは、第5師団所属の部隊だった。その中の第11連隊は広島に本部を置き、広島県内に本籍のある兵士たちの部隊だった。

ということは、対米英戦の開戦から間もない1942年2月と3月に、広島出身の兵士たちが、住民虐殺をしていたという事実が、同『日誌』で確認されたことになる。

敗戦直前の1945年8月に原爆が投下された。この被害に対して、被害者の立場から単純に「ノーモア・ヒロシマ」「ノーモア・ヒバクシャ」と主張するだけでいいのか。広島の被爆者だけでなく、広島の人々、さらには日本人すべてが、この事実——加害と被害のからみあい——をどう受けとめるのか。戦争の構造解明と各個人のかかわりの分析という重い課題が今私たちの前に提起されている。　　　　（TA）

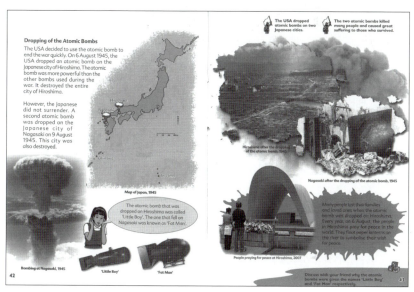

シンガポールの小学校5年生の歴史学習用教科書。かつて日本軍の占領下にあった地域では、原爆投下で暗黒支配から解放されたと教えている

101

3 マンティン（文叮）

アクセス：2008年に開通した高速道路E21号線を南へ向かい、出口2104MANTINで国道1号線を左折し、約1km行った右側、キリスト教会の手前の義山。小さい門の扉は施錠されていない。KLから約45分

蒙冤の2文字が刻まれた新しいほうの追悼碑（1986年ころ）。現在までにこの碑を中心に周囲の整備がくり返され、2008年には新たに説明板も設置された（口絵写真21参照）

　州都セレンバンから国道1号線を北に約10kmのところにマンティンの町がある。町には信号もなく、自動車は商店街を1分もかからずに通り過ぎてしまう。このわずかしか住民のいない町でも、日本軍は「敵性華僑狩り」を実行していた。ただし、事情は少し違っている。
　まず、州内の他の地区同様に1942年3月の「敵性華僑狩り」がここでも実行された。ちがうのはこのあとである。それからしばらく後に、ある住民からもっと抗日ゲリラと協力者がいるという情報が入り、日本軍がまたやってきたのだった。
　華僑狩りから生きのびたと安心して

いたゴム園住民たちが、再び次々と犠牲になった。被害者たちは身に覚えがなく、まったくの冤罪だった。それもそのはず、日本軍に伝えられた情報そのものがまったくの作り話だったのだから。なぜそうなったのか❓

発端は逆うらみの密告
　その詳しい事情が、1980年代の住民虐殺掘り起こし運動を通じて、広く知られるようになる。
　日本軍支配下に入ったある日、盗みに入った男が捕えられた。住民たちは犯人に殴る蹴るなどしただけで放り出した。日本軍に突き出せば厳しく罰せられる、と配慮したのだった。

しかし、犯人の男は逆うらみをし、日本軍に住民はゲリラと協力者だと、偽りの密告をする。そこで日本軍が出動してきたという。

ゲリラ対策で住民不信を強めていた日本軍は、情報の真偽の確認をしないまま、住民を次々と殺害している。このようなやり方はここだけではない。

捕えられた窃盗犯の逆うらみというのでは、殺された被害者はたまらない。それでも、もしかしたら、イギリス植民地政府と日本軍が民族間の反目を煽っていたことが背景にあるのではないかという疑問が浮かんだ。

その点を追悼碑のある義山（中国系墓地）の管理委員会幹部に尋ねてみた。

回答は「残念ながら、犯人は中国系でした」というものだった。その時の幹部の表情はとてもつらそうだった。

「蒙冤」の2字を刻んで

ところで、文叮華人義山には日本軍による住民虐殺の犠牲者の墓が2つある。遺骨はどの地域でも誰のものか判別できないのが大半なので、一括して埋葬するのが普通だ。それにしてもなぜ2つあるのか❓

マンティンの場合も、日本敗戦後の1946年に、当時判明していた埋葬地から発掘した遺骨を納める墓が建立されていた。ところが1982年に日本で「侵略」を「進出」と書き替えさせていた教科書検定の実態が露見したことから、ネグリ・センビラン州内で改めて侵略の事実、とりわけ住民虐殺事件の再調査が進められることになった。そこで得られた新たな証言から、前出の事件の様相が判明し、1本のドラム缶にまとめてゴム園の中に埋められていた遺骨が発掘された。

この遺骨の埋葬について、義山管理委員会は検討の結果、旧来のものの右隣りに新たな墓を建立することにした。その墓石には「蒙冤」の2文字が刻まれた（建立1985年11月19日）。

なぜ旧来の墓とは別個に建立することにしたのか❓　ここに委員会の理事たちの無念さを読みとるのは、むつかしいことではないだろう。ちなみに、これまで判明しているマレーシア全土の70余に及ぶ住民虐殺等犠牲者追悼碑や墓で、「冤」（無実の罪）の文字を刻んでいるのはこれより他にない。

日本の『高校現代社会』では

日本の教科書でマレーシアの追悼碑・墓の写真を、目下のところ唯一掲載したのは、『高校現代社会』教科書（一橋出版）だけだった。同書では、上記の点に着目してマンティンの2つ目の碑の写真を掲載したのだった。

マンティンの集落は小さく、人口も多くない。虐殺された人々の遺族も減少し、全国に分散している。しかし、義山管理委員会はこの犠牲者墓の管理に心を配り、改修、整備に経費を投じている。それは、変化を示す口絵写真の通りだ。

また、日本からの見学・参拝者があるたびに、理事が集い、時には茶菓をふるまってくれる。そうした接待に恐縮する我々に対して、「いや、あなた方は仕事上の義務でもないのに、遠く日本から時間とお金を使って、自主的にここまで来ている。我々のこれくらいのことは何でもない」と、ねぎらってくれる。

我々も、理事たちが日常の仕事に忙しい朝方や平日はなるべくさけ、土日や昼以後の訪問になるよう、日程を調整することにしている。

高速道路の開通によってマンティンへのアクセスが大幅に改善されたので、スタディツアーの見学第1の候補地として推薦したい（目次末参照）。（TA）

103

4　イロンロン村

アクセス：ティティの町から32号線を北へ約500mの左手にある義山の入口あたりから前方斜面に見える。

改葬後の碑。公墓が碑の前に移された

　道路が整備されたとはいえ、ネグリ・センビラン州を訪れるには長い峠道を越えていかねばならない。前述したように多くの盆地があり、それゆえ抗日活動には、うってつけの場所であった。人民抗日軍は、山地に潜んではときどき集落に立ち寄り、食料や情報を得てゲリラ活動をしていた。錫鉱山で働く華僑も多く住んでいた。

1942年3月18日イロンロン村
　イロンロンやティティには、共産青年同盟があった。また日本軍がコタ・バルに上陸してシンガポールを目指すと、海岸の村からこれらの山間の村へ知り合いを頼って多くの人が疎開してきたので、かなりの人数が住んでいた。第7中隊はイロンロンを人民抗日軍の本拠地の1つとみなしていた。

　1942年3月18日、クアラ・クラワンの町から約100人の日本軍が村にやってきた。日本軍は、食糧配給の人口調査のため身分を確認するのだと村長に伝え、村人を小学校に集めた。しばらくして、そこに集まった男性たちが10～30人ずつ連れ出され、近くの民家に入れられて虐殺が始まった。悲鳴が飛び交う中で脱出できた人もいたが、多くの人は目の前で起きたことが信じられず、「助けて！」と叫んだもののかなわなかった。日本兵は救いを求める無抵抗の女性や子供たちも連れ出し、跪かせて背後から銃剣で刺殺、さらに家を焼き払った。日本軍は夜になっても村を巡回しては虐殺を続けた。警戒して学校に行かずに逃げた人たちは、夜通し燃えさかる炎をよく覚えているという。こうして200世帯が住んでい

たイロンロン村はほとんど全滅状態になってしまった。追悼碑には1474人が犠牲になったと記されている。このイロンロン村の虐殺事件は、ネグリ・センビラン州最大の悲劇となった。

ティティに建てられた追悼碑

事件後、隣町のティティの人たちが「このままではかわいそうだ。遺体が腐敗する」と日本軍に申し出て、仮埋葬した。

70年代になって遺骨が掘り起こされ、現在の場所に追悼碑が建立されて埋葬された。その後2005年3月に改葬され、それまで碑の後ろにあった墓が、碑の前に移された。

怒鳴られた初訪問

1983年8月15日に放映されたNHK TVの特集「太平洋戦争はどう教えられているか」で、この虐殺のことが紹介された。地元小学校で教えられていたことを知り、高嶋ツアーでも翌年からコースに入れることにした。ツアーの一行が町を初めて訪問し、食堂に入ったとたん、店内にいた地元の人々から、日本人がなにしに来たのかと怒鳴られた。それを聞きつけた人々が続々と集まりはじめ、険悪な空気も漂った。しかし事情を説明したことで人々の理解が得られた。84年に再訪したときには、情報もすすんで提供してくれるようになった。

追悼碑のあるティティの町は、州道32号線沿いに位置しており、北回り(クアラ・ルンプール方面)でも南回り(カジャンやセレンバン方面)でも訪問しやすい場所にある。

現在、ティティの町には2003年に設立された「森美蘭知史史料協会」がある。見学施設ではないが、このような施設が近年作られた背景には、歴史体験の継承と日本側の歴史認識への問いかけがある。ティティの中華義山は町から500mほどの北側で、州道32号線沿いの左側にあるのでわかりやすい。

消滅してしまったイロンロン村は近年、連邦土地開発局(FELDA)の新たな開発計画によって再び人が住むようになった。しかし当時とは何のつながりもなく、マレー系中心の新しい村となっている。　　　　　　　　(SU)

墓前で行われた追悼セレモニー(1995年)

証言——蕭雲（シャオ・ユン）さん

本当のことを日本人に話してはいけないと言われていたけれど……。

虐殺の日のできごと

1942年3月18日には8歳でした。その日、日本兵の姿を見かけたので母親に伝えましたが、だれも心配しなかったため、私1人で逃げました。母親が逃げなかったのは、「日本兵は配給のため、人数を調べに来たのだから逃げる必要はない」と考えていたようです。しかし、そうやって信用させて虐殺を行ったことがよくあったのです。

山の中の隠れた場所から戻ってみたら、不思議なことにだれも見かけませんでした。そこで母親のベッドの下に潜り込んで身を隠しました。夜、2人の日本兵がやって来ました。日本兵は懐中電灯で照らしながら部屋の中を調べ始めましたが、幸いにも私に気づかず、談笑しながら帰っていきました。

それからおよそ1時間後、夜9時か10時ごろ、「助けて」「許して」という泣き声が聞こえてきました。その後、寝ていたのか、起きていたのか記憶がはっきりしません。翌朝5時ごろ、再び日本兵が近づいてくるのに気がつきました。この時も、幸いなことに見つかりませんでした。日本兵は豚小屋に放火しました。私は半マイル離れた隠れ場所にもう1度戻ったのです。そこに昼ごろまでじっとしていて、再びイロンロン村に戻りました。

信じられないことばかりが……

そこで1人のおばさんに出会いました。私は彼女についていき、親戚が生き残っているか、確認しました。そのときに親戚の娘1人に出会いました。彼女たち3人が一緒に歩いていたところ5人の日本兵に出会ったそうです。

日本兵が3人をレイプしようとしました。2人は抵抗したので、レイプされた挙句に日本兵によって殺されました。生き残った彼女はそれを見て、気を失ったようです。彼女の話からわかったのは、殺された女性の1人は妊娠していました。彼女の話を聞いて、日本兵はひどいことをすると知りました。

歩いている途中でたくさんの死体を見ました。家という家は焼かれてしまっていました。私は通りがかりの男性の自転車に乗せてもらい、ティティの親戚に身をよせました。

戦後のつらい暮らし

そこで1年ぐらい暮らしました。その後、別の親戚の女性にもらわれましたが、その親戚の家でひどい扱いを受けたので、死のうかとさえ考えました。でもその女性が難産の末に亡くなったので、ティティの親戚の元に戻り、ゴム園で樹液を集める仕事をしました。そのころには日本の占領は終わっていましたが、マラヤ共産党が活動していて、とても大変な時代でした。

8歳の時のことを思い出して話しました。何十年も大変な生活をくぐり抜けてきました。私は学校に行けず、文字を読み書きすることができません。しかし、私の話は筋が通っています。ひどいことをやったのは、前の世代の日本人です。ひどいことをした日本人に、その責任をとらせるべきです。今日、私の話を聞いてくれている世代の人たちに直接の責任はありません。

日本軍が来る前のできごと

日本軍が来る前に、2人のイギリス

兵と2人の中国人通訳がイロンロン村にやってきて、父親と話をしていました。私は側に立っていて、話を聞いていました。中国人通訳が父親に、中国出身か、日本が中国を侵略し、マレー半島でも同じことをしようとしていることを知っているか、などと質問しました。さらに通訳は、兵士にならないか、月に42ドルの給料を払う、よかったら村の人たちにこの話をしてくれないか、ビラを配ってくれないかと持ちかけてきました。父親がこの話を村に人たちにしたり、ビラを配ったりしたかどうかは知りません。その後、あちこちと遊んでいるうちに、イロンロン村の学校に大勢の中国人兵士がいるのを見ました。女性もいました。彼ら、彼女らは手榴弾やピストル、ライフルなどの銃を身につけていました。

しばらくしてイギリス軍の軍人が（作戦に）失敗して逃げてきました。村人に卵やビスケットなどを求めました。兵士たちは、お金を全く持っていなかったので、銃やピストルとの交換を持ちかけてきました。この後、日本軍がやってきました。日本軍は危険だという印象が強かったです。最初に来たイギリス兵と中国人通訳が隠れていたテントの場所を父親から教えられていました。他の人が逃げなくても、そこに隠れることにしたのです。

高嶋からの補足

「口を閉ざすよう、村の長老から言われてきたので黙ってきましたが、今回あえて話します」と前置きをして、蕭さんは語り出しました。その肝心の部分は、日本軍が来る前にイギリス軍や抗日ゲリラと村人が接触があったという部分です。私たちが日本軍が起こした虐殺事件を調べていくと、日本軍は、ほとんど行き当たりばったりに、無辜（むこ）の民を虐殺していた事例が多

いことが明らかになってきました。このあたりが何となく怪しいというだけで、皆殺しにしているのです。

このイロンロン地区については、イギリス側の資料に当たっていくと、イギリス軍や抗日ゲリラがこの地区に出没していたのは分かっていました。それで何回も、そういう事実があったのではないですか、と質問してきましたが、この地区の人たちは「知らない」と言い続けていました。

蕭さんはその事実を知っていたのですが、村の長老から日本人にそのことを話してはいけないと言われていたわけです。しかし、事実を伏せたままでは国際理解は進まないと考え、今回、ゲリラとの接触があったことを話すつもりで日本へ来たのだそうです。おそらく村に戻ったら長老たちから叱られるだろうとも言っていました。

この蕭さんの発言をどう受けとめるのか、むずかしい。証言集会参加者の多くは、真実を知る機会を得た点で幸運です。でも10年来蕭さんたちから聞き取り調査をしてきている者には、真実をどこまで語ってもらえているのかという問題に改めて直面したことになります。とはいえ、私たちはこれまでの交流があったからこそ信用してもらえたのだと、受けとめています。

（2000年12月、アジア・フォーラム横浜の証言集会の記録から）

コラム

マレー「奉納金」と横浜正金銀行

◀横浜正金銀行本店。現神奈川県立歴史博物館

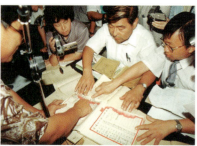
▲センガランの地元華人団体からはじめて奉納金帳簿の実物を示されて説明をうける（2000年8月）

国際法を意識した巧妙な財産没収

　日本軍政はシンガポール攻略後、現地の華僑を虐殺する（大検証）とともに、華僑から寄付の形式をとりながら実質的に強制だった"奉納金"5000万海峡ドルを取り立てた。「華僑工作実施要領」にはこの占領直後の施策が終わったのち、「軍費並ニ統治資金ノ調達命令」を重視することをあげ、マレー華僑全体に対し「最低五千万円ノ資金調達ヲ命スルモノトス」としている（『南方の軍政』p.288）。

　また『横浜正金銀行全史』には、「奉納金」は「通貨収縮、華僑勢力の抑制並に軍政部収入の一石三鳥の効果を狙った」ものと記されている。横浜正金銀行の出張所がマレーに多くつくられたのも、この「奉納金」の返済と関連があるだろう。なぜ「奉納金」だったのだろうか❓

　日本も批准している、戦時国際法であるハーグ条約第46条は「生命、名誉の侵害」を禁止し、「略奪の禁止」を定め、第2項には「私有財産はこれを没収しえず」という規定がある。日本側はこの国際法違反を気にして「奉納金」という形にしたと考えられる。

「奉納金」と横浜正金銀行

　「奉納金」納入は期限までわずか3ヵ月しかなく、日本軍は不足分（2100万海峡ドル＝全額の42％）を横浜正金銀行から融資をして調達させた（条件は期限1年・利率年6分）。横浜正金銀行が「日本政府の外地銀行」としての役割を果たした1例である。

横浜正金銀行は明治政府が1870年、居留地貿易における外国人商人の支配に対抗して金融安定のために、準国立銀行的性格を持って設立した。72年に日本銀行が設立されると、正金銀行は外国貿易関係を専門とする特殊銀行として特化された。支店・出張所の6割は1942～45年に設立・展開され、日本の東南アジア侵略と軌を同じくしている（1941年11月に大本営政府連絡会議で策定された「南方占領地行政実施要領」で、正金銀行と台湾銀行が南方に展開することが決定された）。「正金銀行は円による『東亜金融圏』形成の中軸的担い手としての役割を負わされた」（高村直助）とされるように、政策の主体ではないが、東南アジアから財産を吸い取り、日本の侵略を側面からサポートする役割を担った。

店舗展開を見ると（下表）、ほとんどが出張所で、あとは小規模の出張員事務所（事）と、派出所（派）である。正金銀行株の22％を所有していたのが昭和天皇だった（『米従軍記者が見た昭和天皇』ポール・マニング）。

過去の問題ではない

「奉納金」問題は現在も解決していない。マレーシアの華人団体は戦後50年の1995年から、クアラ・ルンプールの日本大使館に「奉納金」返済要求の書面を提出したが、外務省からは受け取り通知さえなかった。そこで99年12月には、マレーシア中華大会堂総会（華人700万人の組織）の事務方トップが来日して、首相官邸・外務省を訪問したが、誠意ある対応はなかった。マレーシア中華大会堂総会はこの問題を資料冊子にまとめて2000年7月に緊急出版するなどして、熱心に取り組む姿勢を示した。同年、高嶋伸欣さんのマレー半島ツアーが西海岸の町センガランを訪問した際、地元華人団体から、保管されていた奉納金の支払い台帳と個人別の帳簿が示された。

「奉納金」問題は戦後補償というより、財産返済権を求める点で戦時中の労賃未払い問題と似た性格を持つ。

このような役割を担った横浜正金銀行は敗戦後、GHQによって閉鎖機関に指定され、財産などの一部は東京銀行（現三菱東京UFJ銀行）に受け継がれた。現地ではいまも国際法違反の強制寄付の返還を求める訴訟の動きが模索されている。　　　　　　（SU）

＊東南アジアにおける店舗と開設の時期

『横浜正金銀行全史』第5巻から作成

1942年	53ヵ所	
マレー	12ヵ所	昭南（支店）、クアラ・ルンプール、ペナン、マラッカ、イポー、セレンバン、アロー・スター、ジョホール・バル、コタ・バル、クアラ・トレンガヌ、タイピン、クアラ・リピス（以上出張所）
北ボルネオ	6ヵ所	クチン、ミリ、サンダカン、ジェッセルトン、シブ、タワウ（以上出張所）
その他		スマトラ8、蘭印16、ビルマ4 等
1943年	19ヵ所	
マレー	1ヵ所	クアンタン（出張所）
北ボルネオ	1ヵ所	ブルネイ（出張所）
その他		スマトラ4、蘭印4、ビルマ5 等
1944年	29ヵ所	
マレー	2ヵ所	クアラ・カンサー（事）、タンジョン・ピナン（出張所）
北ボルネオ	3ヵ所	クアラ・ブライト（出張所）、クダッ（派）、ボーフォート（派）
その他		スマトラ5、蘭印3、ビルマ6、中国10
1945年	4ヵ所	
マレー	1ヵ所	ブキマタ・ジャム（事）

5　クアラ・ピラ
――パリ・ティンギ事件と幸存者たち

クアラ・ピラから国道9号線を北へむかい、約2kmの地点で州道139号線をパリ・ティンギの方向へ入り、約500m行った左側の義山。入口から右奥200mのあたりに碑はある

　私たちは華僑というと商人をイメージしがちだ。日本軍も中国人を同様にとらえていた1面があった。だからネグリ・センビラン州のような地域の山中に商人が住むわけはない、ゴム園に住んでいるのはスパイかゲリラであるに違いない、という決め付けも虐殺の1因となった。

　日本軍はシンガポールで「大検証」を行ったあと、第25軍はマレー半島の「敵性華僑狩り」に着手した。第18師団（久留米の師団）がジョホール州、第5師団がそれ以外を担当した。後者のうち、歩兵第11連隊（南警備隊）がネグリ・センビラン州とマラッカ州の警備を担当し、ネグリ・センビラン州では6回にわけて時計と反対回りで粛清していった。

　1942年3月15日にパリ・ティンギ村（中国名：カンウェイ）へ日本軍がやってきた。村はクアラ・ピラの近くにあり、錫鉱山もあって賑わっていた。住民は食事を出すなどして日本軍をもてなしたが、翌16日、日本軍は「身分証明の確認だ」と村民を呼び出して、広場に集めた。村長はその前日、クアラ・ピラの警備隊長（第7中隊長）が発した、村を保護するという文書を差し出したが、それは軍刀で切られてしまった。その後その場にいた人々を10数人の小グループにして、銃剣を使って囲んでそれぞれ別の方向へ連れ出し、虐殺を行なった。銃弾がもったいないと、銃剣で住民を刺し殺していった。ここでは675人の村人が殺され、村も焼き払われて廃墟となった。抗日ゲリラはその場所からは移動していたため、ここでも、無実の人々が粛清されたことになる。またたとえゲリラを匿っていたとしても、匿っていた人まで殺害する行為は国際法上も許されない。

　事件後も遺体は散乱したままだったため、1年ほどしてこの地域の治安維持会の代表が日本軍の許可を得て、穴を掘って埋葬した。やがて蕭文虎さん（p.112参照）などの努力でクアラ・ピラの義山に追悼碑が建立（1982年2月15日）され、遺骨も移された。（SU）

証言──楊振華（ヤン・チェンホア）さん

店も家もすべて焼き尽くされた。

　日本がマレー半島を侵略・占領した当時、私は9歳で、ネグリ・センビラン州のカンウェイに住んでいました。住民は600人ほどで、ほとんどが農業で生活していました。父の楊金鴻は村長でした。私の家族は祖父・祖母・父・母・2人の叔父・4人の叔母・たくさんの従兄弟・兄弟9人の26人家族でした。

　1942年3月15日、近隣のバナナ園で住民を虐殺した日本軍が村に来ていました。日本軍は村長である父に、「安全は保障するから逃げないように」と命じ、村民に翌朝、集合して良民証あるいは安居証を受け取るよう通知させました。そして翌朝、別の日本軍がやってきて合流しました。

　村民が集合すると、日本軍は、20～30人ぐらいずつ、集合場所の店の前、あるいは後ろの果樹園、空地、沼地に連れていき、さらに、7～8人あるいは10人ずつに分けると、次々に刺し殺しはじめたのです。私たちは、その後で殺される人々の中にいて、村民の泣き声、うめき声、「無実だ、無実だ」という叫び声を聞きました。村民は殺されるとわかっていても逃げられませんでした。私は、父、祖父、叔父たち、他の村民と一緒に連行されました。母、祖母と妹たちは別のグループでした。日本軍は私たちにひざまづかせ、両手を地面につけさせ、後ろから銃剣で刺しました。私は、背中5ヵ所、胸3ヵ所を刺され、そして指1本を切り落とされたのです。私は折り重なった死体の中で意識を失っていきました。

　夜が明けてから意識を回復し、父、祖父、叔父が死んでいるのを見つけました。他の村民も日本軍の銃剣で死んでいたのです。まさに野蛮そのもの、人間性がひとかけらもない大虐殺でした。

　私は、私の叫び声を聞いて死体の中から這い出してきた張苟という小さな子どもと一緒に歩き出しましたが、すぐ、パンパンという音がしたので、日本軍がまだ村にいると思い、再び死体の山の側に横たわっていました。その時日本軍は、村に放火し、家を焼いていました。私たちは死体の側で1晩過ごし、2日目の夕方、村に行くと、店も家もすべて焼き尽くされていました。そこでしかたなくバナナ園に隠れました。翌日、私と張苟は通りがかりの人に別の町に連れていってもらい、そこでその人が傷を治療してくれました。私の家族は26人もいたのに、みんな日本軍に殺され、私1人ぼっちになってしまったのです。私が日本政府に要求したいのは、合理的な賠償です。

（1994年12月、アジア・フォーラム横浜の証言集会の記録から）

証言──蕭文虎（シャオ・ウェンフー）さん

日本軍は「食料を配るから…」と言いました

パリ・ティンギの悲劇

私は当時ネグリ・センビラン州クアラ・ピラという町の近くのパリ・ティンギ村に住んでいて、1942年3月16日、家族を日本軍によって虐殺されました。私自身にも7ヵ所、日本兵の銃剣による傷痕があります。

日本軍が侵略した時、私の家族、父、母、私、弟、妹は、クアラ・ルンプールの西にあるクランにいました。でも交通が便利で日本軍がたくさん来て人を殺したので、不便な場所なら来られないだろうと思い、パリ・ティンギに移りました。この頃パリ・ティンギには、私たちのような人間を含めると約1000人が住んでいました。戦争の時は食べ物がなく、米はすべて日本の軍隊からわれわれに配られていました。

まず日本軍は事件の前日、「これから食糧を配るから、全員出席しないと人数分の食糧を配給しない」と言いました。母親は妊娠しており、私たちの家族は、大事なお米を待っていました。

日本軍の蛮行

次の日のお昼頃、日本軍に呼ばれて列に並んで町の方へ集合しました。日本兵は2台のトラックで来ました。そして、広場に集まった人たちをまた小さなグループに分けて、いろんな方向へ連れていきました。私は父と母が入っているグループで、近所の方向へ連れ出されたのです。日本軍は同じ場所でいっぺんに人を殺すことをしないで、まず連れ出して、また小さく分けてました。私のいたグループを見張っていたのは4人の日本兵でした。グループの中で、変だなという気がしたのでし

ょう、1人の若者が逃げ出しました。ところが、すぐに日本軍に捕まって、殺されてしまったのです。私のグループは十数人ぐらいで、父をはじめみんな素直な人たちでした。逃げることはしませんでした。みんな日本兵に「許して」などと言ったのですが、聞いてもらえません。

するとあっという間に、すごくひどい場面が私の目の前に起こりました。この4人の日本兵が銃剣で前に並んだ人たちを無差別に殺し始めたのです。このときの場面は何十年経った今でも、私の頭の中にはっきりあります。あっという間に幸せな家族も崩れ去りました。目の前で愛している父、母、弟、妹が銃剣で殺されたのです。今も私ははっきり覚えています。

今、生きているのは母のおかげです。私を抱いて地面に倒れたのです。銃剣は母の身体を通して、私にとどいたのです。傷が浅かったので、そういうことをまだまだ覚えています。

その時、血が流れました。どうやって逃げようか、と思ったのですが、日本兵は本当に死んでしまったのか、確認しにもう1度戻ってきたので、私は本能的に死んだふりをしていました。本当に幸いなことでした。

蕭文虎少年の誓い

その時から復讐という考えが頭の中にありました。親戚もいない。身体にいっぱい傷があるので、抗日軍関係かもしれない、と人々はなるべく遠く離れていました。そのように面倒を誰もみてくれない中で、私は一生懸命生きてきたのです。いろいろなことがあり

ました。とても考えられないこともありました。

8歳の時、やっと出身地のクランに戻りました。その時は私の胸の中には憎しみしかありませんでした。特に日本兵の前を通ると必ず、礼をしなければいけないのです。しかし礼をしないで日本兵につかまり、太陽の下に立たされたりしました。

その頃とても運がいいことに、1人のインドネシアの華僑と出会いました。「お前、父親、母親はどこか。もしかまわなければ、私が養父になってもいい」と言われました。その時は誰かが食べさせてくれれば、いちばん嬉しいことでした。

その時から、頭の中にやるべきことがただ1つありました。家族の遺骨をちゃんとしたお墓をつくって埋葬することです。養父の下で暮らして、18歳の時、マレーシアに戻ってきました。養父に今まで面倒を見てくれた恩を充分に返していないけど、私には次の使命があると考えました。ところが、18歳の子どもだから何もできません。そこで毎日、空にいた父母の霊に「私に力をください」とお願いしました。おかげでクアラ・ピラに追悼碑を立てることができました。

日本に対して思うこと
私の経験をみなさんに紹介しましたが、1つお願いがあります。私はお金の補償を求めていません。ただ世界の平和を求めています。可能なら、元日本兵の方が勇気を出して過去のことを証言してくれて、何をしたのか言ってくれれば、私の証言とあわせてそれは何より有力な根拠となると思います。

日本について、実は東南アジアの私たちはすごく注目しています。経済面でも、日本の防衛費が年々上がることも、とても気になります。また靖国神社参拝のことについて、何より心配です。靖国参拝は日本国内のことです。われわれ外国人が言うことではないのですが、靖国神社を大事にしていくと、どういう結果になるか、私は予想したくないです。

私はちゃんとした学校へ行っていません。もしできるなら、日本の首相に会えれば嬉しいです。そこで私個人の経験を話せれば何よりです。今、求めていることは世界の平和とか、神がわれわれに人間になる機会をくれたので、それをしっかりとらえて、有効に過ごしていくことは大事です。私は過去の事実を正確に認識してもらいたいだけです。
（2007年12月、アジア・フォーラム横浜の証言集会の記録から）

6　ペダス（レンバウ県）

長さ200mに満たないペダスの中心商店街から、国道1号線を南へ約1km行ったあたりの右側にある中華義山の中腹

　ペダスは、ネグリ・センビラン州内レンバウ（林茂）県の小集落で、マンティンよりもさらに人口が少ない。ここに1984年に建立されたレンバウ県の虐殺犠牲者追悼碑と墓がある。日本の教科書問題が契機となった虐殺事件の再確認と継承の運動によるものの1つだ。
　建立の中心になったのが遺族の1人、鄭来さんだった。
　辛くも生きのびた鄭来さんは、やがてゴムの接ぎ樹技術では州内でトップクラスとなり、「グリーン・フィンガー」と呼ばれるようになる。子や孫にも恵まれ「今は幸せだ」と言う。

鄭来さんの願望達成

　生活に追われながら気がかりだったのは、自分の家族や他の住民の墓のことだった。両親と家族のものはどうにか、事件のあった所に一応の墓を立てたものの、義山に移したいし、他の住民の分は仮の墓碑もない。遺族の多くは地元を離れているうえに、やはり生活に追われて、余裕がない。
　そうしているうちに、1982年の日本の教科書問題で事態が急展開した。レンバウ県でも追悼碑建立の話が進み、追悼碑の建立が実現した。
　日本国内では、1982年の教科書問題を、それが外交問題に発展した中国と韓国の動きを中心に認識しがちだ。しかし、同年9月の宮沢官房長官談話で一応の決着となった後も、日本の教育行政における歴史歪曲に反対する行動を確実に実行していたのは、マレーシアとシンガポールの華人たちだった。
　その中でも最も積極的に行動したのがネグリ・センビラン州の華人たちで、結果として鄭来さんは長年の願いを達することができたことになる。

失われた両親家族の遺骨

　しかし、その後鄭来さんが両親と家

族の墓を義山に移そうとした時、悲嘆にくれることになる。

現在ではインド系経営者の油ヤシ園に変わった事件現場の墓を掘ってみても、遺骨は見つけられなかった。油ヤシ園の大型車輌用の道路作りで墓は掘りかえされ、作業員たちによって、遺骨はすでに処分されてしまっていた。

ネグリ・センビラン州全体の追悼碑がセレンバンの南西方センダヤンの広大な民間経営の中華義山に2001年に建立され、その背後の壁面に鄭来さんの両親と家族の墓碑がある。しかしそこに遺骨はない。

この時、遺骨を義山に移せることになったと知り、急きょ現地へ飛んだ私たちも掘り出し作業に立ち会った。しかし、作業は徒労に終わった。

地面にしゃがみ込んで動かずにいた鄭来さんは、やがて、「仕方がない。あきらめよう」と声を振りしぼって言った。

仮ではあっても、埋葬してあった家族の遺骨が最近になって行方知らずとなり、発見の見込みもない。戦時中や動乱の時代でもないのに。日本へ戻る途中、私たちは戦後半世紀以上たってまた遺族が苦しめられる事態が起きたことに、打ちのめされていた。

その鄭来さんは今、日本からの来訪者を喜んで迎えてくれている。とりわけ若い世代の聞き取りには、同じ話の繰り返しでもいやな顔をすることなく応じている。どのような気持ちなのか、いきさつを知りすぎている私たちからは、尋ねにくい。いつか自分から語ってくれるのを、待ち望んでいる。

鄭来さんが、日本からの来訪者や日本に招かれた集会で聴衆に語る内容の骨子は明確で、揺らぐことはない。

第1に、自分の悲惨な体験から、このようなことを次の世代以後にくり返させてはならないこと。

第2に、そのためにも普通の善良な市民であったはずの日本兵がなぜ悪魔の行動を平然とやってのけたのか、経過と要因を分析し、その再現を日本人は責任を持って防ぐべきであること。

第3に、日本兵が赤ん坊を空中に放り上げ、落下するのを銃剣で串刺しにする場面を、自分は直接目撃していること。これを鄭来さんが強調するのは、日本国内で、そのようなことはできるはずがないと声高に叫ぶ動きが顕在化したことに原因がある。

その動きの先頭に立ったのが、作家の中島みち氏だった。同氏は著書『日中戦争いまだ終わらず』（文芸春秋、1991年）で、くり返しそれは不可能だと強調している。同書で中島氏自身が記しているところによれば、夫の父松井太久郎陸軍第5師団長の部隊の汚名を晴らす目的で、マレーシアを駆け足で取材し、元日本兵にも意見を求めて確信を得たと言う。

同書の出版が鄭来さんに新たな怒りの炎を燃えたたせ、目の前で末弟が串刺しにされた場面を思い起こして、中島氏に反論したのだった。これまでのところ、中島氏からの再反論はない。

鄭来さんが、第4に強調していること、それは日本への原爆投下が光復節につながったという思いが、明確にあるというもの。これにも、日本軍によって悲惨な体験をさせられたということだけでなく、日本国内の平和運動、とりわけ被爆者が被爆体験を強調する一方で、広島の部隊が被爆の数年前にマレー半島で住民虐殺をした事実をどこまで視野に入れているのか、深い疑問を抱いていることがある。

ただし、鄭来さんは被爆者の苦しみを無視するつもりはない。鄭来さんの強調点を軸とした授業案を作成したいという日本の学生に協力し、活発な議論がおこるのを歓迎している。（TA）

証言──鄭来（チャン・ロイ）さん

母が胸に抱いていた6ヵ月の弟を
日本兵は空中に放り投げた。

銃剣は背中から心臓をめがけて刺してきたが、わずかにそれて一命をとりとめた

日本軍がゴム園にやってきた

1942年の3月4日、日本兵がゴム園にやってきました。私は6歳くらいでした。男はゴム園の宿舎に、女と子どもたちはそこから1km離れた別のゴム園にいました。その日、同じゴム園で働いている知りあいが3人の日本兵を案内してやってきました。そして「一緒に宿舎の前の広場へ行きましょう」と言ったので、ついて行きました。そこで、日本軍の演説がありましたが、何もわかりませんでした。約30分の演説の後、われわれは10人くらいずつわけられ、いろんな方向へ連れ出されました。

ゴム園には男、女、子どもあわせて300人ほど、男は100人くらいでした。私たちのグループは母、私、弟、妹が一緒でした。日本兵が宿舎から離れた所に案内していきました。1列にならんで、母が1番目、私が2番目、弟、妹の順でした。すると、何も言わずに日本兵の1人が、母が胸に抱いていた生まれて6ヵ月ほどの下の弟を奪い取って空中に放り投げ、隣に立っていた日本兵が銃剣で落ちてくる弟を串刺しにしたのです。弟は血だらけになり腸も出てきて、しかし即死ではなく、泣き声がしていました。

その恐ろしい場面を見ているうちに、私も後ろから銃剣で刺され、体を貫通した銃剣が胸から突き出ました。さらに銃剣を抜くために蹴られて、私は前に倒れました。あっという間に、私は脇を2ヵ所、手を4ヵ所刺されて、気が遠くなっていきました。

頭にあることは「早く逃げろ」

意識がもどったのは、日本兵が死体を隠すために、ゴムの樹の葉を死体の上に置いていたときでした。葉が置かれたとき、意識がもどったのです。私は本能的に死んだふりをしていました。

上の弟は4歳くらいでした。体を何ヵ所も刺されて泣き声を出していましたが、日本兵がまだいる可能性があるので、気がつかれないように「黙って」と注意しました。しばらくして私たち兄弟2人は、まず泣いていた下の弟のところへ行きました。生きてはいましたが、あまりにも血だらけで腸も出たすごい醜い姿でしたので1度、手を離しました。次に一生懸命、2人で母を起こしましたが、一言も答えませ

んでした。それでもなお一生懸命起こしましたが、反応はありませんでした。

私と上の弟は2人とも大怪我で方向感覚がなくなり、ゴム園の丘をぐるぐる逃げ回っていました。午前9時ころから走りっぱなしで、もう痛みは感じません。頭にあることは唯一、「早く逃げろ、早く逃げろ」ということで、午後4時過ぎまで走っていました。

開いた傷口

しばらくはゴム園から1.6km離れた家に泊まりました。薬も何もなく、シャツも1着だけ。それも血だらけで、銃剣によって穴だらけでとても汚れていました。戦争が終わるまでは傷は治りませんでした。その後、父の2番目の弟に当たる叔父さんの家に行きました。戦争が終わるとイギリス軍がもどってきて、治療してくれましたが、半年ほどかかりました。私の家族は7人でしたが5人が殺され、生き残ったのは私と弟の2人だけです。

弟のこと

生き残った弟ですが、叔父さんが他人に売ってしまいました。私は叔父さんに「どうして私の弟を売ってしまったのですか」と聞きましたが、返事がなく、殴られただけでした。弟に会いに行こうと思いましたが、それがわかると弟が殴られますので、あえて会いには行きませんでした。その後養父母が亡くなって、やっと会うことができました。弟は48歳になっていました。しかし残念ながら、弟はそのあとすぐに亡くなったのです。

戦後、生きのびるために

生きるためにいろいろな仕事をしました。例えば、山奥の田んぼで鳥の見張りに雇われ、そこで寝泊りしました。

食べ物は熟していないバナナ、生のキャッサバ（タピオカ）とか、ノドに入らないようなものも食べてしまいました。生きのびるために。

山道では、獣がたくさんいました。マレー半島には、虎がけっこういっぱいいました。そのときは岩陰などに隠れて命をしのいできました。思わず泣きましたが、涙は出ませんでした。

私の名前は、今はチャン・ロイです。ロイは「他所から来る」の意味ですが、私の本当の名前ではありません。叔父さんが、身分証明書を登録するときに、私の名前を書き換えました。本当の名前はチャン・レオン・ツェです。

過去のことを忘れると危ない

みなさんに申し上げたいのは、歴史は忘れてはいけないということです。過去のことを忘れてしまうと、とても危ないです。平和を愛好している日本の方々と一緒に、こういう歴史のことを忘れずに、同じミスを繰り返さないよう、がんばっていきたいと思います。

高嶋からの補足

事件当時に鄭来さんの家族が住んでいた場所に、連れて行ってもらったことがあります。そのころ彼は証言するときにあまり涙を流さなかったが、このときは涙を流していました。戻ってきたのは2度目だということでした。こんなことをお願いして、大変申しわけないことをしてしまったと思いました。

証言をしてくださる方は、鄭来さんに限らず、つらいことを思い出していただくわけです。でも、日本の人たちが関心を持って聞いてくださるならと、来日してくださったのです。

（1999年、アジア・フォーラム横浜の証言集会の記録から）

117

7 スンガイ・ルイ

①事件の全貌

スンガイ・ルイ（双溪鐳）の集団墓（1995年ころ）。
背後の白いかまぼこ型の部分に遺骨が埋葬されている

　スンガイ・ルイはネグリ・センビラン州の東北端に位置する。虐殺犠牲者の墓へ出かけるには、KLからの日帰りが最近までは困難だった。それが、KLと東岸のクアンタンを結ぶ高速道路の開通で、容易になった。クアンタンへの中間点テメルローで高速道路から国道2号線に入り、市街地を抜けるあたりで10号線を南にめざす。マレー鉄道東線に沿う形で10号線を走り、ネグリ・センビラン州に入る。ゲマスへ72km（テメルローへ56km）という道標の少し手前に、めざす集団墓の案内看板があるし、さらにその手前1kmにはマレーシア語による大きな予告板も立っている。

　これらは、州政府の肝いりで整備されたものだ。1984年7月に"忘れられた集団墓"が発見された当時は、華人系とマレー系とが一触即発の緊張状態だった。それが今では、マレー系の州政府が積極的に整備と宣伝に協力するに至った。日本軍による民族分断政策の下での虐殺事件のしこりが集団墓の保存をめぐって逆に民族和解の場となったのだった。それには、われわれ日本人グループの活動も関係がある。

スンガイ・ルイ事件の全貌

　スンガイ・ルイの集団虐殺、それは1942年8月に、日本軍が密偵として使っていたマレー人がこの近くで抗日ゲ

リラに拉致されたことが、発端だった。日本軍警備隊（本部クアラ・ピラ）はゲリラ討伐の指示を出し、バハウ分遣隊が列車でスンガイ・ルイ駅に到着した。当時、駅近辺には金鉱山などがあったから、駅前の商店街にはよそからの買い物客も来るほどに賑わっていた。

到着した日本軍は、駅前に機関銃を据え、人々を民族別に集めた。マレー系は広場の一角から、黙って見ているように指示された、という。その中に村長の息子のムヒディン氏（当時16歳）がいた。

以下の様子は主に同氏の証言によっているが、中国系住民の被害調査などにはマレー系住民が概して冷淡で非協力的なことが多い中、明確に状況を語っている意味は重い（詳細は『信濃毎日新聞』1992年6月30日号に掲載）。

日本軍は、事件の犯人たちについて尋問したが、誰も答えなかった。やがて、日本兵はこれらの人々を機関銃でなぎ倒し、一帯を焼き払った。

さらに、日本兵は母親の手から赤ん坊を奪い、それを空中に放り上げて銃剣で串刺しにした。その後、赤ん坊を踏みつけて銃剣を引き抜くのを、ムヒディン氏たちは、目撃したという。

この体験を声をつまらせながら語る同氏の様子は、映画『教えられなかった戦争・マレー編』（高岩仁制作、映像文化協会）に収録されている。その撮影当時（1991年8月）、同氏はマレー系のスンガイ・ルイ村の村長だった。偶然に事件の幸存者による証言撮影現場を通りがかり、自分から目撃者であると名乗り出たのだった。

日本軍は一帯を焼き払い、その日のうちに鉄道でバハウへ戻った。犠牲者の遺体は放置されていたが、不衛生でもあり、大きな穴にまとめて埋葬することを日本軍が認めたので、近在の中国系の人々によって実行された。こう

してスンガイ・ルイ村は消し去られた。

集団墓の建立と再発見

戦後に再建された中国系のスンガイ・ルイ村の住民に犠牲者の縁者はいないという。

戦後、事件を知る人々により仮埋葬の場所から遺骨が掘り起こされ、新たな集団墓が建立された。その際、作業員への労賃を遺骨の人数分で支払うことにし、頭蓋骨の数で算定していた。犠牲者数は368人と確認され、その数が墓に刻まれた。この犠牲者数について、日本側の『戦闘詳報』は「80人前後だ」と主張している（『中国新聞』1990年12月24日付）。

集団墓建立は戦後間もない1947年2月のことだった。その後、関係者たちも次々と亡くなり、遺族や幸存者たちも全国に散ったままで、集団墓のことは忘れられていった。国道10号線から数10m離れただけの場所にありながら、周囲に樹木が繁り、原生林の中に隠された集団墓の存在は、人々の記憶から消えていた。

それが、1984年7月2日に英字紙『スター』で報道されると、マレーシア中に知られるに至った。

発端は、ネグリ・センビラン州タンピンに住むある釣りマニア（中国系）の行動だった。事件のあった駅（現在は廃駅）近くの川での釣りに飽き、近所に大きな水たまりがあると聞いて原生林に分け入ったところ、集団墓に突き当たったという。84年6月その釣り人がタンピンの喫茶店でマレー系の知人に会った際に、両者の共通言語英語で話し合っていた。話題が集団墓発見に及んだ時、隣のテーブルにいた『スター』紙の記者バラダン氏（インド系）が飛びついたのだった。多民族社会マレーシアでの英語がとり結んだ偶然だった。　　　　　　　　（TA）

②民族融和の象徴

新しく整備された集団墓。p.118参照

マレー系と華人系の対立

1984年7月2日に英字紙『スター』が、スンガイ・ルイの集団墓発見を報道すると、大騒ぎになった。まずネグリ・センビラン州内の華人たちが敏感に反応した。折りしも82年夏の日本の教科書問題で、侵略の事実が歴史教科書から消されようとしたことに、抗議の声があがっていた時だった。同州の華人団体、中華大会堂は、州内の各支部に対して、日本軍による侵略の事実の掘り起こしと記録の作成を指示していた。華字紙数紙も競って事件の遺族など関係者を探し出し、この劇的な再発見を連日のように報道した。

その結果、この集団墓に華人たちが次々と訪れるようになると、そこでは、マレー系スンガイ・ルイ村の住民たちとの間に、一触即発の緊張状態が生まれた。なぜか❷

当時、集団墓周辺は国道沿いながら樹木がうっそうと繁り、見通しのきかない未利用地だった。それが集団墓を忘れられた存在にした理由だった。そのため、人々は国道から樹木をかき分けて、ようやく集団墓にたどりついていた。

この時付近一帯は、マレー系農民の自立を促進するために一括して州政府から払い下げられることになっていた。現に、集団墓すぐ近くの一画はすでにゴム園に造成され、樹液の採取が行なわれていた。

そこへ突然、集団墓発見の事実が浮上した。それが墓であるだけに、簡単には移転や撤去ができない。このままではその墓の周辺の土地払い下げ自体が中止か延期になるのではと、マレー系住民たちが危惧し、華人たちの殺到を不安と不快な思いで見つめていた。

その状況を察知した地元警察は、集団墓近くの国道脇に臨時の警官派出所を置き、マレー系警官を常駐させていた。

その緊迫した状況を、『朝日新聞』のシンガポール特派員だった松井やより氏は現地で見聞していた。松井氏からは、そこへ日本人のグループなどが見学に入ったりしたらさらに事態が険悪になりかねないし、石を投げられるかもしれないとの忠告があった。

再発見から数ヵ月後の下見では、警官派出所はなく、事態は沈静化している様子だった。85年8月の研修ツアーでは、集団墓見学を実行した。現地ではバラダン記者や華字紙の記者たちから説明を受けた。地元住民は遠巻きに様子を見ているだけだったが、公安担当の刑事が突然やってきて、何をしているのかを尋ねられ、日本側の参加者名簿の提出を要求されたのには驚かされた。これが、日本の治安維持法に相当する国内治安法が、今も存在しているマレーシアの現実でもある。ただし、このことで日本人グループのその後の行動が制約を受けたことはない。

マレー系と華人系の歩み寄り

以後、日本人グループは研修旅行でスンガイ・ルイへの訪問をくり返している。そのうちに、集団墓をめぐる民族融和の様子が明らかになってきた。

まず、第1段階の華人とマレー人の対立は、しばらくの間深刻化していった。集団墓周辺の土地は予定通りに、マレー系農民の集団農地用として払い下げられた。樹木は伐り取られ、油ヤシの苗木が植えられた。苗木は、集団墓の、長さ50mにも及ぶかまぼこ型の土盛り部分にも植えられていた。やがてその根は下の遺骨埋葬部分にも及んでいった。それが、華人たちにとっては、犠牲者の遺骨の尊厳を損なうもの

と思え、両者の緊張が高まっていた。

この時、両者の対立深刻化を懸念していたのが、マレー系と華人系それぞれのスンガイ・ルイ村の村長ムヒディン氏と林金發（リム・キムハ）氏だった。両村長は、話し合った。林氏が集団墓周辺の一画だけでいいので、そこだけを手放してもらい集団墓の整備をさせてほしい、と提案した。ムヒディン氏は、信じる宗教は違っていても墓と死者の尊厳は同じなのだから、集団墓と周辺を整備したい気持ちは理解できる、と応じた。

その結果、林氏が州政府に集団墓周辺の一画に限った農業用地指定の解除を申請し、ムヒディン氏がその申請にマレー系住民が同意している旨の文書を添付することで、手続きがされた。

州政府から認可されるまで数年。その間にもマレー系住民たちの承諾をえて、墓周辺の油ヤシは伐り倒され、水がたまり易いところに大量の土が盛られるなど、整備が進められた。この時の費用の大半は、林氏が私財を当てた。林氏は遺族ではなく、再発見時に村長だったにすぎない。

並行して毎年8月下旬には、墓の前で追悼行事が開催される。その日程に合わせて日本から教師グループが研修旅行を組み、参加した。その時には、ムヒディン氏たちマレー系住民も参加していた。華人側はマレー系の立場に配慮し、豚などの供物をそこには置かないようにしていた。

こうした住民側の取り組みの様子を公安警察は毎回確認し、日本人グループの来訪が観光化にもつながるとして、州政府はようやく墓周辺の農地指定解除と整備を承認した。政府観光局により案内板も設置された。

民族分断を煽った日本軍による侵略の悲劇が、民族融和と和解の場として語り継がれようとしている。　　（TA）

121

証言——孫建成（スン・キャンセン）さん

日本大使館に何度も手紙を出しました。

日本軍に家族を殺されて孤児となった孫さんは必死で生き、マレーシア国体では重量あげで優勝したこともある。タクシー運転手などをしながら、日本への補償請求運動をリードした。収集した資料は篤志家の援助をえて『日侵時期新馬華人受害調査』（2004年、南京）として出版された。孫さんは2009年に病没した

　ここ（クアラ・ピラの自宅）は日本など含めて、第２次大戦の資料を集めています。このことで私は１リンギのお金ももらっていません。日本大使館に何度も手紙を出しましたが、毎度のことで無視されました。

　イギリス軍と日本軍との戦いは、1942年２月15日に終わっていましたが、日本軍は３月にまた戻ってきて、住民を虐殺しました。戦闘は終わっているはずなのに、中国系の人が大きな被害を受けたのです。だから毎回賠償を求めに行っているが、返事がありません。日本政府はただちにわれわれに賠償するべきです。しかし、日本側は賠償についてすべて解決済みだとしています。

　私の家族９人は、パリ・ティンギで日本軍によって殺されました。当時、日本は東南アジアを西洋の国から解放すると話をしていました。戦後生まれた人たちは、多くの利益を日本からもらっています。日本の製品を提供してもらっている。しかし、彼らはこういうことは無関心です。

　日本の１億3000万人の１人１人が1000円ずつ出せば、大きな金額になるので、他の被害者たちに払えばいいと思うのです。日本は従軍慰安婦、南京大虐殺のこととか、事実に面と向かいあえていないのではないでしょうか。事実を否定しても否定できません。なぜなら証拠があるからです。

　いま、３人の弁護士と相談しています。１人はマレー系、１人はインド系、もう１人は中国系、この３人の弁護士とこの件を国際法廷にだせるかどうか検討しています。したがって（責任を果たさない）日本の国連安全保障理事国の常任理事国入りに、私は反対です。

（2007年８月）

6章
ジョホール・バルと
その周辺

シンガポール側から見たコーズウェイとジョホール・バル。
右側に3本の水道管がある。2本は、原水をシンガポールに送り、もう1本はシンガポールから、代金分として浄水が送られる。
水道管の左側はマレー鉄道、さらに左が車道で、両側に歩道がある。
歩いての通行は可能、写真撮影も自由だが、暑い!(1990年頃)

1　ジョホール州
―― シンガポールとコーズウェイで結ばれて

ジョホール州略図

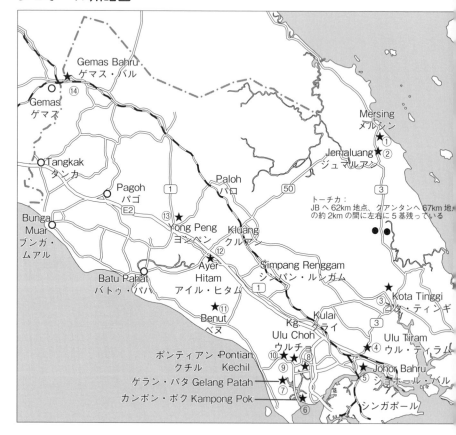

　ジョホール州はマレー半島の南端に位置し、面積は半島部（西マレーシア）の第2位を占める。比較的平坦な地形のため、ゴムや油ヤシだけでなく、茶やコーヒー、カカオなどの生産も多い。それに、この20年来工業用地不足になったシンガポールから州都ジョホール・バル（JB）近郊への企業進出が活発化している（市人口は国内2位）。JBとシンガポールを結ぶコーズウェイはJBからの通勤者で混雑し、貨物の搬入も慢性の渋滞となったため、1998年、ジョホール水道の西端近くに自動車専用の連絡道路セカンド・リンクが建設された。JBを挟む南北の地域は高規格道路と新工場建設で、急速に変貌しつつある。

　JBの名は、サッカー・ワールドカップのフランス大会アジア予選で、日本が本大会出場をここで決めたことか

ら、一気に日本中に知られた。

シンガポールの所得水準上昇によってJBの物価安が魅力となり、食事や買い物の客が増え続けている。その結果、ジョホール州内の所得水準も上昇し、物価も次第に上がっている。観光や買い物の範囲は高速道路の整備とともに北へ伸び続け、週末にはマラッカやネグリ・センビランにも及ぶ。

観光客は、JB市街から出たところで広大なゴム園やアブラヤシ園を目にすることになる。シンガポール日本人学校の修学旅行でも、陸路で入国してJBの郊外に出たとたん、道路の左右に広がるプランテーション風景に、生徒は「うぉー」と歓声をあげるという。

JBの華人団体「中華公会」は財政基盤も強固で、各種の活動をしている。「3年8ヵ月」の体験継承にも積極的で、2006年には、マレーシア全土の住民虐殺を映像で取材し、全国各地で巡回展を実施した。

憲法制定は日本の5年後

この地方の歴史は複雑だ。対岸のスマトラやジャワ、北のマラッカ、ネグリ・センビランなどの勢力争いに巻き込まれ、外来勢力によって次々と王国が樹立された。最大の版図となったのは17世紀中葉で、スマトラ中部までを支配した(ジョホール王国)。この後ブギス人(p.17参照)が荷担した王位継承戦争を経て1720年にジョホール・リアウ連合王国が樹立された。その後、事実上分離し、リアウ王国はスマトラ中部、ジョホール王国はマレー半島南部と、支配地域を分けあった。1819年にイギリス東インド会社の社員ラッフルズはジョホール王にシンガプラ(シンガポール島)への要塞と植民地の建設を認めさせたが、ジョホールの独立は維持された。96年には北の隣接4ヵ国はマレー連合州を結成させられ、事実上のイギリスの植民地となった。その間にジョホールは港湾(ジョホール・バルと命名)を建設し、独自に近代化を進めた。名君とされるスルタン・アブ・バカールは94年に憲法を制定した。

しかし彼の死後、王国は1909年にはイギリス人顧問を政府の各部門に受け入れ、イギリス領マラヤに組み込まれた。

現在もスルタンが州の王として存在するが、免責特権で保護されている王族による極端な暴力行為が物議を醸し、1992年の憲法改正の契機となった。

(TA)

①メルシン

②ジュマルアン

③コタ・ティンギ

2 「3年8ヵ月」
――追悼碑、慰安所

ジョホール・バル市街図

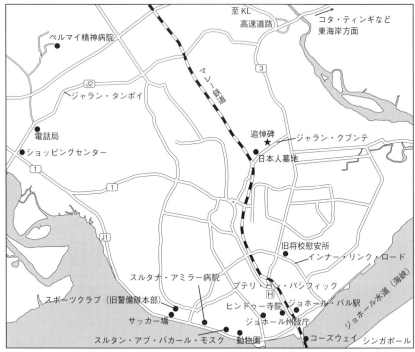

　日本からのシンガポール・ツアーには、「マレーシア1日体験」としてよくジョホール・バル観光が組み込まれている。国境はコーズウェイという土堤で結ばれ、通勤通学や輸送・観光で混雑している。前述のように「セカンド・リンク」が開通して、夜行バスなどはこのルートを通るようになっている。コーズウェイには太い3本のパイプがある（6章扉参照）。何に使われているのだろうか❷
　2本はマレーシアから原水を送る管、もう1本はシンガポールから浄水を送る管である。シンガポールの水事情を物語っている。

スルタナ・アミラー病院
　1942年、イギリス軍の戦意の低さ、自転車による「銀輪部隊」の機動力などにより、日本軍は予想以上に速くマレー半島を南下し、ジョホール・バル攻略前からシンガポール陥落に至るまでの間も、州内で多くの住民を虐殺した。
　ジョホール・バル駅から海岸沿いに州道1号線を西へ走ると、まもなくスルタン・アブ・バカール・モスクが目に入る。その先にスルタナ・アミラー病院がある。日本軍はそこで医師たちを虐殺した（病院入口に説明板、待合室前には犠牲者追悼プレートがある）。さらに西へ行くと、サッカー場がある。

126

ここは、近くの日本軍警備隊本部（現スポーツクラブの建物）での拷問により亡くなった人々が埋められた場所で、その跡地に時計塔が建っている。

1942年1月30日、ジョホール・バルを攻略した日本軍は、中心街の背後にある小高い丘にある政庁施設を接収した。ジョホール水道を見渡すこの建物で軍幹部はシンガポール攻略戦を指揮した。また丘の上の見晴らしのいい建物（スルタンの別荘）が将校用慰安所として使われた。ここは近年保存が決まり、修復作業がおこなわれている。また歴史あるスルタン・アブ・バカール・モスクも軍に接収された。

42年2月15日、シンガポールを陥落させた日本軍は、今度はマレー半島を東西に分かれて北上していった。この州の華僑「粛清」を担当したのは久留米の第18師団であった。

ジョホール県全域の公墓

ジョホール県全域で殺された人の追悼碑は、ジョホール・バル中心街から国道3号線を北上し、ジャラン・クブンテへ左折して500mほどの場所にある。42年2月25日から3月31日の間にジョホール・バルの各地で日本軍によって虐殺された、多くの犠牲者を追悼する公墓だ。碑文によると2000人以上が埋葬されている。施錠されているが、横から入ることは可能である。

シンガポール「大検証」を実施させた辻政信中佐は、ジョホール州で機密保持を名目に中国人虐殺をして、「ジョホールでこれだけやったのだから他の地域でもやれ」と、虐殺をあおったという。その後どうなったかは、この地の碑の多さが物語っている。

各地の中華義山の碑

JBからコタ・ティンギに向かって国道3号線を行き、ウル・ティラム中心部の交差点手前の小道を右折すると中華義山があり、お堂の斜め下に追悼碑が建ち（p.124の地図④）、その後ろには1000人以上が埋葬されている。ウル・ティラムでは3ヵ所で4回にわたり虐殺が行われ、地元住民やジョホール・バル、シンガポールからの義勇兵が殺害された。

国道3号線をさらに北に走り、コタ・ティンギの街中を直進した左手の大きな病院裏の旧中華義山に追悼碑がある（③）。ここではウル・ティラムの虐殺後すぐ、2月26日から3日間、多くの住民が犠牲となった。この地の中国系住民の6割が虐殺され、「夕陽

ジョホール政庁

ジョホール政庁の壁の弾の痕

若草弔忠魂」と刻まれた碑の後ろには3100人以上の遺骨が埋葬されている。日本の右傾化への懸念もあって、2001年に新装したと地元華人は語った。

国道3号線でジュマルアンの町を抜け、メルシンへ19km地点から少し先の海側に中華義山があり、「任羅宏華僑被害同胞公墓」がある（②）。

さらに3号線を走る。メルシンへ5km地点の海側に中華義山があり、斜面の上の方に2つの追悼碑が建てられている。「豊盛港華裔先賢公墓」と「華人先賢紀念」だ（①）。コタ・ティンギの虐殺の翌日から3日間で、400人以上が虐殺された。義山から見て3号線の向かい側は工場団地で、日本の釣具メーカーの工場がある。

殉難僑胞公墓と郭夫妻の墓

ジョホール・バルから西側の地域でも、何ヵ所かの追悼碑がある。

JBから州道4号線を走り、ゲラン・パタのバス・ターミナルに突き当たったら左折し、セカンド・リンクにつながる高速道路と何度か交差しながら、シンガポール港の需要を誘致しようと造られたタンジュン・プラパス港（PTP）を右に見て走り、川沿いの道（JL.Binjai）を左折する。アブラヤシ林の中へ入ると、相次ぐ開発の影響で移転したカンポン・ポクの追悼碑がある。ここには「殉難僑胞公墓」と郭夫妻の墓と碑（總計殉難僑胞共壱百余名箔港）がある（⑥）。日本軍がシンガポール攻略戦を進める途中で、42年1月18日に虐殺があり、100人以上が犠牲となった。この時、郭夫妻の親族27名全員が殺害された。生後まもない赤ちゃんが日本兵に放り上げられ銃剣で刺殺されたという証言もある。

華僑男女老幼殉難義塚

ゲラン・パタに戻り、バス・ターミナルを通過して街中を北上すると「義山亭」と書かれた墓地があり、お堂の横に赤い文字で「華僑男女老幼殉難義塚」と記されたゲラン・パタの追悼碑がある（⑦）。碑には中華民国の星形マークがある。お堂には位牌が3つ並んでおり、200人以上の遺骨が埋葬されているという。1942年3月5日、日本軍がこの町に1泊した翌朝、住民同士の喧嘩があったことで、人々が集められて殺されたと言われている。犠牲者は地元住民とシンガポールからの避難民だった。

その先のウル・チョには3つの追悼碑があるが、1ヵ所は集落の東側で新道との合流点から300m手前の旧道右側の義山にある。お堂の背後50mほどだが、見つけにくい。カンポン・サワで虐殺された人々の追悼碑兼墓（⑧）で、1943年10月21日に殺された約200人が埋葬されている。

ほかの2つは5号線の旧道を西に抜けたところにある。集落寄りの1つ目は右側の道路際のお堂横にある3つの塔からなる碑だ（⑨口絵写真34）。真ん中は「華僑男女老幼殉難公墓」とあり地域の碑、右は林・黄・陳、左に黄・洪家の追悼碑で、200人以上の遺骨が埋葬されている。「3139」とあるのは中華民国31年3月9日をあらわす（中華民国建国の1912年が基準）。2つ目は500m先の右側、「広東義山亭」に入り、お堂の左手の大木の下の「華僑殉難公墓」だ（⑩）。

このほか、西海岸沿いのベヌの中華義山（街から西へ3.5km付近、BK.Batuへの道の奥）に、センガラン、レンギ、ベヌの3つの町で虐殺された人々の合同の追悼碑がある（⑪）。

ジョホール州全体の碑

またジョホール・バルからマレー鉄道沿いに国道1号線を北上すると、沿

道の店に陶器が並ぶアイル・ヒタムの十字路手前のカーブの左手に牌坊があり、奥に「第二次世界大戦柔彿州華僑殉難烈士公墓」がある。州全体の碑とされている（⑫）。さらに国道1号線を18km北上し、ヨンペンの街を抜けた左手に「抗日烈士紀念碑」がある（⑬）。

またネグリ・センビラン州との州境、国道1号線をジョホール州ゲマス・バルに入って500m程進んだ道端左側に、「殉難同胞紀念碑」（⑭）がある。事件の詳細は不明だ。

ジョホール州ではイスカンダル特区などの開発が急ピッチに進み、新しい道路も次々開通している。訪問には最新の地図をチェックしてほしい。

近年は英語が通じるホームステイ先として日本の修学旅行生も受け入れている。なお1997年、ジョホール・バルに日本人学校が開校した。　　（SU）

〈参考文献〉

清水愛砂「マレー半島の住民虐殺記念碑紹介（上・下）」『季刊戦争責任研究』第5・6号（1994年9・12月）

④ウル・ティラム

⑤ジョホール・バル

⑥カンポン・ポク

⑧ウル・チョ

⑩ウル・チョ

⑪ベヌ

⑫アイル・ヒタム

3　ペルマイ精神病院

ペルマイ精神病院の本館。改修をほどこされながらも当時の建物が使用されている

シンガポールで岡9420部隊が駐屯した建物。当時エドワード7世記念医科大学。ここの2階でペスト菌の培養をしていた。現在はシンガポールの保健省が使用している。

南方軍防疫給水部

　日本軍が国際法で禁じられていた細菌戦の研究を生体解剖などとともに実施し、さらに実戦で細菌をまいたことは、関東軍防疫給水部（第731部隊）に関する調査研究を通じて明らかにされてきている。最近では、731部隊から分離された中支那防疫給水部からさらに南方軍防疫給水部（岡9420部隊）が編成され、ここでも細菌戦のためのペスト菌培養とネズミ体内への菌植え付け（毒化）が極秘のうちに実行されていたことが判明している。

　防疫給水部の本来の役割は、軍隊内における伝染病の予防（防疫）と飲用可能な水の供給だった。ところが本来

の業務である防疫のための細菌研究からはずれて、細菌戦・化学兵器の研究・準備に手を広げていった。

ペルマイ精神病院は1916年に設立され、37年に現在地に移転した。シンガポールに本部を置いた岡9420部隊は、このペルマイ精神病院が人里離れていて秘密業務に適していたため、患者たちをジョホール水道に面した陸軍病院へ移し、施設を接収した。現在の建物は、外見上は以前とほとんど変わっていない。

岡9420部隊

岡9420部隊はネズミの毒化作業だけを担当し、生体解剖などは実行してなかったと思われる。この件で地元住民が犠牲になったという事実はこれまでのところ出てきていない。一方で、ペスト菌培養で、ネズミへの菌植え付け作業に従事していた日本兵が感染し、死亡した、あるいは手足を切断したという話が、元部隊員などによって語り継がれている。施設内では、30cm以上跳べないノミを飼育するための石油缶が無数に用意されたという。

44年になると、日本軍は劣勢にある戦況挽回をめざして、岡9420部隊に対して「ホ号（細菌戦）」研究準備部門でペストノミの大増産に取り組ませた。「種餅」（ネズミ）を南方へ供給するために大量飼育が実施される。飼育は主に埼玉県の農家に軍が委託して行われた。飼育されたネズミは東京の軍医学校に運ばれ、それを50匹くらいずつ金網の篭に入れて立川の飛行場に持って行き、そこからシンガポールに空輸された（NS州のクアラ・ピラでもネズミを飼育していた。口絵18参照）。

敵にペスト感染をさせるには、ネズミにペスト菌を注射し、感染したネズミにノミをまぶして血を吸わせ、そのペストノミを陶器爆弾（宇治式）に入

れて投下する方法が考えられた。そのため、作戦実施が決定されたときは即応できるように、いつも大量のペストノミ（寿命30日）を生産し続けていなければならず、ここではおが屑を入れた石油缶で飼っていた。ノミをネズミにつける「毒化作業」は隔離病棟で行われた。

竹花京一氏の体験

これらのことがわかってきたのは、『ノミと鼠とペスト菌を見てきた話——ある若者の従軍記』（1991年12月、私家版）によるところが大きい。著者、竹花京一氏は1943年5月に志願軍属として軍に入隊した。翌月岡9420部隊に配属され、敗戦まで同部隊内でペストノミの飼育と増殖等に従事した。

また日本の研究者たちや、現地新聞記者の情報収集によって、この精神病院が南方軍防疫給水部のペストノミ生産のための秘密拠点であったことが明らかにされた。

戦後、ふたたび精神病院に戻った施設建物は、病院の敷地が620エーカー（囲いがある部分でも110エーカー／1エーカー＝4047㎡）と広大で、内部に工場棟や農場もあり、軽度の患者が給食や売店の労働に参加している。収容されている患者数は約2000人いる。現在も、病院の本館をはじめ、ペスト菌が培養されていた高さ4mの塀に囲まれた隔離病棟（ノミが外に出ないように、出入口足元には高さ30cmの板が仕切りに立てられているのはそのまま残っている）が使用されている。

また病院の前には、日本軍占領後に協力的でなかったインド系の医師2人が、見せしめの意味で病院職員の面前で殺害された経過を刻んだ墓が立っている。病院図書室の名称になっている「ペリンバム」は、このときに殺害された医師の1人の名前だ。　　　（SU）

131

証言――陳桂（チン・クイ）さん

日本軍がウルティラム村を占領した時…

1942年1月31日、日本軍がジョホール州ウルティラム村を占領した時は、7歳でした。3月12日、村内のシェンリンガアの炭焼き場で、日本軍は住民の大量虐殺を行いました。炭焼き場で人々は子どもを除いて縛り上げられましたが、日本語のわかる叔母の命乞いで、子どもと女性だけは釈放され、叔母にはなにか日本語の書いてある赤い鉢巻きが渡されました。しかし男百数十人は、木の下で縛られ、それらの人々を日本軍は機関銃で射殺したのです。血が小川のように池のほうへ流れ、池はすぐに真っ赤に染まりました。本当に恐ろしくて、心の震えが止まらず見ていられませんでした。3日後、日本軍が撤退した後、親族が池の近くに放置されていた死体を埋めに行きました。親族のいない者は木の下に放置されたままでした。

私たちが炭焼き場から1kmほど歩くと、500人あまりの射殺された死体が道のあちこちに横たわっていて、まるで死体でつくった道のようでした。

10kmほど歩いているあいだ、何回か日本軍に会いましたが、叔母があの赤い鉢巻きを持っていたため、私たちは無事だったのです。

ウルティラム村で52日間に日本軍に虐殺された人数は、5000人余り。私の家族は5人殺されました。父親と叔父たちが殺されたのは、2番目の叔父が中国への募金活動をしている組織の財政担当だったからでした。事件当時私たちは7人兄弟（男2人女5人）でした。父が亡くなり、母も重病にかかっていたので生活は苦しく、とても子どもたち全部の面倒をみきれず、姉妹たちはよそに行くことになりました。しかし彼女たちも十分な治療が受けられず、今は2番目の姉が生きているだけです。

"3年8ヵ月"の間、私たちは暗い生活を過ごしました。それまでは父親と叔父たちが、雑貨店を経営していて、経済的には裕福でした。日本の侵略によって私たちの幸せな生活は砕かれ、家族は死んだり離れ離れになったのです。私はとても悲しく、この出来事は永遠に私の心の中に残っています。

日本軍の暴行について日本中の人々に知らせていただきたい。教科書にもぜひこの歴史を入れて、次の世代に自分の先祖がどんなに酷いことをしたのか教えていただきたい。歴史を書き改めて真実を隠さないでほしい。そして日本政府に、私のような遺族に対して合理的な賠償をしてほしいと思います。マレーシアの人々はみんなこの歴史について知っています。

（1994年12月、アジア・フォーラム横浜の証言集会の記録から）

4　日本人墓地

日本軍がジョホール水道岸に建てたジョホール水道敵前渡過戦跡記念碑

イギリスはシンガポールでゴムの栽培に成功し、20世紀初頭、ゴム産業は活況を呈する。1906（明治39）年には三菱系の三五公司がジョホールにゴム園を購入し、日本企業の経営が始まった。

19年には、石原廣一郎がスリメダンで鉄鉱脈を発見した。鉄鉱業が勃興し日本企業の独壇場となる。

こうしたことを背景にマレー半島に住む日本人は増加した。しかし、45年の敗戦と日本人の引き揚げとともにその多くの足跡は消える。わずかに遺された痕跡の1つとして日本人墓地がある。

ジョホール州内には数ヵ所の日本人墓地があったが、その多くはクアラ・ルンプールの日本人墓地に移設された。現在、州内に残るのはジョホール・バルの日本人墓地のみだ。

「再発見」

ジョホール・バル日本人墓地も、戦後しばらくの間放置されていた。「再発見」されたのは、62年、現地に進出した日本企業の社員（ユニチカ・三井物産）によってだ。およそ80基の墓標が残っていたという。

墓標の大半は木製のものだったため、やがてほとんどなくなってしまった。91年にジョホール日本人会が設立されると、墓地の管理を引き継ぐ。日本人会は州内に残る日本人の墓碑、記念碑の調査をはじめ、それらを99年、2001年にこの墓地に移設し現在に至る。

日本軍が建てた碑

この墓地の中にはかつて日本軍が建てた碑も納められている。

マレー半島を占領した第25軍は、1942年2月8日、ジョホール水道からシンガポール攻略を開始した。待ち受けるイギリス軍に向かい舟艇で突進し、大激戦となる。シンガポール占領後、この激戦を記念してジョホール水道岸に建てたのがこの碑だ。

碑文は「ジョホール水道敵前渡過戦跡記念碑　陸軍中将山下奉文書」と記されている。45年、敗戦の直前に基礎を残して行方不明になっていたが、82年公園建設中に地中からふたつに割れた状態で発見され、日本人墓地に移された。碑文はやや読みにくくなってはいるが判読できる。　　　　（SU）

コラム

追悼碑の写真を手に道順を尋ねる

　本書では、1975年から35年間の現地調査で判明したマレーシア全土の住民虐殺事件追悼碑や抗日戦犠牲者の墓など約70ヵ所の大半を紹介している。ただし、それらの多くは地元の人だけが知る中国系墓地（義山）や事件現場などにある。そのため、その場所への道順は複雑で、簡潔には表現しにくく、アクセス説明だけでは確実にたどりつけない懸念がある。

　そこで、私自身の現地調査での下記の体験をヒントにした編集を心掛けている。

　西マレーシア（半島部）の南端ジョホール州（J州）での虐殺事件の情報は、なかなか得られなかった。そうこうするうちに、シンガポールで『新馬華人抗日史料』が1984年に出版された。Ａ４版1000頁余の大著で、その中にJ州の追悼碑３ヵ所の写真があった。

　その写真のコピーを手に、ジョホール・バル（JB）中心部の棺桶屋を訪ねた。すると、年配の店主が「うんうん」とうなずきながら数軒先の墓石屋を指差し、背中を押した。墓石屋の若い主人には英語が通じ、現地へ自分の車で案内してくれることになった。先の棺桶屋は自分の父だ、と車中で教えてくれた。こうしてたどりついたのがクブンテの碑と３本柱を特色とするウル・チョの追悼碑で、後者はJBから約20kmの郊外にあった。

　以後、写真を先に入手した場合、所在地に近づいたところで、その写真を地元の人に見せて尋ねると、ほぼ確実に目的地へたどりつけている。

　本書でも、そうした手法を用いられるように、各地の追悼碑や墓の写真をできるだけその特色が分かるもの中心に載せている。現地に近づいたら、地元の人に道順を尋ねがてら、交流の契機とされることを願っている。

　私の場合、その後もこの時の墓石屋の林氏からさまざまな情報をもらい、各地に案内された。　　　　　（TA）

⑨ウル・チョの３本柱の碑（p.124の⑨、口絵33参照）

『新馬華人抗日史料』

7章
マレー半島東海岸

ケランタン州 KELANTAN 北部概略図

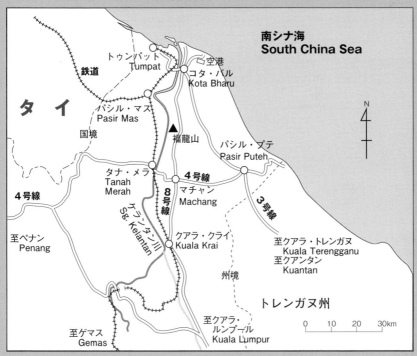

1　コタ・バルを歩く

コタ・バル Kota Bharu 市街図

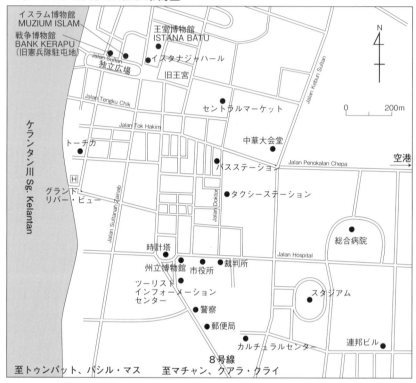

　マレー半島東海岸、タイ国境近くの町、コタ・バルは、ケランタン川右岸に寄り添うマレー人の町だ。陸路が整備される以前、交通・輸送の柱は川であった。内陸の物産が集まり、海上輸送との結節点となる河口部は物流の要衝となる。ケランタン川河口に近く、水害が比較的少ないこの地に、権力が根を下ろした。

　1844年に建設された旧王宮（現在の王宮はコタ・バル市郊外にあり、17ha の敷地を持つ）の立地は興味深い。王宮の正門は西に開きケランタン川に正対する。この門から河岸に向かい、ほぼ直線的に市場を配置した。いまは「独立広場 Padang Merdeka」と呼ばれる細長い一角である。隣接してモスクが建つ。町はこの市場を核として形成されたことが見てとれる。現在の市場（セントラル・マーケット）は旧王宮の東側に移されている。市場の建物に入ると見上げるほど高い天井がある。半透明の天井からやわらかな光が降り注ぎ、色とりどりの果実や野菜をひきたてる。売り手のマレー女性ものんびり座り、客と言葉を交わして

136

いる。市場の周辺では夜の市も立つ。タイに近い町だから、ソムタム（タイ風のサラダ）も食べられる。

イギリス支配への抵抗

1810年、ケランタン王家はトレンガヌ王家の圧迫からシャムの保護下に入った。しかし今度はシャムの影響力が強まり、シャムがケランタンの内紛に乗じて王位継承（1881年、1900年）に介入するまでになった。

ケランタンはシャムの排除を願ってイギリスに接近し、1902年にイギリス人顧問を受け入れた。この地への関心を持ち始めていたイギリスは09年7月、「イギリス・シャム協定」を結んでシャムに対する治外法権を放棄し、引き換えにケランタン、トレンガヌ、ケダ、ペルリスを獲得した。

ケランタンのマレー住民、とりわけ地域の支配層はイギリス人顧問を嫌い、14年に反乱をおこす。スルタンは秩序維持を図り警察を設置した。しかし、これがかえって人々の反感をあおり、トック＝ジャングット（Tok Jang-gut）がパシル・プテ Pasir Puteh の警察署を襲撃する事件に発展した。スルタンはイギリス人顧問に介入を要請した。トック＝ジャングットは殺害され、遺体がコタ・バルに運ばれて、現在の独立広場に晒された。反乱は鎮圧されイギリスによる支配が確立した。

バンク・クラブ

独立広場の北側、道路の向かい側に「バンク・クラブ Bank Kerapu」が建つ。「ぶつぶつした（壁の）銀行」という意味だ。もとは、1912年に建設された「マーカンタイル銀行 Mercantile Bank」で、日本軍政下には憲兵隊が駐屯し、人々から恐れられた建物だ。

1991年12月、日本軍上陸50周年に際し、州政府が主催して元日本軍（侘美支隊）とイギリス軍の将兵を招いて記念式典を催した。事前に、マレーシア国軍に要請して日本軍上陸を「再演」する企画が持ち上がった。これに対して、華人団体が猛反発、最終的に取りやめとなる1幕もあった。

こうしたドタバタの一方で、バンク・クラブは観光用に改装され、「戦争博物館」としてオープンした。日本の侵略から敗北まで、加えて戦後マレーシアの独立にいたる過程がパネル展示されている。

日本軍政下、過酷な生活を強いられた華僑に比べて、マレー系住民は相対的に優遇された。彼らは日本の侵略とマレーシア独立をどのように位置づけているのだろう。英語、マレーシア語両方が理解できないと、正確な内容はわからない展示ではあるが、なんとか読み取ってみたい。　　　　　（SE）

1918年に撮影された王宮前。中央に門が見える。現在と比較してみよう

バンク・クラブ（現戦争博物館）

2　パ・アマット島
Pulau Pak Amat

侘美支隊上陸地と周辺

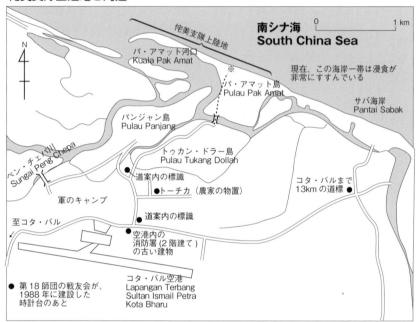

注　侘美支隊上陸地点に行くにはタクシーを利用するのがよい。運転手に「Pulau Pak Amat（パ・アマット島）」と言えば了解してくれる。「プラウ」のあと、「パッ・アッ・マッ」と、1音ずつ強く連続して発音する。「Kuala Pak Amat（パ・アマット河口）」と告げてもいいが、これだとペン・チェパ川（Sungai Peng Chepa）左岸に案内されることもありうるので注意。

アジア太平洋戦争はここからはじまった

コタ・バル空港から北東へ約2km、車1台がやっと通れるほどの道をたどりコンクリートの橋を渡ったところがパ・アマット島である。空港からこの場所まで、一帯は川と陸地が複雑にいりくみ、常緑の木立のあいまにマレー人の民家が点在する。訪れる人もあまりいない、南シナ海に臨む小さな村である。

1941年12月8日午前2時15分（日本時間）、日本軍（第18師団侘美支隊、侘美浩少将）の将兵がこの浜一帯に上陸し、イギリス軍と激しい戦闘をくりひろげた。侘美支隊の目的は、コタ・バル飛行場を占領してマレー北部の制空権を奪い、コタ・バル北のタイ領に上陸する主力部隊（第5師団）の作戦行動を容易にすることであった。守るイギリス軍もそれを予想して鉄条網を張りめぐらし、トーチカを設置するなど陣地を海岸線一帯に構築していた。待ち構える敵の眼前に上陸を強行する――成功などおぼつかぬ、「捨て石」と言うのがふさわしい作戦であった。

侘美支隊は歩兵第23旅団といい、歩兵第56連隊（那須義雄大佐／久留米）を核とした5318人の部隊だった。輸送船3隻（淡路山丸、綾戸山丸、佐倉丸、これに海軍艦艇7隻の護衛がついた）に分乗してコタ・バルを目指した。

12月7日午後11時55分、艦隊はコタ・バル沖約1.5マイルに投錨、作戦準備にとりかかる。強風で海は荒れ、吊り上げた上陸用舟艇が甲板に落ちたり、兵士が舟艇に移乗する際に海に転落したりするなど作業は困難を極めた。

8日午前1時35分、第1次上陸部隊が発進、岸まで400〜500mにせまったとき火砲の一斉射撃を受けた。「日本兵は母船から小船に乗って攻めてきた。照明弾で様子がよく見えたんだよ。イギリス軍はトーチカの中から撃っていた。船を降りた日本兵は砂浜に伏せて鉄条網を切ろうとしたり、砂を掘ってくぐろうとしたりしていた。フェンスを切ると地雷が爆発した」。パ・アマット島に当時から住んでいるマレーの男性（1926年生）の目撃談である。戦闘直前、村人たちに避難指示が出されていたが、中には物陰に隠れて戦闘を見ていた村人もいたのだ。激戦の末にイギリス軍の陣地を突破した日本兵は勝鬨の声をあげたという。

日本兵が最初に着岸したのは午前2時15分、p.140の地図中※で示した付近と推測される。兵たちは続々と浜に到達した。しかし、上陸直前に舟艇が被弾し海に流された兵も多い。1部は救出されず行方不明となった。輸送船3隻もコタ・バル飛行場から飛び立ったイギリス軍機の攻撃をあびた。対空能力をもつのは佐倉丸のみだった。

日本軍上陸の午前2時15分はハワイ真珠湾攻撃より1時間5分早い。つまり、真珠湾攻撃を開始したとき、コタ・バルの海岸は戦闘と混乱のただ中にあったということだ。日米交渉の打ち切り通告の遅れがどんな理由であったか、よく問題にされる。しかし、この時すでにアジア・太平洋戦争の最初の一撃は、日本側から宣戦布告なしで加えられていた。

コタ・バル上陸作戦における日本側の戦死者は320人、戦傷者538人。輸送船淡路山丸（9475t）は爆撃によって被弾、炎上し、4日後の12日、オランダの潜水艦の雷撃により沈没した。アジア太平洋戦争最初の犠牲船であり、現在もこの海に沈んでいる。

イギリス軍は第8旅団（旅団長ケイ准将、1940年に配置、コタ・バル付近には2000人の兵があてられた）が防戦した。3割が白人、7割がインド兵で戦闘未経験の若者たちだった。作戦に参加した元日本兵によると、トーチカは外から鍵がかけられ、開けてみるとインド兵が互いに足を鎖につながれたまま息絶えていたという。

侘美支隊は8日午後9時30分飛行場に突入、翌9日午後2時、コタ・バルの町を占領した。退却するイギリス軍をクアラ・クライまで追撃し、その後東海岸を南下、クアンタンを占領する。

現在、パ・アマット島の浜に当時を物語るものはない。沿岸流によって浸食がすすみ、浜は急速に後退している。トーチカがあった場所はすでに海となり、わずかに残るヤシも倒れていくばかりだ。
（SE）

侘美支隊が上陸した海岸。浸食が激しく、トーチカなど当時の遺物は海に没している

3　福龍山

ケランタン籌賑会の犠牲者の顕彰碑。背後に墓がある

抗戦烈士紀念碑

中国系住民の墓地、福龍山
　コタ・バルの町から8号線を南下してクアラ・クライ方面へむかう。タクシーを利用する場合、運転手がマレー系であったらら、「クブル・チナ（Kubur Cina）」と告げればわかってくれるだろう。約25kmの地点の右側に華人墓地、「福龍山」がある。1920年、華僑の団体である中華商会がイギリス人顧問官に申請し、許可を得て墓地とした。春の清明節には夜明け前から人々が集まる。先祖の墓を飾り、墓前に供物をそなえ、分かちあって食べる。身内同士、話に花が咲き、あちこちで爆竹が鳴り響く。
　福龍山の門をくぐり、丘を登り切ったところに「抗戦烈士紀念碑」が建つ。この碑は日本の侵略に抵抗した人々を記憶するために、47年コタ・バル市内に建てられたが、後にこの場所に移された。今も「抗戦烈士」を心に刻む式典が開かれている。
　そして、この碑を通り過ぎ、丘の頂をやや下ったところに「前籌賑委員殉難之墓」がある。日本軍によって殺害された籌賑会の委員10人がここに埋葬されている。

ケランタン籌賑会主席、丘瑞珍
　38年10月、日本の中国侵略に対し、陳嘉庚が中心となって、「南洋華僑籌賑祖国難民総会」が設立された。ここケランタンの中華商会も呼応し、「吉蘭丹華僑籌賑祖国難民委員会」（以下「ケランタン籌賑会」）を結成、義援金を集めるなどの抗日活動を開始した。このような活動を展開した華僑にとって、42年12月8日にはじまる日本軍の上陸・占領は、生死を左右する出来事となった。
　「ケランタン籌賑会」の主席、丘瑞珍（1900－42年）は福建に生まれ、若い頃マレーに来てゴム商人となった。彼はケランタン籌賑会の主席と中華小学校の理事長を兼ねていた。
　12月8日未明、イギリス軍と日本軍の戦闘はコタ・バルの町からもはっきりと聞き取れた。イギリス顧問官の指

示によりヨーロッパ人の女性と子どもらは、夜明け前に町を脱出している。しかし、地元の人々の大半は町に残るしかなかったようだ。丘の息子・中鴞氏（1927年生）によれば、丘は妻子、小学校の教師とその家族を連れ、州政府が用意した避難区にいったん逃げ込んだ。教師たちは、丘がクアラ・ルンプールなどから招いた人々でコタ・バル付近に身を寄せる場所がなかった。別の証言では、丘はタイから来た32人の中国系の生徒も連れていたという。

日本軍は、コタ・バル飛行場占領後、12月9日午後にはコタ・バルの町を占領した。侘美浩支隊長は「市街の入口は市街戦の終わった直後とは思えぬ程平静で、市民は沿道に歓迎し、日の丸の小旗を振っていた」と回想している（『コタバル敵前上陸』1968年、p.79）。そして、「まず治安維持のため市内不逞の徒の掃蕩、各官庁、銀行、郵便局等の要所を確保し、又抗日分子たる華僑を調査せしめたが、既にその大部分は逃亡していた」（同書、p.80〜81）。

華僑たちは「抗日分子たる華僑」という猜疑の視線にさらされた。丘は教師、子どもたちを連れてケランタン川を渡り、小さな村に隠れた。一方、中華商会、ケランタン籌賑会の他のメンバーたちは日本軍に屈し、やがて「華僑協会」を設立、日本軍政の下部に組み込まれる。それは丘の行動に劣らず苦渋に満ちたものであった。彼らは、このような形で日本軍に歩みより良好な関係を築くことによって、自らの命と同胞を守ろうとした。

日本軍はシンガポール攻略のためケランタンから移動し、年が明けて1月中旬、憲兵隊が到着した。憲兵は、ただちに抗日活動の情報収集、容疑者の逮捕、治安維持にあたった。

1月末か2月のはじめ、丘は身を潜めていた村からマレー女性に変装してコタ・バルに潜入し、ケランタン籌賑会員であった仲間の家を訪れた。彼は中華小学校の財務を担当していた。丘は教師たちの給料を出してくれるように頼みに来たのだった。給料があれば教師たちは故郷に帰ることができる。

そのとき憲兵が来た。車の音を聞き丘は隠れたが、仲間は丘がいることを憲兵に告げてしまう。やむなく憲兵の前に出た丘は、自分は病気であるので村で治療している、治ったら協力する

丘瑞珍

丘瑞珍の妻と子、孫、ひ孫。1992年

ととりつくろった。
　丘はただちに村に戻り翌日には逃げようとしたようだ。しかし、翌朝早く憲兵がやってきてコタ・バルに連行されてしまう。
　丘の逮捕後、家族はコタ・バルに戻り、教師たちはこの地を去った。中鴞氏は1度父の面会を求めて憲兵隊に行っている。「小さな窓越しに父を見ました。どこも傷ついてはいないようでした。何も話すことはできず面会は2、3分で打ち切られました」。逮捕から2週間後、丘は刑務所に護送され、もはや面会もかなわなくなる。
　コタ・バルの憲兵隊長をしていた高橋三郎氏は次のように話した。
　「たしかに、わしのところではっきりいって、処分したのが2人くらいおったはずです。それはね、中国人というのは絶対はかないんですよ。え、いくらしめてもですね。もうどうにもならないってんで……（略）……よし、やってよろしい」（『侵略・マレー半島　教えられなかった戦争』）と。
　丘は拷問の末、町の南にある「ワカ・チェ・イェ（Wakaf Che Yeh）」という地区のゴム園内で、もう1人の名前不詳の人物とともに処刑された。3月24日のことである。
　丘の遺族、特に妻には言いようのない思いが残った。日本軍に対して、また仲間の華僑に対しても。彼女は毎年清明節に夫の墓と、一緒に殺された人物の埋葬場所を必ず掃き清めていた。息子の中鴞氏は、母の気持ちが動揺するからと、当時のことは話させないようにつとめた。丘夫人は90歳をこえて足腰がしっかりしていたが、先年、他界した。

ケランタン籌賑会への粛清
　ケランタン籌賑会の他のメンバーも決して安全ではなかった。彼らは日本軍占領直後に軍、憲兵隊に歩みより良好な関係を築いたが、事態は急変する。
　1942年2月15日、シンガポールを占領した日本軍はただちに「敵性華僑」の粛清に取りかかる。ジョホール州を除くイギリス領マレーは第5師団が担当した。ケランタン州は歩兵第21連隊（浜田）第2大隊（宮本得二少佐）が割り当てられた。「特に支那共産党員の掃討をする一方、華僑、馬来人、印度人等の宣撫工作に従事」（『浜田連隊史』p.389～390）した。日本軍上陸以来、現地の情勢はいったん落ち着きかけたが、この粛清によって壊された。
　第2大隊はコタ・バル憲兵隊と連絡を密にとることなく行動したようだ。3月初旬（正確な日時は不明）には、パ

頼茂林の妻。1990年

黄逸民の妻と息子。1992年

シル・プテの籌賑分会主席頼茂林、会員の林槐卿、珍玉振、黄友興、黄志田を捕らえ、ブキ・ヨン（Bukit Yong）に連行、自分たちの墓穴を掘らせた上で銃殺した。突然の出来事だった。3月17日、パシル・マス（Pasir Mas）も探査、パシル・マス籌賑会分会の呉泰山主席、林鴻雁副主席を拘束した。翌18日にはついにコタ・バルの町を包囲して、華僑商会をいっせいに捜索し、籌賑会会員林雲標とその他商人数人を捕らえた。そしてこの日の午後5時、呉泰山、林鴻雁、林雲標を、郊外3マイルの地「ワカシク Wakafsik」で殺害した（他の商人は釈放）。

 この3月18日の粛清時、中華商会主席兼籌賑会副主席の黄逸民は妻の助けで女装して、タイへ逃れた。妻は捕えられ尋問を受けたが、最終的に他の商人たちとともに釈放される。しかし夫の黄逸民はタイで逃亡中に病死した。

 一方、憲兵隊長高橋三郎氏の回想によると、ある日の朝、軍政長官から緊急の連絡を受け、現場に急行し、射殺を直前に中止させたという。氏の記憶では、籌賑会会員ら華僑23人が処刑されるところだった。その後、宮本大隊長を呼び厳重注意し、加えて連隊本部（アロー・スター）にも連絡したところ、連隊長が直接謝罪に来たという。

 この事件を機に、地元華僑は憲兵隊に一層接近したようである。命を救われた華僑たちは「昭和十七年八月三日」、「大日本憲兵第六十二周年紀念」の日の丸をつくり、21人が名前を寄せ書きし、「ケランタン州華僑協会」の名で高橋氏に寄贈している。憲兵隊は3月24日に籌賑会主席の丘を処刑したが、地元華僑はこれを受忍した。

 48年、ケランタン州各地で殺害された華僑の遺体が掘り起こされ、福龍山にまとめて再埋葬された。犠牲者の1人林槐卿の遺体はブキ・ヨンでの殺害直後に妻が密かに掘りかえし、遺体をもち帰って自宅内に仮埋葬していた。彼の遺体も福龍山に移されて他の同士とともに埋葬されている。毎年清明節には遺族たちが集まるが、声をかけあうことはあまりない。そこだけが静かな清明節である。

 林槐卿の子、林輝煌氏（1939年生）は、父親が殺されたあとの生活を語ろうとはしない。筆者にわずかに語ってくれたのは、母親が必死に働いたこと、芋をかじって飢えをしのいだことだった。彼にくり返し会ううちに、ある夜、ぽつりと歌を歌いだした。「それは？」とたずねると、母が父を偲んでよく歌っていた福建の民謡だった。歌詞に夫の名を入れた替え歌なのだという。彼女はしばしば精神的に不安定な状態に襲われた。林輝煌氏に「もう1度歌ってくれませんか」と頼んだが、彼は黙ってしまった。

 彼女に限らず遺族はみな辛酸をなめている。生き残った者の長い戦後をしっかりと受けとめたい。安易な、その場限りの聞き取りは厳にいましめたいと思う。

（SE）

父の墓前で語る林輝煌さん

4　クアラ・トレンガヌ

①クアラ・トレンガヌを歩く

クアラ・トレンガヌ Kuala Terengganu 市街図

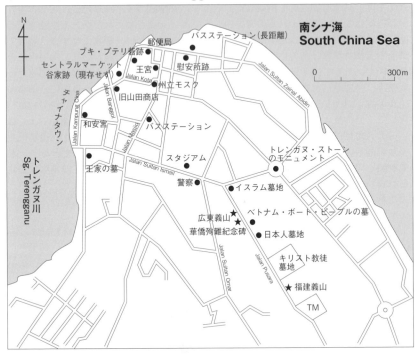

　トレンガヌ州の海岸線は長く弧を描くように南シナ海に向き合う。一帯はウミガメの産卵地として知られる。特にランタウ・アバン Rantau Abang が有名だ。州都クアラ・トレンガヌのロータリーにもかつてウミガメの像が設置され人目を引いていた。

　人々は海岸線に沿って住み漁業を生業とした。そして海が荒れて漁ができない10〜3月、漁師は網を繕い新しい舟を作った。こうして漁業と舟作りがトレンガヌを代表する産業となる。

　一方、1975年にエッソ（当時）がクアラ・トレンガヌ東方沖200kmで海底油田（タピス油田）を発見、78年に生産を開始した。州南部のケルテ Kerteh には石油化学コンビナートが建設されている。この中心となるエチレンマレーシア（1995年）は、国営企業ペトロナスと BP アモコ、出光石油化学の合弁企業だ。のどかな自然を裂くように銀色のパイプ群、煙突が一帯に広がっている。

イスラームのかおり
　トレンガヌ州はマレーシアの中でイ

144

スラーム教が最も古く根づいた土地である。

1887年、トレンガヌ川上流のクアラ・ブラン Kuala Berang で、文字が刻まれた高さ84cmほどの石が洪水の後に発見された。1902年、この石はスルタン、ザイナル・アビディン3世に献上され、王宮の隣り、ブキ・プテリの砦に保管された。しかし、当初は何が書かれているか誰もわからなかった。23年、シンガポールのラッフルズ博物館に運ばれて解読された。マレーのことばをアラビア文字で表記したジャウィ Jawi 形式のもので、内容は、イスラーム教をトレンガヌの公式な宗教とすること、および悪行と処罰についてであった。ヒジュラ暦702（西暦1303）年と刻まれ、ジャウィ最古の用例とされる。

マラッカ王国成立の1世紀前、すでにイスラーム教がこの地に伝わり、これを統治に用いる支配者がいた。この石は「トレンガヌ・ストーン」Batu Bersurat Terengganu と呼ばれ、67年からクアラ・ルンプールの国立歴史博物館に収蔵されたが、87年2月、トレンガヌ州政府が返還を要求したことから、91年6月に移され、現在は州立博物館に保管されている。

99年、イスラーム系の「汎マレーシア・イスラーム党」（PAS）が州の政権を獲得した。トレンガヌは以前からケランタンと同様に礼拝の日である金曜日を休日としているが、PASが政権を獲得してからは女性のミニスカートを制限するなど、イスラーム的な政策を打ち出している。クアラ・トレンガヌのロータリーにあったウミガメ像も撤去され、「トレンガヌ・ストーン」のレプリカに置き換えられた。

クアラ・トレンガヌの町

町の北部、王宮に隣接してブキ・プテリの小丘がある。現在は燈台が設置されているが、かつてここは砦だった。19世紀半ば、王位をめぐる内乱の舞台となった場所だ。

ブキ・プテリの西には舟つき場と市場、そして市場からトレンガヌ川に沿ってチャイナタウンが広がる。19世紀に建てられた店が今も残り、色とりどりに塗装され修繕を繰り返しながら使われている。こじんまりとした美しい通りだ。戦前には日本人も住んでいた。

トレンガヌ・ストーン
（「写真記録 東南アジア3」ほるぷ出版、1977年より）

クアラ・トレンガヌのチャイナタウン

7章 マレー半島東海岸

年寄りたちは、山田、高木、高見、荘田など、隣人としてつきあった日本人の名を記憶していた（1990年の聞き取り）。旧山田商店の建物は現在も当時のままの外観だ。そして「ハリマオ」谷豊が育った理髪店も通りの北の隅にあった（1976年に取り壊され、現在はマーケットになっている）。

静子の殺害と「マレーのハリマオ」

1932年11月6日午前、日本の中国東北部侵略に怒った中国人青年が日本人商店を襲った。劉石福という人物で、山田商店に客を装って入りこみ店主辰之助の弟安五郎に包丁で切りつけた。劉はさらに谷理髪店に押し入り、2階で寝ていた静子（1927年生、5歳）の首を切り落としてしまった。谷家の人々は騒ぎが起こって隣の浦野歯科に隠れたが、2階の静子を連れ出す余裕がなかったのだった。

静子の首を持って通りに出た劉は「中華民国万歳」と叫んだという（『大戦与南僑』1947年、南洋華僑籌賑祖国総会編、2007年復刻）。クアラ・トレンガヌ在住の杜通珠氏（1924年生）によると、この日たまたま自転車に乗ってチャイナタウンにやってくると、通りの向こうから男が歩いてきた。男は首をもっており、人々は店の戸を閉めていた。少年の杜氏は転ぶように走り逃げ近くの家に隠れたという。劉はやがてイギリス官憲に捕えられ、死刑判決を受け処刑された。

殺された静子の兄、豊（1911年生）は前年に日本に戻り徴兵検査を受け、そのまま郷里の福岡で生活していた。静子の死は知らされていない。

一家の主、浦吉は1931年12月にすでに死亡し、そして1年後に静子が殺害された。浦吉の妻トミは残った子どものミチエと繁樹を連れて1934年に帰国した。

豊はやがて静子の死の顛末を知り、仇を討とうとしたようだ。豊は34年のうちにトレンガヌへ渡る。ほどなく盗賊に身を変え、「ハリマオ」（虎）の異名をとるようになる。

マレー侵攻作戦に先だち、豊は「神本利男なる日本人を介し田村武官の手中に入っ」た（藤原岩市『F機関』原書房、1966年）。「マレイに対する諜報」「マレイ人に対する宣伝」「英軍に対する謀略」に有用とされ、日本軍の特務機関「藤原機関（F機関）」に組み込まれた（藤原、同書）。日本軍がマレー半島に上陸すると、豊はジャングルを潜行して、退却するイギリス軍による橋梁爆破を阻止すべく活動した。

豊はこのときすでにマラリアに罹っていた。やがて、日本軍のシンガポール占領後の3月17日、彼はシンガポー

戦前、谷豊の一家が住んだ谷理髪店の建物（1970年代、右端の家）

旧山田商店（右）。左手の建物（マーケット）の奥に谷理髪店があった

ルで死亡したとされる。この直後から豊は英雄として報道された。43年には映画『マライの虎』も制作された。ハリマオの虚像が作られ戦意高揚に利用されていく。

静子の墓

94年、谷繁樹氏はクアラ・トレンガヌを訪れた。父浦吉と妹静子の墓を捜すためである。古い写真を頼りに一行は墓を捜し出した。日本人墓地の門柱が片方のみだが現存していることもわかった。

墓は1m四方ほどのコンクリート製の土台が6基残るのみ。このうち3基が市の道路建設計画に重なり、移転を要請されたため、6基すべてを墓地内のやや奥に移すことになった。

94年10月27日から3日間でこの移動が行われた。現場を取りしきったのは大岩國男氏である。氏は50歳まで国土地理院に勤め、76年頃トレンガヌに移り住み、農業に従事、日本人墓地を確認して以来、谷氏をサポートした。

94年10月29日、6基の土台の移動作業が行われた。浦吉の墓と推定されるものを含めて5基の土中からは何も発見されなかった。しかし、浦吉の墓の隣、静子の墓と推定した地面を掘ると、80cmほどの土中から、1mにみたぬ身長であろう、小さな骨が多数発見された。傍には首飾り、食器、さらに硬貨が5枚。あの痛ましい事件から62年、胸がつまる光景だったという。発掘された遺骨と遺品は谷繁樹氏がひきとり、移動された墓の土台の上には新たに墓石が据えられ、現在に至っている。

大岩氏は、この出来事に心を強く動かされ、以後、州内にある日本人の墓をさがし日本人墓地に移葬した。氏は偶然出会った筆者に「今が最もよい仕事をしています」と語ってくれた。やがて、氏もトレンガヌの地で一生を終えた。

（SE）

谷静子の墓

日本人墓地。手前はこの墓地が開かれた1920年頃の門柱。奥に谷浦吉と静子の墓がある

②「華僑殉難紀念碑」

「本埠全体華僑建立」とある。側面には16人の名が刻まれている

クアラ・トレンガヌの華人墓地は市街地のはずれにあり、イスラーム教徒の墓地の南に隣接している。ジャラン・プサラ Jalan Pusara（墓場通り）の両側に広がり、市街地からみて日本人墓地、キリスト教徒の墓地がその先に続く。

華人墓地の一角に「登嘉楼（トレンガヌ）華僑殉難紀念碑」が建つ。日本軍によって殺害された華僑を「紀念」する碑である。

コタ・バル上陸後、ケランタンを制圧した侘美支隊はただちにトレンガヌ州に侵攻、1941年12月18日には先遣隊の歩兵第56連隊第7中隊（中隊長原中尉）がクアラ・トレンガヌを占領する（『侘美支隊作戦記録（案）』第2巻 p.210）。4日後の12月22日に駱立滋が捕らえられた。彼はクアラ・トレンガヌの東南方、ムルチャン Merchang 地区（「馬江区」）の籌賑会会員だった（5月26日殺害）。

翌42年1月9日、張春元、符双英が逮捕される。張は小学校の校長であり籌賑会会員でもあった。符はコーヒー店の主人で籌賑会の会員ではなかったが、日本の中国侵略を憎み、日本人に水のようなコーヒーを出していたという。日本軍が来ると彼らは逃げたがやがて捕らえられ、縛られたままボートでトレンガヌ川を引かれ、その後殺された（1992年の聞き取り）。

ドゥングンの鉄鉱山ストライキ

張が殺された理由について、前掲の『大戦与南僑』はドゥングン Dungun の鉄鉱山ストライキに関与したことをあげている。

ドゥングンの鉄鉱山（ブキ・ブシ Bukit Besi）は日本鉱業が経営し、1937年当時日本に輸出する鉄鉱石総量の３分の１を占めた。労働者の大半は中国人苦力である。同年盧溝橋事件勃発を機に日中戦争に突入すると、南洋華僑は日本商品ボイコット運動を展開し、日本側は大幅な輸入超過に陥る。

日中戦争勃発後の38年１月、ドゥングン鉄鉱山の華僑労働者13人が山を降り、抗日戦争へと向かった。２月24日になると52人、そして２月28日には440人もの労働者がシンガポールに到着する。結局、3000人のドゥングン鉄鉱山労働者が下山したといわれる（「Straits Times」1938年１月18日、２月25日、28日の記事）。

彼らは中国侵略に使われる鉄の採掘を拒否したのである。張はこの事件を主導した１人だった。そして張と行動をともにした蘇紀発も日本軍に殺害された（『大戦与南僑』）。これらの殺害事件は日本軍のシンガポール占領前に発生している。さらに証言によると、ドゥングンの鉄鉱山ストに参加した時の写真が発見された黄鴻成（当時ドゥングン在住）も、クアラ・トレンガヌに連行され殺害された（日時不詳）。

登嘉楼華僑殉難紀念碑の側面には上記５人を含む16人の名が刻まれている。これらは、トレンガヌ州各地で籌賑会の活動などの抗日活動を繰り広げ殺害された人々だ。『大戦与南僑』のトレンガヌ州の項を調べると、彼らの活動や日本軍による殺害、虐殺の経緯がお

およそわかるだろう。

しかし、この碑に刻まれた16人の中には、意外（？）にも、谷静子を殺し死刑となった劉石福の名もある（「石福」とのみ刻まれている）。劉は「新美香楼」という店の料理人だった。「熱血愛国之勇夫」で日本の中国侵略に憤り日本人の商店を襲った。碑の建設にあたり、人々は事実にどんな思いで向き合ったのだろうか。

今、トレンガヌの華人の中で静子殺害を「抗日」活動の義挙として称賛する人はまずいない。1990年代に行った聞き取りでは、「ちこちゃん」という愛称を近隣の華人は覚えていた。分け隔てのない交流があったにちがいない。しかし日本の中国侵略という、中国系住民にとっては許しがたい暴挙で事態は大きく変わっただろう。

60年近く前の静子の死を、あってはならなかった痛ましい事件として、語る人の口は重かった。しかし、この碑が建立された当時は事情が違っていたのだろう。隣人としての親しい付き合いと、戦争という抗うことの困難な現実との板挟みに悩まされることは今も昔も変わりない。

私たちはこの事実を単なる歴史としてだけでなく、今を考える事例として受けとめていきたい。　　　　（SE）

〈参考文献〉
関口竜一「マレー半島東海岸の華人追悼碑」『季刊戦争責任研究』第７号 1995年３月

③ベトナム・ボート・ピープル──上陸を拒まれた人々

中華義山の一角にあるベトナム・ボート・ピープルの墓。2006年撮影。
2010年8月には左端の写真はなかった

　クアラ・トレンガヌの「華僑殉難紀念碑」からほど近く、華僑の墓とは明らかに様式の異なる合葬墓と個人の墓がある。近づいてみると、英語と華語で碑文が刻まれている。これは、ベトナムを逃れて海を渡ってきた、いわゆる「ベトナム・ボート・ピープル」の墓である。墓はここだけではなく、日本人墓地敷地の隣にもある。ていねいに見ていくと、生まれたばかりの赤ん坊も埋葬されているのがわかる。

　クアラ・トレンガヌは南シナ海に面している。海の向こうはインドシナ半島、シンガポールよりベトナム南端のカマウ岬の方が近い。ベトナム戦争後の南北統一、社会主義体制への転換の中、抑圧を受けた人々が周辺の国へ逃れ出た。この地もその1つだった。

　合葬墓のなかに写真を貼りつけたものがある（上の写真の左端）。トレンガヌ河口にたどりついた木造船。船の上に立つ人々。そして浜に集まってきた人々──のどかな感じさえ漂う。この合葬墓に埋葬されたのは137人と記される。写真に写る木造船の人々が葬られているのだろう……。

　当時、ボート・ピープルは世界的な関心を呼んだ。日本にたどりついた人々もいた。日本政府の冷ややかな対応に批判がわき起こった。繰り返し報道され、ルポルタージュも多数出版されている。その中の1冊、『洋上のアウシュヴィッツ』（竹田遼、講談社、1980年）に、この墓のものとまったく同じ写真（次ページの写真）が掲載されていた。

　浜に集まった人々はボート・ピープルを救助しようとしているのではなかった。「命からがら海岸にたどり着いた人々を、再び海に追い返」そうとし

150

ているのだ（同書、p.8）。その結果、上陸を拒まれた人々はトレンガヌ河口付近で波に呑みこまれた。1978年11月23日正午頃の惨事だった。写真は恐らくその直前のものだろう。

マハティールの強硬措置

事件の翌年、79年6月15日、マレーシア副首相マハティール（当時）は世界を驚かせる強硬措置を発表した。

マレーシアに入ったベトナム難民7万6000人すべてを公海に追放する、領海に入ろうとするボートに対しては発砲してでも追い払う、ボートが沈没しても救助しないで溺死させる（『ベトナムの難民たち』藤崎康夫、KKワールドフォトプレス、1980年）と。

約2週間後、東京で先進国首脳会議が開催されるタイミングをねらって、マハティールは先進国の難民問題への取り組みの不十分さを強く訴えた、ともいわれているが、あまりに衝撃的な発表であった。

なぜベトナムから脱出したのか？

75年4月30日、サイゴンが陥落しベトナム戦争は終結した。これに先立ち、アメリカ政府は南ベトナム政府関係者14万人をアメリカへ移送した。一方、社会主義新政権に対して不安を持つ人々は周辺諸国に自力で脱出している。難民の第1波であった。

78年、ベトナム政府は旧南ベトナムにおける私的な商業活動を禁止した。打撃を受けたのは華僑である。さらにカンボジアのポル・ポト政権との関係悪化に伴い、ベトナム政府は同政権を支援する中国とも対立を深め、79年に中越戦争が勃発する。このような情勢のもとでベトナム政府は国内華僑を抑圧し、これが引き金となって中国系住民を中心とする大量の難民が発生した。このとき以降、海路で脱出した人々を

「ボート・ピープル」と呼ぶようになる。粗末な船はいつ沈没してもおかしくはない。ボート・ピープルを狙う海賊行為も頻発した。

大混乱の中で難民たちがまずたどりついたのが東南アジア諸国だった。当初は難民受け入れに寛容だった周辺諸国も急増する難民に負担感を募らせる。クアラ・トレンガヌの事件や、マハティールの強硬措置はこうした情勢を背景にひき起こされた。

マハティールの強硬措置発表がきっかけとなり、79年7月、国連事務総長の呼びかけで、「ジュネーブ会議」が開かれた（65ヵ国参加）。ここで、難民を第一次庇護国から第三国へ定住させること、世界各国は定住受け入れを12.5万人から26万人に増やし、ベトナム政府も不法出国をなくすように努めることが合意され、事態は収束に向かった（80年代末、激しいインフレを背景に再び難民が増加する）。

78年11月23日に死亡した人々の墓には、2000年に「重修」（再建）と刻まれる。人々は今も事件を忘れてはいない証だ。しかしなぜ、墓にまで写真を貼っているのだろう？　ボート・ピープルをめぐって一体どんなことが起こっていたのか、しっかり調べてみたい。
（SE）

7章　マレー半島東海岸

クアラ・トレンガヌにたどりついたベトナム・ボート・ピープル。しかし…

5　ドゥングン Dungun
――日本の軍需産業を支えた鉄鉱石の積出し港

ドゥングン市街図

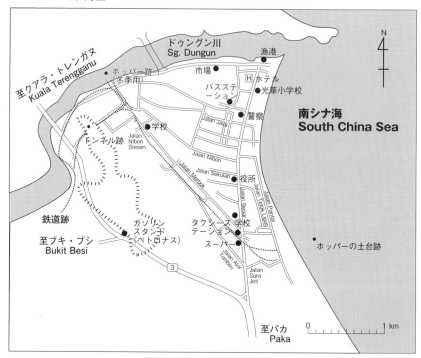

　クアラ・トレンガヌから3号線を約70km南下するとドゥングンDungunの町に着く。スンガイ・ドゥングン（ドゥングン川）の河口にひらけた小さな町だ。海岸線が美しい弧を描き、空が広い。宿といえば、あるのは河口近くの小さなホテルくらいで、観光客が泊まるような豪華なものはない。

　河口には漁港がある。朝、小型漁船が港へ帰ってくる。やがて売り買いが始まる。

　マレーの漁港を見学させてもらおう。漁師の男たちは今朝の収穫を前にのんびりと煙草を一服する。屋根の下でごろ寝をきめこむ若者もいる。

少し歩けば市場につく。コンクリートの建物もあるが、舗装されていない小径の両側にならぶ露店が素朴で美しい。青果や果物が店の棚に並ぶ。トラックいっぱいに積まれたドリアンも入荷する。

日本鉱業による鉄鉱山開発

　1917（大正6）年、久原鉱業はドゥングンから内陸へ30kmあまり入った地点で鉄鉱脈を発見した。しばらく放置されていたが、23年に詳細な調査が行なわれ、「量質ともにきわめて有望な鉄山であることが明らかとなった」（『日本鉱業株式会社五十年史』1957

年)。

久原鉱業は28年末の株主総会で会社を持ち株会社化し、名称も日本産業に変更する決定をした。29年4月には主力の鉱業部門を分離・独立させ日本鉱業株式会社（現ジャパンエナジー）を設立した。同年、ドゥングン内陸部の約500万㎡の採掘許可を取得して、翌30年9月にはドゥングンから現地まで32kmの鉄道を敷設し、鉄鉱石の採掘を開始する（この鉄鉱山は「ブキ・ブシ Bukit Besi ＝鉄山」と呼ばれる）。

ドゥングン鉄鉱山の出鉱量は急増し、1937年には約115万tに達した。これは同年日本の鉄鉱輸入量331万tの約35％を占める。数年で大鉄鉱山に成長した。採掘にあたった労働者の主力は華僑であった。採掘された鉄鉱石は鉄道でドゥングンの港まで送られ、船で日本へ運ばれた（1924年に八幡製鉄所と久原鉱業との間で売鉱契約が成立している）。

ドゥングン鉄鉱山（ブキ・ブシ）

1938年のドゥングン鉄鉱山の華僑労働者下山事件については前に触れた（p.148参照）。さらに同年3月14日、ドゥングンに入港したノルウェー船オルトウ号の中国人水夫46人は、「同船が日本鉱業の鉄鋼を満載して日本へ向かふものと判明し非常に驚き、四月上旬全部下船」した（企画院『華僑の研究』1939年、p.238）。彼らは自らの労働が日本軍の武器生産の一翼を担っていることに気づき、これを拒絶したのだ。日本の中国侵略に憤った華僑労働者たちの抗日活動はこのようにマレー半島でも行われていった。

鉄鉱山の生産量は1937年の115万tから翌38年には58.6万tへ急減した。日本鉱業はインド系労働者を補充し急場をしのぐしかなかった。下山した華僑労働者の中には近隣のパカ川流域のゴム園に住みついた者、さらに日本軍占領中に抗日運動を続けた人々もいたようだ。しかし、正確な史実は掴みきれていない。

ドゥングンの町には今も鉄鉱石を艀に積み出す施設（ホッパー）の跡、鉄道のトンネルが残る。通りの名称もジャラン・ニボン Jalan Nibon（日本通り）など捜し出せるだろう。

90年代はじめに、この町とブキ・ブシの鉄鉱山跡を目玉にした観光計画がもちあがった。現在どれほどが実行されているだろうか。むしろ遺物の風化の方が速いようだ。　　　　（SE）

ブキ・ブシ Bukit Besi
かつてはバスの便もあったが、1990年代半ばには廃止された。今は自動車、タクシーで行くしかない。旧日本鉱業の製鉄所跡などが残る。写真中央の小山（バトゥ・ブシ）の左側斜面から麓にかけてが第一鉱区。露天掘りの跡がある。

クアラ・ドゥングンの市場に入荷したドリアンをおろす

6 石原産業と金子光晴
――戦前マレーにおける日本企業の活動

チュカイにある、かつての石原産業の事務所建物。現在銀行として使われている

　日本人のマレー半島での経済活動の始まりは明治初年に遡る。シンガポールにおける「からゆきさん」や、雑貨商の活動を端緒とし、徐々に多方面に広がった。

　1902年頃には、個人経営の零細なゴム園が開かれ、三菱の資本によって設立された「三五公司」が06年にジョホールのゴム園を購入する。17年には日本人ゴム園所有者は170にのぼった。しかしその面積は、ゴム園総面積（96万エーカー）の5.3%にすぎなかった。

日本人による鉄鉱山開発

　マレー半島西岸は古来錫の産地として知られ、19世紀に入ると華僑資本が生産を握り、19世紀末よりイギリス資本が華僑資本を圧迫していった。イギリスにとって錫は「単に軍需産業たるものならず……（中略）……米弗為替獲得の源泉としても必須不可欠」な地位を占めた。「錫輸出額の過半が米国向き」（『南方年鑑』1943年）で、日本の資本が入り込む余地はなかった。

　1919年、石原廣一郎がジョホール州スリ・メダン Seri Medan で鉄鉱脈を発見し、翌年に八幡製鉄所に納入を開始する。同年、石原はシンガポールに「石原産業公司」を設立した。一方、17年には久原鉱業がトレンガヌ州ドゥングンで鉄鉱脈を発見している（採掘開始は1930年）。さらに日本鋼管系の「南洋鉄鉱株式会社」（1935年設立）が37年、ケランタン州テマンガン Temangan で採掘を開始した。また、「飯塚鉄鉱株式会社」もジョホール州

ブキ・ランカップ Bukit Langkap で操業を開始する（1935年）。こうしてマレー半島における鉄鉱業は日本の資本がほぼ独占するに至った。

石原産業は、トレンガヌ州チュカイ Chukai と内陸のマチャン・サタウン Machang Satahun でも鉄鉱とマンガンの採掘を行なった。

日本の資本が採掘した鉄鉱石は全て日本に運ばれた。日本側からみれば、朝鮮、中国に依存していた鉄鉱石をマレー産に切り替えることが可能となり好都合であった。日本の鉄鉱石輸入に占めるマレー産の割合は急速に上昇し、p.153でも触れたが1937年には輸入総量の約35％を占めるまでにいたる。

金子光晴がみたスリ・メダン

金子光晴は28年から32年にかけて国外を放浪し、40年、『マレー蘭印紀行』を著した。彼は旅の途次、ジョホール州スリメダンに立ち寄り鉄鉱山の様子を描写している。

金子は「バトパハ」から川を遡り、スリ・メダン鉱山へ行商に行く。「現場員」に案内され採掘場に行くとすさまじい光景に出くわした。「芋殻のように痩衰えた年寄」の中国人苦力たちがよろよろと岩をかき、砕いた石を箕に入れ背負う姿であった。「現場員」は「阿片すいたさに、こいつらは地獄の餓鬼になって働くのです」とこともなげに説明する。金子は、日本企業が鉱山労働とアヘンによって苦力から利潤を二重に搾取し、命まで奪っていく様を目のあたりにしたのだ。

「――やつは、三五公司の雇人夫頭で……（略）……毛唐の掘りちらしたろうず山を買うたのが、いまのスリメダンですや。天運というやつだけはわからんやつで、そのろうず山をやつらの手で掘りだすと、花咲爺や。もう、ゴム山をおしのけて南洋はやつの天下や。シンガポールの日本商業会議所の会頭や。あののんだくれが」（『マレー蘭印紀行』中公文庫、1978年）

金子が「ゴム山の人」から聞いた、石原廣一郎の横顔である。

日貨排斥運動

37年7月の盧溝橋事件に端を発する日中戦争は南洋華僑の激しい日貨排斥運動を引き起こした。

石原のスリ・メダンでは「支那人苦力八百名が抗日団の煽動脅迫を受けて一斉下山して作業不能」となった（企画院『華僑の研究』1939年）。

38年には前出のドゥングンの日本鉱業の鉄鉱山でさらに大規模な下山事件が発生している（p.148参照）。日本は単に中国で戦争をしたのではなかった。南洋華僑の広汎な抵抗運動にも直面したのだ。やがてはじめられる「マレー侵攻作戦」は、このような土地への侵攻だった。　　　　　　　（SE）

コラム

憲兵と結婚した女性

　私たちは「戦争」というと国家対国家、味方と敵の２つに分けて考えてしまう。しかし、いったん一方の軍隊が占領すると、支配と被支配という関係をもととしてさまざまな人間関係が生み出される。日本軍に占領されたコタ・バルも例外ではなかった。

　中国系住民は大勢として日本軍政に歩みより、表面的には抗日的な行動をとらず、住民全体の利益を守ろうとした。その一方で抗日活動を続ける人々も現れる。彼らは山間部に拠点をおき、さまざまな局面で日本軍に打撃を与えようとした。

　町は日本兵が支配し、住民は彼らの前では最敬礼しなければならない。日本軍の存在は恐怖そのものであった。しかし、ほどなく憲兵と一部の現地住民がつながりを深める。1942年３・４月に中国系住民による「ケランタン州華僑協会」が組織され、日本軍政の下に組み込まれた。「華僑協会」の会員の多くは地元の実力者で、日本軍侵攻前は「籌賑会」のメンバーとして中国本国への支援を続けた人々である。彼らは、日本軍政下、同胞の利益を守ろうと必死になり日本兵と親密な関係を築いた。それは昼間の公的関係ばかりではなかった。

　日本軍はコタ・バルでも慰安所を開設させた。憲兵隊長も自らの宿舎に現地の女性を「家政婦」として住まわせた。

　中国系の実力者たちは、若い憲兵と中国系の女性を結婚させようと計画した。その女性は憲兵隊が中国系住民に嫌疑をかけたとき、不当性を訴え、日本側の横暴を抑える役割を担わされた。こうして、１つの「結婚」が成立した。

　２人の生活がどのようなものだったのか、そして女性がどう行動して憲兵がどう応じたか、具体的には何もわからない。若干の聞き取りを進めてみたが、２人を知る人たちの口はどこか重いように感じられた。この結婚を勧めた人物もすでに他界している。

　日本が降伏したとき、夫の憲兵は戦犯の容疑をかけられた。彼は逃走し、やがて逮捕される。タイピン刑務所に護送され、獄中で死んだといわれている。

　妻である女性は子を身籠っていた。生まれたのは女の子。彼女はその子に亡き夫の名の一字を入れた名前をつけ育てた。生きて日本に帰った元憲兵たちも、海の向うの女の子の養育に心を砕く。女の子は立派に成人し、母である女性も、コタ・バルで活発に社会的な活動を続けた。

　筆者がこの女性と面会したのは、1990年の春のことだった。70歳半ばの小がらな、穏やかに話す女性だった。彼女は、憲兵である夫に対し「中国人を殺さないで」と頼んだという。そして結婚したのは自分から進んでのことだったと話した。

　多くの質問はできなかった。しかし、彼女のことばからは自分の人生を自らひきうけたという気概を感じた。柔らかな物腰に戦中・戦後を生きた女性の苦労を見る思いがした。　　　　（SE）

8章

東マレーシア
(ボルネオ島)

1　東マレーシア
―― 1つの島に2つの名前

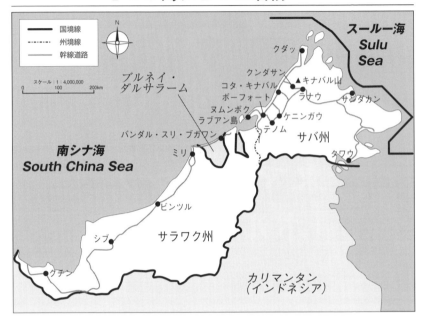

1つの島に2つの名前

　マレーシアはマレー半島部（西マレーシア）と、ボルネオ島の北部である東マレーシアとで構成される。東マレーシアはサバ州・サラワク州と政府直轄地のラブアン島とで成り立っており（中間部にブルネイ王国がある）、熱帯雨林気候で豊かな自然に恵まれている。ボルネオ島の南部はインドネシア領で、インドネシアではカリマンタン島と呼んでいる。1つの島になぜ2つの名前がついているのだろうか❓
　これには植民地支配の歴史が関係している。北部はイギリス支配、南部はオランダ支配だったからである。フィリピン南部も併せた東マレーシア一帯は、マレー語圏が形成されている。
　「ボルネオ」と聞いて、読者はどんなイメージを持つだろうか❓　日本から直行便で5時間というアクセスの良さもあり、リゾートホテルに滞在して自然を体験するネイチャー・ツアー（ジャングル、ロングハウス体験など）が盛んである。あるいはダイビングなどのマリンスポーツを楽しむ人や、東南アジア最高峰で、世界遺産にも登録されたキナバル山（4095m）登頂を目指す人も多い。また森林の伐採・火災に問題意識を持って、サラワク州への植林ツアーに参加する人も増えている。
　マレーシアの標準時間はこの東マレーシアを基準にしている。
　民族構成は、西マレーシアではマレー系65%、中国系30%、インド系5%で、原マレー系（オラン・アスリ）は1%以下だ。それに対して東マレーシアでは、マレー系と原マレー系とで75%近くを占めている。中国系は

158

約20％、インド系は1％以下である。サバ州では原マレー系のうちカダザン／ドゥスン族、バジャウ族、ムルット族だけで45％。サラワク州ではイバン族、ビダヤ族、メラナウ族だけでやはり45％を占める。

列強の進出

この地は5～6世紀頃から中国とのつながりがある。9世紀頃からはブルネイが支配地を広げてきた（ボルネオの語源はブルネイだという）。15世紀には明から鄭和の船団が寄港し、16世紀にはマゼランの部下一行が立ち寄っている。その後18世紀半ばにはイギリスが、19世紀半ばにはオランダが進出、1891年に両国政府により境界線が確定された。現在のサバ州は英国北ボルネオ会社（1878年設立、1882年から北ボルネオ特許会社）の支配、サラワク州はイギリス人冒険家、ジェームズ・ブルック（1803～68）が地元民反乱鎮圧を条件にブルネイ王から得た土地にブルック王国を築いていた。ラブアン島は海峡植民地の一部であった。この構造は日本軍の占領まで続いた。

こうした列強の進出は、北ボルネオの木材と関連がある。どこでどのように使われたのか❷　19世紀末に欧米列強は中国大陸に進出して、多くの利権とともに鉄道敷設権を獲得した。この鉄道建設を背景にボルネオの木材需要が急速に高まったのだった。

東マレーシアには日本人墓地6ヵ所がある。それはなぜだろうか❸　この地に日本人が進出したのは明治時代の初期、日本が貧しい時期だった。最初に渡航したのはいわゆる「からゆきさん」だった（彼女たちのことを記したのが山崎朋子の『サンダカン八番娼館』）。彼女たちが南洋へ渡航したのをかわきりに、その後農場経営者や商人、労働者などが続き、日本人社会が形成されていった。日本に帰ることができないままに命を終えた人が少なくない。墓はサンダカン、コタ・キナバル、タワウ、ラブアン、ミリそしてクチンに残っている（1章参照）。

日本の占領

戦争を始めると日本軍はミリとセリア（現ブルネイ）から上陸し、ミリに軍政本部を設けた。この上陸作戦にあたっては、商社の現地駐在員を装った人物があらかじめ調査を行うなどの準備をしていた（同様の行動はマレー半島でも行なわれた）。占領後、イギリス領は陸軍、オランダ領は海軍が支配する。1942年5月、前田利為陸軍中将がボルネオ守備軍司令官として着任。ミリに軍司令部を置き、東海岸州（東海州）、西海岸州（西海州）、ミリ州、

セピロック・オランウータン保護区（サンダカン）

切手の図案に使われたキナバル山

クチン州、西部州（のち海軍管轄になったので代わりにシブ州）の5つに分割統治した（1942年7月に、ミリの軍司令部はクチンに移駐した）。

日本軍がボルネオを重視したのはなぜだろうか❓「帝国陸軍全般作戦計画」（1941年11月）によると、占領地拡大のための航空基地を作ることと、資源が乏しい日本としては、油田が重要だったことが読み取れる。

日本のきびしい軍政

日本の軍政下において、華僑に対する政策は東南アジアの他の地域と同様に厳しかった。西マレーシアで行われた「奉納金」という強制寄付がここでも実施された（北ボルネオ100万ドル、サラワク75万ドル）。西マレーシア同様、国際法では個人財産を没収できないため寄付という形で「合法的」に財産を取りあげたのであった。また人頭税（華僑1人あたり6ドル）も実施された。

東マレーシアではサンダカン、コタ・キナバル、ケニンガウ、ミリに華僑虐殺追悼碑が建っている。コタ・キナバルには、日本軍の圧政に対して地元の華僑とマレー人が協力して地下組織（「キナバル・ゲリラ」と呼ばれる）を結成して反乱を起こしたことから、日本軍に報復処刑された事件（Double Tenth Revolt／双十節事件／アピ事件などと呼ばれる）があり、その追悼碑もある。このほかサンダカンには1945年5月に日本軍によって集団処刑された華僑指導者たちの追悼碑が建てられている。

日本の敗戦——戦犯裁判

第2次大戦末期、日本軍は激しさを増す連合国軍の空爆によりサンダカンから撤退する。その際、連合国軍捕虜を徒歩で移動させて、多くの犠牲者を出した（「サンダカン死の行進」と呼ばれる）。またコタ・キナバルから南西120kmに位置するブルネイ湾のラブアン島では、連合国軍が総攻撃をかけて日本軍をほぼ全滅させた。この戦闘では双方に多くの犠牲者が出たので、連合国軍墓地と日本軍追悼碑の両方がある。東南アジアで日本軍と交戦したのは、イギリス軍だけではない。オーストラリア軍やインド軍も数多く戦火を交えた（オーストラリアでは現在も対日戦争の資料や書籍が発行されている）。このため戦犯裁判は、コタ・キナバルではイギリスにより、ラブアン島ではイギリスとオーストラリアによりそれぞれ行われた。

日本の敗戦ののち、イギリスの支配が1963年まで続く。

日本人墓地の「からゆきさん」の墓

サバ州観光パンフレット。「SandakanDay」の模様が掲載されている。

マレーシア連邦成立の事情

1957年8月に発足したマラヤ連邦に、現在の東マレーシアが加わって1963年9月マレーシア連邦が発足した。この加入協議の際にサバとサラワクに対する特別保障協定が作られ、その独自性に一定の配慮がなされている。なぜ海を隔てた東マレーシアはマラヤ連邦と合体したのだろうか❓ これは東マレーシア側には植民地を脱却したい意向があり（当初は反対だった。ブルネイは結局参加せず）、他方マラヤ連邦側にはマレー系人口の確保（加入されないと華人人口の方が多くなる）によりマレー人優位の国家作りを目指し、また冷戦下での共産主義を抑制したいという思惑があった。

現在の日本との関係

日本とは経済的な結びつきも強くなっている。どのようなモノが日本へ輸出されているのだろうか❓ サバ州からはパームオイル・合板（現在サバ州から原木は原則輸出禁止となっている）・原油などが、サラワク州からは液化天然ガス・原油・丸太などが日本に輸出されており、日本が最大輸出先となっている。マレーシア全体では日本との貿易は輸出入いずれも10位程度なのと比較して、日本との結び付きの強さがわかる。ただし、一次産品依存の輸出体制から脱却するため、パームオイルや液化天然ガスなどを輸出の主力に移そうとしている。

東マレーシアは、近年観光客誘致に力を入れており、日本からのパッケージツアーも増えている。2010年からはマレーシア航空が羽田からコタ・キナバルへの直行便を就航させた。

戦争の記憶

日本との経済関係が一段と強まっている東マレーシアに、戦争の記憶が新たに刻まれている。地元紙「Daily Express」（2006年11月15日 付）は、サンダカン市が戦争遺跡を観光の目玉の1つにすることを報じている。また、この地は日本軍とオーストラリア軍との交戦が多かったので、オーストラリアの元軍人グループが活動し、多くの記録をホームページに掲載している。彼らの記念行事は戦後50年を機に活発化している。これは戦争の記憶を次の世代に伝えたいという意思の表れでもある。ここに、もう1つの8月15日がある。

また、日本軍兵士も、現地を知らない軍司令軍部の命令を受けて、ジャングルを長距離移動させられ、多くの犠牲者を出した。さらに民間日本人も戦闘の波間に翻弄されて多くの犠牲者が出た（証言を元にした戦記文学作品として豊田穣『北ボルネオ死の転進』集英社文庫、1987年などがある）。他方、開戦直後にイギリス軍やオーストラリア軍に連行された日本人に対して虐待があったという。戦争がどのような目的で起こされ、苦しむのは誰なのか、ということを見据えたい。　　　（SU）

■日本とボルネオの戦時関係史■

1941（昭和16）年
12月8日　アジア太平洋戦争勃発
12月16日　日本軍、ミリ・ブルネイに上陸
12月18日　ミリで軍政開始
12月25日　クチン占領

1942（昭和17）年
1月1日　ラブアン島占領
1月8日　ジェッセルトン（コタ・キナバル）占領
1月19日　サンダカン占領
1月24日　タワウ占領
2月10日までに蘭印ボルネオ占領
4月6日　前田利為陸軍中将、ボルネオ守備軍司令官に任命（5月着任、9月搭乗機が行方不明に）
7月7日　シンガポールから1500人のオーストラリア兵捕虜、サンダカンに到着

1943（昭和18）年
3月　北ボルネオ守備兵力を泰緬鉄道の建設・警備へ派遣。残る守備兵力は約800人
4月　オーストラリア兵（750人）・イギリス兵（500人）捕虜がサンダカン到着

7月　「サンダカン事件」発覚
10月9〜10日　ジェッセルトンで双十節事件（アピ事件）発生
10月23日　蘭印・ポンティアナ有力者検挙

1944（昭和19）年
3月27日　第7方面軍が新設ボルネオ守備軍下に
9月4日　ボルネオ守備軍、南方軍直轄に
9月18日　ボルネオ守備軍、第37軍に改編
10月14日　連合国軍、サンダカン爆撃

1945（昭和20）年
1月17日　米軍、サンダカン空襲
1月26日　「サンダカン死の行進」開始（5月29日、7月下旬にも）
5月27日　サンダカンで華僑有力者処刑
6月10日　オーストラリア第9軍、ラブアン・ブルネイ上陸
6月20日　ラブアン島で日本軍組織的抵抗終了
8月15日　日本の降伏
9月9日　第32軍クチンで投降

＊オーストラリア戦争メモリアル………………… http://www.awm.gov.au/
　　　　主なオーストラリア元軍人組織ホームページ
＊ Children&Families of Far East POW……… http://www.cofepow.org.uk/
＊ Far East POW Community……… http://www.fepow-community.org.uk/
＊ Borneo POW Relatives Association……… http://www.borneopow.info/

コラム

「徴用作家」里村欣三とボルネオ

　20世紀に入り総力戦化した戦争体制は、第一次世界大戦時にイギリスをはじめとして無数の戦意高揚ポスターを生み出した。第二次大戦時の日本では、ナチス・ドイツの宣伝中隊にならって新聞記者や通訳、映画制作などの形で軍隊に同行する作家たち、「徴用作家」が多数動員されるようになった。東マレーシア（ボルネオ）へ渡った「徴用作家」が、里村欣三と堺誠一郎だった。彼らはマレー半島配属時にボルネオ軍司令官前田利為中将に、「未開」というだけでなくボルネオの「正しい事情」を世間に伝えてほしい、と言われたという。その後里村は『河の民』、堺は『キナバルの民』を、いずれも1943（昭和18）年に発表した。

　ここでは里村のことを紹介する。里村は1902年に岡山県の瀬戸内海に面する町日生に生まれた。中学中退後、職工などさまざまな仕事に就き、22年に入隊したが、水死を偽装し脱走して満州を放浪した経歴を持つ。その後前川二亨という本名を隠して、里村欣三の名で『文芸戦線』に「プロレタリア作家」として登場する。帝国主義や軍国主義に社会全体がおおわれていく中で、下層民衆の視線から次々とルポルタージュや小説を発表した。

　しかしやがて家族を持ち、子供の小学校入学が近づくと、脱走による無戸籍発覚が子供の不利益になると心配し、自首する。再び徴兵検査を受けて兵役に復帰することでなんとか収まった。

　1931年12月、雑誌『改造』の特派員として満州へ派遣された。里村は列車内でのある体験を記している。中国人を見下した日本の将校の傲慢な態度に内心憤慨しつつ、侵略に大きな抵抗もせず、無関心に見える中国民衆に、「抵抗のない、無限の抵抗」をみたと。

　里村はその後、台湾へ行き、さらにわざわざ危険なフィリピン戦線に志願して従軍した。修羅場をくぐりぬけてきたが、野営キャンプで作戦会議に顔を出したときに空爆で一命を落とす。

　里村は、「転向」したのか、時代に「誠実」であろうとしたのか、あるいは彼なりに（当時の作家たちも含めて）「したたか」に生きたのか。里村は、軍人の理想像をあえて書くことで、日本の置かれている問題点を良心ある人に届けようとしたのではないか、と堺は示唆している。

　ボルネオの経験は、里村に安らぎと、生きる力を与えた。里村は、ボルネオで１人の日本人として国家を背負わずに原住民や華僑と付き合い、「自分を試す」と書いていた。

　岡山県備前市にある加古浦歴史文化館文芸館には、里村欣三ブースがあり彼の足跡を知ることができる。（SU）

〈参考文献〉
高崎隆治『従軍作家　里村欣三の謎』
　梨の木舎、1989年

▶里村欣三
（1902〜1945年）

2　コタ・キナバル
Kota Kinabalu

アクセス：羽田・関空から直行便がある。約5時間。クアラルンプールからは飛行機で約2時間25分。

コタ・キナバル市街図

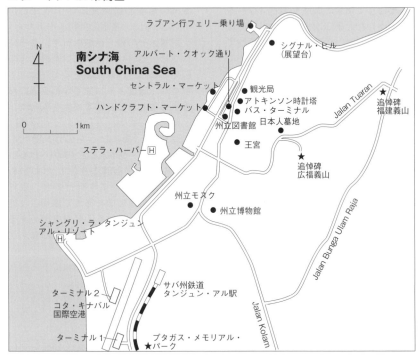

戦争の際の空襲で大きく都市機能を破壊されたサンダカンに代わり、コタ・キナバルがサバ州都となった。現在人口約30万人、日本（羽田・関空）から直行便（マレーシア航空）があり、東マレーシアではアクセスのもっともいい都市だ（韓国からアシアナ航空も就航）。戦前は、イギリス北ボルネオ会社副頭取のイギリス人ジェッセルの名からジェッセルトン、華僑からは祭りの爆竹が盛んなことから亜比／Api（マレー語で火の意）と呼ばれ、日本軍は「アピ」としていた。

サバ州鉄道（北ボルネオ鉄道）。ボーフォート駅にて

19世紀末から「からゆきさん」を始めとして日本人が移住するようになったため、当時から日本人墓地が造成されていた。かつてはゴム栽培、近年では木材貿易などに従事する日本企業も増えて、滞在する日本人も増えたことから日本総領事館がおかれ、日本人会が設立された。1983年には日本人学校も設立された。

また天然ゴム運搬のため1896年に敷設されたサバ州鉄道は、現在では観光客用のSLを走らせ人気を集めている。街の中心部には大きな州立モスクやショッピング・センターが建つ。

この地では「キナバル・ゲリラ」による日本軍襲撃事件があり、その報復で多くの人々が犠牲になった。

コタ・キナバル空港はマレーシア航空用のターミナル1と、近年台頭してきた格安航空会社エア・アジア用のターミナル2がある。ターミナル1から400mほどのところに、プタガス・メモリアル・パーク（神山遊撃隊記念公園）がある。このモニュメントには、「キナバル・ゲリラ」の活動と犠牲者氏名が英・中・マレーシア語で記されている。公園の正門左手にはこの公園を整備するに至った経緯の説明板がある。

市の中心部にあるサバ州観光局ビル（1916年建設）は、連合国軍の空襲でからくも残った3つの建物の1つで、現在はツーリスト・インフォメーションとして利用されている。また第1次・第2次世界大戦やエマージェンシー時に犠牲となったオーストラリア兵追悼碑が建っている。中華総商会前の通りは、キナバル・ゲリラ指導者の名をとってアルバート・クオック通りと名付けられている。

州立モスク近くにあるサバ州立博物館は興味深いが、歴史展示は少ない。むしろフェリー・ターミナル内に大きく展示されている、古い街並みの写真の方が歴史を語ってくれる。また06年に新装した州立図書館には現地出版物なども所蔵されており、コピーサービスなども利用できる。

広福義山の「潮汕同郷蒙難紀念碑」

広福義山の「キナバル・ゲリラ」追悼碑

中心部から、トゥアラン通りを車で10分ほど郊外へ向かうと左側の小高い丘に日本人墓地がある。また墓地の少し手前の右の道を300mほど行くと広福義山があり、「キナバル・ゲリラ」犠牲者碑（合同郷先人霊碑暨）と、日本軍の犠牲になった人々の追悼碑（「潮汕同郷蒙難紀念碑」1953年建立、2002年改修）が建っている。また、日本人墓地からトゥアラン通りをさらに車で5分ほど行くと、右手に福建義山があり（大きな駐車場がある）、その中腹にも追悼碑（「莆田同郷蒙難紀念碑」）がある（ただし場所はわかりにくく、墓地の管理人に聞く必要あり）。「キナバル・ゲリラ」への報復として、日本軍はコタ・キナバル近辺の島々（ガヤ島など）を襲撃して、住民を見せしめに虐殺したので、そうした島々にもモニュメント等がある可能性が考えられる。　　　　　　　　　　（SU）

福建義山の「莆田同郷蒙難紀念碑」

空襲で焼け残った建物の1つ、現サバ州観光局ビル

コタ・キナバル市立モスク

166

コラム

キナバル・ゲリラの蜂起

　日本軍の厳しい支配に対して、華僑アルバート・クオック（Albert Kwok／郭益南）をリーダーとして地元華僑・マレー人あわせて約300人が地下組織「キナバル・ゲリラ」（Kinabalu Guerilla）を結成した。彼らは連合国軍の反攻を待って蜂起しようとしていた。しかしボルネオ守備軍が現地華僑を新たに徴発しようとしたことでこれを待ちきれなくなった。組織弱体化の懸念もあった。

　1943年10月9日深夜、彼らはコタ・キナバルで独自に反乱を起こして、民間日本人を含む日本軍を襲撃、約50人を殺傷した。クオックは近海でアメリカ軍の指導するフィリピン抗日運動とも接触するなどして、抗日運動を指揮した。日本軍はただちに関係者約400人を逮捕、44年1月21日にコタ・キナバルで176人を処刑（それ以前にも96人を処刑）し、131人をラブアン島に移送し酷使した（うち117人死亡）。以後、日本軍はこうした動向に過敏になり、同月23日には蘭印のポンティアナで現地有力者を大量検挙し処刑した。コタ・キナバル、ポンティアナともに第2次検挙も行われた。

　現在は、処刑された場所に追悼のための記念公園が造られ、79年にはラブアン島からの遺骨も合葬された。サバ州政府主催で毎年1月21日に追悼式典が行われており、この式典は現地の観光パンフレットでも紹介されている。

（SU）

◀アルバート・クオック通りの標識

◀キナバル・ゲリラ処刑の地につくられた神山游撃隊紀念公園（プタガス・メモリアル・パーク）

3　ケニンガウ Keningau

アクセス：コタ・キナバルから120km。ミニバスで所要約2時間15分

卓領事曁同難四人紀念碑

ケニンガウ旧飛行場の一角に放置されたままの「戦闘機」の残骸。ステファン・R・エバンズの"Sabah Under The Rising Sun Government"によると、日本軍のゼロ戦の残骸だという。

　コタ・キナバルからミニバスに乗り、木材を満載したトレーラーとすれ違いながら急勾配の上り坂を揺られていくと、高原の町ケニンガウに着く。過ごしやすい気候のため、ホテルや食堂、ファストフード店や24時間営業のGSがある。地元住民向けのリゾート施設もある。日本軍の将校は、東南アジア各地でイギリス軍同様に比較的涼しい高原に滞在した。ケニンガウもそうした場所の1つだった。
　戦争末期に連合国軍の攻撃が激しくなると、日本軍は東マレーシア各地で、影響力の強い華僑の虐殺を再開した。コタ・キナバルに捕らえられていた中華民国の卓領事と4人の欧州人は、ケニンガウに連行される途中何ヵ所かで樹木にメッセージを刻んだ。戦後、現地にいた台湾人によって発見されたものの、日本側は、戦犯裁判の証拠にならないように消してしまったという。日本側は5人を連合国軍の空襲による犠牲者であると偽証した。
　1945年7月6日早朝、この5人は連合国軍航空機に合図を送ったという理由で射殺されていた。彼らの追悼碑、「卓領事曁同難四人紀念碑」が街中の州道2号線沿いにある。
　また同月中旬には現地住民が日本軍襲撃事件を起こしている。こうした出来事は日本軍が現地で支持されていなかったことを明白に示している。
　バス乗り場近くにある素朴な作りの市場には、ガムラン売りもやって来る。「時どき鉦がゴンゴンと打ち鳴らされる。それは踊りに使う鉦を、買い手が鳴らしてみているのであった」と堺誠一郎が『キナバルの民』で描写した、1942年のケニンガウの様子を彷彿とさせる光景がいま見られる。　　（SU）

4　サンダカン Sandakan

アクセス：クアラルンプールから飛行機で約 2 時間45分。コタ・キナバルから飛行機で約40分、バスで約 8 時間、330km。

サンダカン市街図

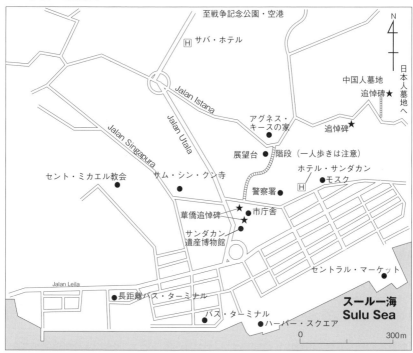

　日本では『サンダカン八番娼館』で知られるサンダカンは、中国、フィリピンやシンガポールを結ぶ中継港として早くから繁栄し、北ボルネオの首都としての役割を果たしていた。戦後は1970年代まで木材輸出港として、日本や中東への船が盛んに寄港していた。現在でも貿易や観光で人々が訪れる。　また、フィリピン南部とは高速船で 2 〜 3 時間という至近距離にあることから、フィリピン人労働者も多い。郊外には親と離れたオランウータンの子を飼育して、自然に戻すセピロック・リ ハビリテーション・センターがある。

サンダカン事件

　1942年から43年にかけて、日本軍は、シンガポール・チャンギ捕虜収容所からオーストラリア兵とイギリス兵の捕虜約2700人をサンダカン収容所に送り、軍事用飛行場の造成に従事させたが、マラリアや赤痢、酷使・虐待などにより多くの犠牲者を出した。

　43年 7 月、連合国軍捕虜が地元住民の協力を得て、通信機や食糧、薬品などを入手していたことが発覚し、関係

者はクチンで裁かれ9人が死刑となった。これを日本軍は「サンダカン事件」と呼んだ。

サンダカン死の行進

1945年に入ると日本軍は連合国軍上陸を西海岸と見定め、また連合国軍がサンダカンを空爆し始めたことから、兵力を西海岸へ移した。そのさい、捕虜の移動では、脱走を防ぐために捕虜に険しいジャングルを歩かせ、多くの犠牲者を出した。

戦後、かつての捕虜収容所の一部は戦争記念公園として整備された。追悼碑、展示室、当時使用されていたボイラーや建設用車輌などが展示されている（説明パンフレットはオーストラリア復員軍人省作成）。展示室は、祈りの場と、史実の展示という性格を持ち、「サンダカン死の行進」についても多くの説明がある。

この追悼碑前では、1995年から毎年8月15日に追悼行事「サンダカン・デー」が、サバ州と元捕虜団体の共催で行なわれている。日本との交戦国オーストラリアの兵士に多くの犠牲者があったことは意外と忘れられがちだ。

アグネス・キースの家

サンダカンの市街地をのぞむ丘陵地には、2004年に修復・公開された「アグネス・キースの家」がある（p.177のコラム参照）。

同じ丘には広大な面積を占める中国人墓地があり、その先に日本人墓地がある。「からゆきさん」関連の書物を読んで訪問する日本人も多い。この日本人墓地への途中に2つの追悼碑が建っている。1つは海を見下ろす眺望のいい場所に建てられている「壹九四五年五月廿七殉難華僑紀念碑」で、敗戦間近に劣勢となった日本軍が連合国軍の艦砲攻撃に対する報復の名目で、1945年5月27日に華僑指導者層とその関係者（インド人、マレー人、イギリス人商人など）28人を殺害した事件のものだ。もう1つの追悼碑「列姓列位巳故同郷之位」は、福建義山の東屋にある。

丘陵から百段階段を下りると、サンダカン市庁前広場に出る。ここには華僑追悼碑が2つ建っている。この地域全体の華僑虐殺追悼碑で、終戦直後の碑（再建）と、1995年に建立されたもので、文面は同一になっている。(SU)

戦争記念公園の説明板には酷使された連合国軍捕虜の様子が記されている

中国人墓地入口にある「壹九四五年五月廿七殉難華僑紀念碑」

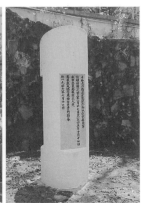

市庁舎前広場の華僑追悼碑

コラム

サンダカン死の行進

　1944年11月の大空襲でサンダカンの制空権を握った連合国軍は、以後連日のように空爆を行なった。日本軍はこの地を放棄して西海岸方面への移動を決定し、捕虜のオーストラリア・イギリス軍兵士もまた強制移動させられた。彼らは、捕虜収容所キナバル山南麓ラナウまで、250kmのジャングルを移動させられ、多くの犠牲者を出した。

　「死の行進」は1945年の1月末、5月末、7月の3回にわけて実行された。人数には諸説あるが、1回目は455〜470人が、2回目約550人が、3回目は75人がサンダカンを出発させられたと考えられている。

　行進途中に過労・病気で倒れたり、時には刺殺・射殺による犠牲者が多数出た。運良くラナウに到着しても、また引き返して荷物運搬を強いられた者もあり、日本の敗戦時には生存者はわずか6人だった（うち1人は61年に自殺。PTSD心的外傷後ストレス障害が原因とされる）。93年にはオーストラリアのキーティング首相が、自分の叔父がこの行進で死んだことを明らかにした。ちなみに、この行進には軍人以外の民間日本人もともに移動し、同じくその途中で多くの犠牲者を出した。

舞台「サンダカン・スレノディー」
　「サンダカン死の行進」から生還者の子である作曲家ジョナサン・ミルズが、「死の行進」の史実を風化させないために交響曲を作った。そしてシンガポールを拠点とする現代演劇の演出家オン・ケンセン（劇団シアターワークス芸術監督）がこの交響曲に触発され、「サンダカン・スレノディー」として舞台化した。2004年にシンガポール、シドニー、メルボルンなどでワールド・プレミアムとして上演された。日本からは五條雅之助（舞踏家）が出演した。オンは日本でも、戦争をテーマにしたワークショップ形式の舞台制作に取り組んだ。また1994年より異文化交流型ワークショップ「フライング・サーカス・プロジェクト」を組織し、2005年の横浜トリエンナーレには東南アジアの芸術家たちとともに参加した。
（SU）

◀ドン・ウォール
"Sandakan The Last March"
サンダカンの空港の書店などで売られている

▲シアターワークスのホームページから

5　クンダサン Kundasang　タワウ Tawau

アクセス（クンダサン）：コタ・キナバルからミニバスで約120km。所要約2時間。
アクセス（タワウ）：コタ・キナバル、サンダカンからいずれも小型飛行機で40分

クンダサン

「サンダカン死の行進」の目的地、ラナウの西20kmの地点にあり、天気のいい日にはキナバル山がその雄大な姿を現す高原の町だ。町なかの道路沿いには果物を売る露店が並んでいる。町の中心を通る街道から北側300mほど入った右手に、連合国軍戦争記念公園（Kundasang War Memorial）がある。ここは「死の行進」の犠牲者追悼の場で、オーストラリア・イギリス両国軍兵士の遺族と復員軍人会代表が参列して追悼式典が行われている。

入口のプレートには「この記念公園はサンダカン捕虜収容所の1800人のオーストラリア兵と600人のイギリス兵、サンダカンからラナウへの3回の行進者、そして彼らを助けて殺された多くのサバ州の人々に捧げる」とある。日本については直接ふれていないが、公園内の他の説明板には記されており、史実を知ることができる。

オーストラリア区、イギリス区、ボルネオ区に区画され、オーストラリア区では犠牲者の名前が掲示されている。入口近くの小さな展示施設では、犠牲者の遺影や「死の行進」の新聞記事などが掲示されている。

タワウ、日本人入植者の足跡

インドネシア領に近い、東海岸の町で、シパダン島など有名なダイビングスポットが多く、日本人もよく訪れる。

市内のタンジョン・バトゥ通りには、1918年に造られた日本人墓地があり、10年頃からプランテーションを多角的に展開していた「日産農林」関係者が埋葬されている。

近く油ヤシの実から油を搾った残りかすの繊維を利用した、世界初の製紙事業がスタートする予定だ。　（SU）

クンダサン、連合国軍戦争記念公園の入口

公園内の小さな建物には「死の行進」の展示がある

6　ラブアン島
Pulau Labuan

アクセス：クアラ・ルンプールから飛行機で2時間20分。コタ・キナバルからは南へ120km、飛行機で25分、スピードボートで約4時間。ブルネイから約50km。スピードボートで約1時間

サレンダー・ポイント

英連邦戦没者墓地のインド兵追悼碑

日本は前田島と呼んだ

　ラブアン島はボルネオ島の北西部にあり、州都コタ・キナバルから南へ120kmに位置する小さな島だ。地名はマレー語の「投錨地」（Labohan）に由来し、交易に便利な港であったことがわかる。空港の近くには日本人墓地がある。

　1941年12月23日、日本軍は島に上陸し、9日後に攻略した。翌年5月には北ボルネオ守備軍司令官に前田利為陸軍中将が着任した。その後、搭乗機が墜落し、島は「前田島」と改名された。

　日本軍は同年7月から、「ジャワ島から連行した労働者を使役して」（空港にある政府観光局設置の説明板より。中国語では「日軍在爪哇強征勢工」）軍用滑走路を建設した。

戦犯裁判の地

　「双十節」事件（1943年10月10日）で逮捕されたキナバル・ゲリラの一部131人は、ラブアン島に連行されて滑走路建設に酷使された。そのうち犠牲者117人の遺骨は、のちにコタ・キナバルの記念公園に移葬された。

　1945年6月10日、オーストラリア軍第9師団による上陸作戦と総攻撃が始まる。この戦闘は激しいもので、市街地のほとんどの建物が破壊され、双方に大きな犠牲者が出た。投入された兵力はオーストラリア・イギリス軍が2万9000人、日本側は8800人。また、連合国軍の死者は1400人、地元ゲリラ軍に死者1800人を出した。9月9日に日本軍降伏の式典が行われ、12月にはイギリスとオーストラリアによりそれぞれ戦犯裁判が行われた。

　現在、島の西部には、平和公園となっている日本軍の降伏地（サレンダー・ポイント）に記念碑や説明板があるほか、日本側が建立した「ボルネオ戦没者の碑」や「平和塔」がある。また島の中心地の北側には英連邦戦没者墓地があり、オーストラリア軍人、イギリス軍人（インド人を含む）など計3908人が埋葬されている。　　（SU）

コラム

サバ州の幼児教育・保育基盤整備プロジェクト by POCOS

POCOS（Partners of Communities Organization）は、東マレーシア（ボルネオ島北部）のサバ州で20年以上にわたり、先住民共同団体支援に取り組む非政府組織（NGO）です。POCOSは、村落における幼児教育・保育の基盤整備を活動の柱の1つとして、1966年以来州内17村で幼稚園の運営を支援するだけでなく、指導者・保育士の研修プログラムも実施しています。

POCOSの幼児教育・保育基盤整備プログラムの一環として、1997年に設立されたのがカランプン村の幼稚園です。この村は、州都コタ・キナバルの南方、幹線道路を約120km走った先にあるケニンガウという町から、さらに12kmほどの距離にあり、ムルット・パルアンと呼ばれる先住民250人ほどが居住しています。村民は代々、狩猟と採集を基本とする生活を送っていましたが、近年は男性が都市部に出稼ぎに出たり、近隣の油ヤシ・プランテーションで労働者として働くようになりました。とはいえ、カランプン村住民の大半はマレーシアで最貧困層（農村部の場合、世帯当たりの所得が月666リンギ［約1万7700円］以下）に分類されていますから、正式な研修プログラムを受講した指導者・保育士が村落内で児童の指導に当たることで、就学前児童を持つ世帯の経済的負担は大幅に軽減されるのです。また、午前7時30分から11時30分までを幼稚園で過ごす4～6歳児にとっても、同じ村落出身の先生2人が母語であるムルット語を介して行う授業は馴染みやすく、隣接する果樹の育苗所で母親たちが作業しているのも安心です。

2009年にはマレーシアの金融グループCIMB系のCIMB基金から3万リンギ（約80万円。うち2万リンギは幼稚園整備、1万リンギは女性たちの育苗所向け）の助成を受けたカランプン村ですが、幼稚園の維持や将来の共同体プロジェクトの立ち上げに向け、苗や加工食品、手工芸品の販売を通し、資金源の多様化を図っています。

（中善寺礼子）

▲母親たちは果樹育苗所で働く

▲カランプン村の幼稚園。同じ村出身の先生がムルット語で子どもたちに教える

7　クチン Kuching

アクセス：クアラ・ルンプールから飛行機で約1時間40分。コタ・キナバルからは飛行機で約1時間20分。

クチン市街図

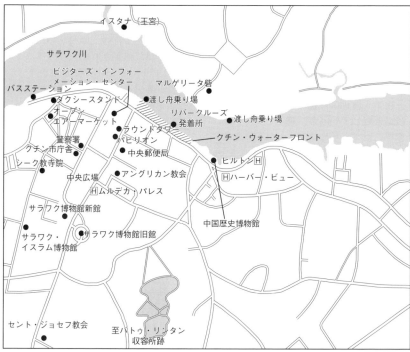

　クチンはサラワク州の州都である。サラワク川沿いに形成された美しいこの町は、都市機能が川で南北2つに分かれる。したがって、華人が多い北側と、マレー系が多い南側と、1つの市に2人の市長が存在する。クチンはマレー語で「猫」という意味を持つ。町中には猫のオブジェがいくつもあり、猫博物館もある。毎年8月には「ネコまつり」が開催される。

　川沿いの遊歩道には町の歴史を示すプレートがはめ込まれている。日本統治時代を説明するプレートもある。日本はこの町を1941年12月25日から、3年8ヵ月占領した。

　市内には前述の猫博物館をはじめさまざまな博物館がある。歴史を学ぶのに見ごたえがあるのはサラワク博物館と中国歴史博物館だ。

　日本占領時代の建物としては、サラワク博物館が軍事務所、教育広報サービス事務局がプロパガンダのための情報局として、裁判所はミリから移駐した軍司令部に、イスタナ（王宮）は軍司令官官邸として使用されていた。イギリス軍が建造して日本軍も使用したトーチカも町中に残っている。

バトゥ・リンタン収容所跡

　日本の占領下、連合国軍兵士の抑留所と民間人の収容所が置かれた（『それでもぼくは生きぬいた』シャーウィン裕子著　梨の木舎　2009年、および『三人は帰った』参照）。およそ3000人の兵士と民間人がいた。強制労働、乏しい食料と医薬品、そして虐待により多くの人が亡くなった。植民地出身の台湾人捕虜監視員がＢＣ級戦犯に問われてもいる。

日本人墓地

　日本人墓地は戦後になって現在の場所に移転しているが、建てられている墓標には「からゆきさん」や日本軍関係者のほか、日沙商会（ゴム園経営などを行ったクチン商会がのちに神戸の鈴木商店の系列に入って改称した）関係者や、皇道産業焼津践団（「戦時統制経済下での鰹節製造業が打撃を受けた焼津町が町ぐるみで南方に活路を見出した結社」～望月雅彦『ボルネオに渡った沖縄の漁夫と女工』ボルネオ史料研究室、2001年）の碑がある。

　またクチンには、「サンダカン事件」で日本軍に処刑された人々のモニュメント（Heroes Grave）がセント・ジョセフ教会にあるが、他の土地にみられる華僑追悼碑は確認できていない。

（SU）

サラワク博物館

町中のいたるところにある猫のオブジェ

クチン日本人墓地の墓標

遊歩道にある歴史プレート

バトゥ・リンタン収容所での犠牲者を追悼するモニュメント

コラム

『三人は帰った』（アグネス・キース著）から読むボルネオの日本軍

　イギリス人アグネス・キースは、アメリカ人の夫の仕事（林務官兼農業監督）でサンダカンに滞在した。彼女は戦前、その体験記『風下の国　Land Below The Wind』を著した。長男が生まれた頃、ボルネオは日本軍に占領される。一家は当初サンダカン沖のバルハラ島の収容所、のちにクチン収容所へ移された。その間の経験を著したのが『三人は帰った　Three Came Home』で、1949年に日本語訳が出版された（2006年に新訳出版）。

　内容はクチン収容所長の「スガ大佐」とのやりとりが軸になっている。ワシントン大学卒だという彼の発言や行動を通じて、日本軍の将校は国際法を心得てはいたが、それよりも軍命を重視し、さらに現場判断で国際法違反を繰り返していたことがわかってくる。「最初のうち、日本軍は万国赤十字規則に従うのだと称して、毎月私たちの体重を量った。そのうちに皆があまりどんどん痩せるので……遂には量るのを全然止めてしまった」。こうして虐待・拷問もエスカレートしていった。

病み、疲れた捕虜

　伝聞ではあるが、日本軍がボルネオで残虐事件を起こしたことも書かれている。のちに「サンダカン死の行進」をさせられる一行について、「シンガポールから来た1500のオーストラリヤ兵が数日クチンに泊まるのだというデマが拡まった」「ボルネオの至る所で、何百、何千という病み、疲れ、衰えた俘虜たちが、疲れ果てて倒れるまで行軍させられ、斃れると頭を銃の台尻やシャベルでたたき割られたり、刀で切られたりして、埋めもせず路傍に腐るに任せてあった」とある。「サンダカン事件」についても、「サンダカンの2人の医者の細君たち（略）も来た。テイラー医師は豪州俘虜の脱走を助けた廉（罪）で憲兵隊に捕らえられていた」とふれている。

終戦間ぎわの処刑

　また日本軍が終戦間ぎわに処刑をしたことも出てくる。アメリカ帰国後に受け取った中華民国総領事夫人の手紙をもとに、「彼女の夫は休戦の5週間前にボルネオで斬首刑になった由である。」とし、さらに別の女性ベティー・ウェーバーの夫も休戦直前にボルネオで斬首刑になった話が記され、ケニンガウ事件を裏付けるものとなっいる（p.168参照）。

　キースは『三人は帰った』をつぎのことばで結んでいる。

　「戦時中、殺戮のために働くのと同じくらいに熱心に、平和な時にこの世を住みよい所とするためにわれわれが働くなら、やがて、世界は住みよい所となり、人間が人間を殺しあう理由は消え失せる」　　　　　　　　　（SU）

▲左は『風の下の国』2006年版表紙。最初の日本語版のタイトルは『ボルネオ——風下の国』だった。右は『三人は帰った』1949年版の表紙

8　ミリ Miri

アクセス：飛行機でクアラルンプールから2時間5分、コタ・キナバルから約40分、クチンから1時間、バスでブルネイから約5時間

「ボルネイ燃料工廠戦没者之墓」

ミリの追悼碑

黄華生先生の墓

　ミリはサラワク州第2の都市で、人口は約21万人。1910年に油田が発見されてから、石油産業を中心に発展してきた。
　周辺には約4万年前の旧石器が発見されたニア国立公園や、世界遺産に認定されたディア・ケイブなど洞窟群があるグヌン・ムル国立公園がある。近年、油田が市内から沖合海底へと移行したため、「オイル・タウン」から国立公園への入口としての「リゾート・シティ」への転換を図っている。また国連「Local Agenda 21」のパイロット都市として、環境に配慮した街づくりを進めようとしている。
　このように、ミリには油田があったため、日本軍は上陸地点の1つに選んだ。1941年12月16日に占領すると、軍政本部を置いた重要な場所であった。
　町中には日本軍に処刑された19人の華僑とのほかの9人（インド人とオーストラリア人）を合葬した「1945美里被難僑民公墓」がある。また、町の中心から北へ車で10分ほどのところの高校の敷地内に、1980年代に移設した墓碑「ボルネイ燃料工廠戦没者之墓」がある。ここには日本軍施設関係者のほか、日本軍に協力したマレー人、インドネシア人、インド人も葬られている。
　郊外のリアム墓地には、1945年7月17日に死亡した（他の場所同様、連合国軍が攻勢となったことから、日本軍により処刑されたと考えられる）広東出身の有力華僑の墓「粤邑殉難僑胞黄華生先生之墓」がある。　　　　　（SU）

参考文献

◆戦記

小堀凌雲『続ボルネオ秘録』三六八ボルネオ会、1996
防衛庁防衛研修所戦史部『南方の軍政』朝雲新聞社、1985
侘美 浩『コタバル敵前上陸』プレス東京、1968
防衛庁防衛研修所戦史部『マレー侵攻作戦』朝雲新聞社、1966
藤原岩市『F機関』原書房、1966

◆歴史・社会

泉田英雄『海域アジアの華人街』学芸出版社、2006
弘末雅士『東南アジアの港市世界』岩波書店、2004
弘末雅士『東南アジアの建国神話』山川出版社、2003
山本 節『ハリマオ』大修館書店、2002
望月雅彦『ボルネオに渡った沖縄の漁夫と女工』ボルネオ史料研究室、2001
高岩 仁『戦争案内／映画製作現場、アジアからの報告』映像文化協会、2000
池端雪浦『東南アジア史』山川出版社、1999
上東輝夫『東マレイシア概説』同文館、1999
荻原宜之『ラーマンとマハティール─ブミプトラの挑戦』岩波書店、1996
川崎有三『東南アジアの中国人社会』山川出版社、1996
萩原宜之『現代アジアの肖像14 ラーマンとマハティール』岩波書店、1996
疋田康行編著『南方共栄圏』多賀出版、1995
中野不二男『マレーの虎 ハリマオ伝説』文春文庫、1994
原不二夫編『東南アジア華僑と中国』アジア経済研究所、1993
中国新聞取材班『亜細亜からアジア／共生への道』中国新聞社、1993
林 博史『華僑虐殺／日本軍支配下のマレー半島』すずさわ書店、1992
石井米雄、高谷好一、前田成文、土屋健治、池端雪浦『東南アジアを知る事典』平凡社、1992
山下清海『東南アジアのチャイナタウン』古今書院、1987
ザイナル＝アビディン＝ビン＝アブドゥル＝ワーヒド編『マレーシアの歴史』山川出版社、1983
東京銀行編『横浜正金銀行全史』1983
ザイナル＝クリン編『マレーシアの社会と文化』勁草書房、1981
金子光晴『マレー蘭印紀行』中公文庫、1978
池端雪浦・生田滋『東南アジア現代史Ⅱ』山川出版社、1977
企畫院『華僑の研究』松山房、1939

◆華語・英語

Julitta Lim Shau Hua 『"PUSSY'S IN THE WELL』 The Sarawak Press Sdn.Bhd, 2005
陳冬和『日軍侵佔北婆羅洲血涙史』沙巴華文作家協会、2004
Bob Reece 『MASA JEPUN SARAWAK』 1998
Dato' HI Wrigglesworth 『Japanese Invasion of Kelantan in 1941』 Muzium Kelantan, 1991
Khoo kay kim 『Malay Society』 Pelanduk Publications(M)Sdn.Bhd, 1991
Stephen R.Evans 『Sabah Under The Rising Sun Gorvernment』 Tropical Press,1991
Kok Koun Chin 『MALAYA AND SINGAPORE 1400-1963』 Oxford University Press, 1988
Don Wall 『SANDAKAN THE LAST MARCH』 Natural History Publications, 1988（4th 1995）
林、駱編『馬来西亜華人史』留台聯總出版。1984
Maxwell Hall 『KINABALU GUERILLAS』 Borneo Literature Bureau,1962
南洋華僑籌賑祖国難民総会編『大戦与南僑』1947（2007 復刻）

マレーシア　略年表

日本：日本の出来事　**世界**：世界の出来事

6世紀ころ　マラッカ海峡が東西海上交易の主要ルートになる
7～14世紀　シュリーヴィジャヤ、スマトラ島東部中心にマレー半島まで支配
14世紀末　マラッカ王国始まる（マジャパイト朝の王族による）
1405～33年　鄭和の大航海（7回）
1414年　マラッカ王、イスラームに改宗
1416年　鄭和、マラッカ、クランタンなど訪ねる
1419年　マラッカ王、明に入貢しタイ侵略を訴える
1450年頃　マラッカ、アユタヤ朝支配から独立/**世界**コロンブス、米大陸に到達（1492）/**世界**ヴァスコ＝ダ＝ガマ、インド到達(1498)
1511年　ポルトガルのマラッカ占領。ジョホール王国建国/**世界**ポルトガル、セイロン占領(1518)/**世界**マゼラン艦隊、航海開始(1519)/**世界**ポルトガル人種子島漂着(1543)/**世界**ポルトガル、マカオ建設(1566)/**世界**イギリス東インド会社設立(1600)/**世界**オランダ東インド会社設立(1602)
1603年　ジョホール、オランダと同盟しポルトガルに対抗/**日本**江戸幕府成立(1603)/**世界**フランス東インド会社設立(1604)/**日本**島津氏、琉球王国征服(1609)
1615年　ポルトガル、マラッカ海峡でオランダに大敗/**世界**オランダ、バタビア建設(1619)
1641年　オランダ・ジョホール連合軍、マラッカを攻略/**世界**ウェストファリア会議(1648)
1667年　マレー半島の錫がアムステルダムに出荷/**世界**イギリス名誉革命(1688)
1712年　ジョホール王位継承戦争、ブギス族の勢力拡大/**世界**イギリス産業革命はじまる(18世紀後半)
1765年頃　ブギス族がスランゴール王家を創始
1771年　ミナンカバウ族（スマトラ）によりネグリ・センビラン連合成立/**世界**アメリカ独立宣言(1776)/**世界**フランス革命(1789)
1791年　フランシス・ライトがケダのスルタンとペナン割譲条約締結/**日本**ラクスマン、根室来航(1792)
1795年　イギリスがマラッカを占領
1800年　ネグリ・センビランがジョホール王国から独立
1813年　イギリス東インド会社の東南アジア交易独占撤廃/**世界**ウィーン会議(1814～15)
1819年　スタンフォード・ラッフルズ（英）がシンガポール領有協定獲得
1824年　英蘭条約調印、マラッカ海峡で勢力圏を区分。ジョホール王国分割される/**日本**異国船打払令(1825)/**世界**オランダ、ジャワで強制栽培(1830)
1832年　イギリス、「海峡植民地」の名称をはじめて使用
1833年　この頃からインド人労働者の移民始まる/**世界**アヘン戦争(1840～42)/**世界**太平天国の乱(1851～64)/**日本**日米和親条約締結(1854)/**世界**インド、セポイの反乱(1857)
1867年　イギリス、海峡植民地を直轄領とする/**日本**明治新政府成立(1868)/**日本**江華島事件(1875)
1877年　ゴムの苗木、ロンドンからシンガポールへ/**世界**イギリス領インド帝国成立(1877)/**日本**琉球処分(1879)
1881年　イギリス、北ボルネオ特許会社設立
1885年　ペラ州で鉄道開通/**世界**仏領インドシナ連邦成立(1887)/**日本**大日本帝国憲法発布(1889)
1894年　ジョホール王、近代的成文憲法制定/**日本**日清戦争(1894)
1895年　イギリス、マレー連合州を設置（1896年発足）。セランゴールでゴム・プランテーション開始/**世界**米西戦争(1898)
1899年　イギリス＝シャム国境条約（ケダ・クランタン・トレンガヌはシャム属領に）/**世界**フィリピン対米独立戦争。米、中国門戸開放宣言(1899)/**世界**義和団事件(1900)/**日本**日英同盟(1902)

180

1904年	イギリス、ケダに顧問配置/日本 日露戦争(1904)/日本 日仏協約、日露協約(1907)
1909年	英シャム協定で治外法権放棄と引替えにクランタン・トレンガヌ・ケダ・ペルリスが英領に
1910年	マレー人行政官制度導入/日本 韓国併合(1910)/世界 辛亥革命(1911)
1914年	イギリス、マレー非連邦州をつくる/世界 第一次世界大戦(1914～18)/日本 対華21ヵ条の要求(1915)
1916年	石原廣一郎、マレー入植。久原房之助、ボルネオ・タワウに入植/世界 ロシア革命(1917)/日本 シベリア出兵(1918)
1919年	石原廣一郎、鉄鉱脈を発見/世界 朝鮮3.1運動、中国5.4運動(1919)/日本 大戦恐慌(1920)/世界 国際連盟設立(1920)
1922年	マレー、シンガポールで共産主義運動始まる/世界 ソ連成立(1922)/日本 関東大震災(1923)/日本 治安維持法(1925)/日本 張作霖爆殺事件(1928)/世界 パリ不戦条約(1928)/世界 世界大恐慌おこる(1929)
1930年	南洋共産党、マラヤ共産党に改組。日本鉱業、トレンガヌで鉄鉱石採掘開始（ブキ＝ブシ）/日本 満州事変(1931)/日本 満州国建国宣言、5.15事件(1932)/日本 3月国際連盟脱退(1933)/世界 ドイツ・ナチス政権成立。米ニューディール政策(1933)/日本 2.26事件(1936)/日本 7月1日盧溝橋事件、日中全面戦争へ。12月日本軍、中国・南京を占領。以後日中戦争泥沼化(1937)
1938年～	華僑による抗日活動活発化し、トレンガヌ・ジョホールで鉄鉱山労働者スト、日貨排斥。シンガポールで「南洋華僑籌賑（ちゅうしん）祖国難民総会」、各地で「籌賑会」設立/世界 ミュンヘン会談(1938)/日本 5月ノモンハン事件(1939)/世界 独ソ不可侵条約。第二次世界大戦始まる(1939)/日本 9月北部仏印進駐。日独伊三国軍事同盟(1940)
1941年12月8日	日本陸軍、マレー半島上陸作戦。対米英戦争開始/日本 4月日米交渉始まる日ソ中立条約。日本軍、南部仏印に進駐(1941)/世界 独ソ戦はじまる。大西洋憲章(1941)
1942年1月31日	日本軍、マレー半島全域を占領
1942年2月～4月	日本軍、シンガポール、マレー半島各地で敵性華僑掃蕩作戦を実施。多数の中国系住民を殺害。また日本は東南アジアを占領下に置く。6月5日　日本軍、ミッドウェー海戦で敗北、戦局転換へ
1942年2月15日	日本軍、シンガポール占領、昭南と改称
1943年	日本、ペルリス・ケダ・クランタン・トレンガヌをタイに割譲。11月東京で大東亜会議開催/世界 イタリア降伏。カイロ会談、テヘラン会談(1943)/日本 7月サイパン島陥落、日本本土への本格的空襲へ(1944)/世界 連合国軍ノルマンディー上陸(1944)
1945年8月15日	日本、ポツダム宣言受諾。イギリス軍政の再開/日本 2月硫黄島陥落、3月沖縄戦はじまる、8月広島・長崎へ原爆投下、ソ連が中国東北部に侵入(1945)/世界 ヤルタ会談、ポツダム会談、国際連合結成(1945)
1946年1月	イギリス、マラヤ連合案発表
1946年5月	連合マレー人国民会議（UMNO）結成
1946年8月	マレー・インド人会議（MIC）結成/日本 東京裁判ほか各地で戦犯裁判はじまる(1946)/世界 チャーチル「鉄のカーテン」演説(1946)/日本 日本国憲法施行(1947)/世界 米、マーシャル・プラン(1947)
1948年2月1日	マラヤ連邦発足
1948年6月	マラヤ共産党武力闘争宣言、マラヤ連邦非常事態宣言（→1960年）/日本 南北朝鮮分裂(1948)/世界 第1次中東戦争。世界人権宣言(1948)
1949年2月	マラヤ中国人協会（MCA）結成/日本 ソ連原爆保有。中華人民共和国成立(1949)/世界 朝鮮戦争(1950)/日本 サンフランシスコ講和条約、日米安保条約(1952)
1954年10月	UMNOとMCAの連合にMICが参加、三民族の連盟党成立/日本 第五福竜丸被爆(1954)
1955年12月19日	マラヤ政府とマラヤ共産党、ケダ州バリンで会談
1955年7月	マラヤ総選挙で連盟党大勝、ラーマン首相就任/世界 アジア・アフリカ会議。ラッセル・アインシュタイン宣言(1955)/日本 国際連合に加盟

マレーシア　略年表

181

（1956）

1957年 8 月31日　マラヤ連邦、完全独立/世界第 1 回パグウォッシュ会議(1957)

1959年 6 月 3 日　シンガポール、マラヤ連邦の自治領として発足

1960年　国内治安法成立/世界「アフリカの年」(1960)/世界ベルリンの壁建設(1961)

1962年　シンガポールで「血債問題」が表面化/世界キューバ危機(1962)

1963年 9 月　マレーシア連邦発足。インドネシア・フィリピンと国交断絶/世界部分的核実験停止条約(1963)/日本東海道新幹線開業、東京オリンピック(1964)

1965年 8 月 9 日　シンガポール、マレーシアから分離独立/日本日韓基本条約締結、第一次家永教科書裁判(1965)/世界米、ベトナム戦争直接介入。インドネシア9.30事件(1965)

1966年　フィリピンと国交回復/世界国際人権規約(1966)

1967年　インドネシアと国交回復/日本第二次家永教科書裁判(1967)/世界核不拡散条約(1968)

1969年 5 月　KL で大規模民族衝突、14日非常事態宣言

1970年 3 月　第 2 代首相ラザク就任/日本大阪万国博覧会(1970)

1971年　マレーシア、「ブミプトラ政策」開始

1971年 2 月22日　マレーシア、非常事態宣言解除/世界ドル・ショック(1971)/日本沖縄、日本復帰、日中共同声明(1972)/世界米中共同声明(1972)/世界第 4 次中東戦争、→第 1 次石油ショック(1973)

1974年　田中首相東南アジア訪問、抗議デモ/世界ベトナム戦争終結(1975)

1976年　第 3 代首相フセイン就任/日本「福田ドクトリン」発表(1977)/日本日中平和友好条約調印(1978)/世界イラン・イスラーム革命。ソ連、アフガニスタン侵攻(1979)

1981年 7 月　第 4 代首相マハティール首相就任、「ルックイースト」政策/日本教科書検定問題（文部省が「侵略」を「進出」）(1982)

1983年　最高裁判所開設/世界米、グレナダ侵攻(1983)

1984年　ブルネイ・ダルサラーム独立/日本第三次家永教科書裁判(1984)

1985年　国産車プロトン生産開始、ペナン・ブリッジ開通/日本円高不況(1985)/世界ソ連ゴルバチョフ政権。プラザ合意(1985)

1989年　マラヤ共産党の武力闘争終結/世界中国天安門事件。APEC 発足。ベルリンの壁崩壊、冷戦終結(1989)

1990年　マハティール、東アジア経済協議体（EAEC）構想/世界東西ドイツ統一(1990)

1991年　「WAWASAN2020」（Vision2020／先進国入り目標）政策発表/日本湾岸戦争で掃海艇がペルシャ湾へ派遣(1991)/世界湾岸戦争。ソ連解体(1991)

1992年　スルタンの免訴特権廃止の憲法改正/日本PKO 協力法成立(1992)/世界ユーゴ内戦はじまる(1992)/日本高嶋教科書裁判。非自民連立政権発足。慰安婦問題で河野官房長官謝罪(1993)/世界欧州連合（EU）成立(1993)/日本村山首相、戦争責任謝罪談話(1995)/世界WTO 機関発足。NPT 無期限延長(1995)

1996年　KL にスターLRT（市内電車）開通/世界包括的核実験禁止条約（未発効）(1996)

1997年 7 月　アジア通貨危機。ペトロナス・ツイン・タワー完成。スマトラやカリマンタンの焼畑で煙害が本格化/世界香港返還(1997)

1998年　KLIA（クアラルンプール国際空港）開港。KL にプトラLRT（市内電車）開通。シンガポールとジョホール間セカンド・リンク開通/日本金融危機(1998)/世界国際刑事裁判所条約(1998)/日本新ガイドライン法、国旗・国歌法成立(1999)/日本扶桑社教科書問題(2001)/世界米同時多発テロ事件(2001)

2003年　KL にモノレール開通。マハティール首相退任、第 5 代アブドゥラ首相へ/世界イラク戦争(2003)/日本自衛隊イラク派遣(2004)/日本扶桑社教科書問題(2005)/日本沖縄戦検定問題(2007)/世界米サブプライムローン問題(2007)/世界リーマン・ショック(2008)

2009年　第 6 代首相ナジブ・ラザク首相就任/日本自衛隊ソマリア派遣、自由社教科書問題(2009)

2017年 2 月　クアラルンプール国際空港で北朝鮮の金正男氏の毒殺事件発生

参考資料：『ラーマンとマハティール──ブミプトラの挑戦』岩波書店　『マレーシアの歴史』山川出版社

あとがき

　この本の出版の話が持ち上がったのは、たしか1993年だったでしょうか。以来、聞きとりと並行してできるだけ正確な地図を求め、シンガポールに行くとナショナルアーカイブズで一日中マイクロフィルムを閲覧し、コピーを繰り返しました。

　地図は1950年代までのものしかなく、歩いたり自転車を借りて町を走りまわったりして、書き加えました。その後の10年は育児におわれ、こんな旅も中断。毎日のようにマレーシア東海岸の風景や、出会った人たちの顔と言葉が脳裏に浮かんでは消えていきました。

　10年後、ふたたびこの本の出版の話が起こり、現地の再確認のために東海岸の町を訪れ、雰囲気が変わっていることに唖然としました。買い物の支払いに10年間保管していた1リンギ硬貨を出したとき、若い店員に「見たことないコインだ」と言われたのはショックでした。

　かつて、信頼関係を築いた人たちのなかには、亡くなったり転居して居場所がつかめない人もいました。コタバルの海岸にも行きましたが、浜は浸食がすすみ、荒れた感じに見えました。

　クアラ・トレンガヌ、ドゥングンも歩き、できる限り新しい情報を盛り込んだつもりです。しかし、これで大丈夫という自信はありません。この地域を歩かれた方には、ぜひ新しい情報をお知らせいただきたいと思います。

　はじめて入る町はいつも、どこか冷たい感じがしました。しかし、土地の人びとに接していくうちにふれ合いが生まれ、町を出て行く時には温かい気持ちになっていました。少しずつ少しずつ、私はマレーシアが好きになりました。私の担当箇所を含め、本書はマレーシアで出会った人たちのたくさんの好意に支えられています。　　　　　（関口竜一）

　1980年代、今思えば日本での「経済のグローバル化」の端緒だったのでしょう。地方の交通機関が切り捨てられ始めた頃、日本各地をあちこち旅していました。地方の郷土資料館には、必ず出征兵士の遺品が展示されていて、小さな町や村でも「戦争」が確かに存在していると知りました。戦争が「総動員体制」であり、いかに人々に犠牲を強いてきたかを目の当たりにしました。さらにパスポートを手にして歴史の現場を訪れるうちに、被害だけでなく、加害の側面にも数多く直面しました。しかし、その旅先での実感や経験を授業で生徒に伝えるにはどうすればいいか、模索していました。

　そのようなときに出会ったのが、『旅しよう東南アジアへ』（高嶋伸欣著）でした。1970年代からアジアを歩き、日本の侵略に向き合った高嶋さんの実践と、マレー半島ツアーのことを知ったのです。そこでツアーに参加したり、ほかの東南アジアの追悼碑を探し歩きました。93年には高嶋さんが提訴した教科書裁判傍聴に通いました。

　ツアーには、教員や会社員、学生など延べ600人以上が参加、その経験を各自のフィールドで拡げています。参加者のなかから日本の戦争を12月8日から考えようと、東南アジアの戦争体験者を招く「アジア・フォーラム横浜」の活動が生まれ、集会は20回に近づこうとしています。

　わたしは卒業していく生徒たちに、寺山修司の言葉をもじって「書を抱き旅に出よう」という言葉を贈っています。読者の皆さんにも、旅に出て多くの人々や場所と出会って、そこでの交流からこれからの時代へのひとつの向き合い方を探していただければ幸いです。

　　　　　　　　　　　　（鈴木　晶）

索　引

123…ABC…

136部隊	71, 73
ARE 社	78, 79
ＢＣ級戦犯	176
BC 級戦犯法廷	37
CIMB 基金	174
「Daily Exress」	161
JA8051号機遭難者慰霊碑	47
Local Agenda 21	178
NS 中華大会堂	98
OCOS（artners of Communities Organization）	
	174

あ 行

アイル・ヒタム	129
アグネス・キース	177
アグネス・キースの家	170
『朝日新聞』	121
アバカ	21
アブドゥラー	24
アブドラ	9
アブドラ・バタウィ	58
アヘン販売所	89
アメリカ	23, 26 － 29
アモコ	144
アユタヤ	85
アユタヤ王朝	59, 66
アユタヤ朝	16, 17
アラブ商人	16
アルバート・クオック	167
アルバート・クオック通り	165
慰安所	53, 61, 156
慰安所跡	52
慰安婦	52, 53
飯塚鉄鉱株式会社	154
イギリス　11, 12, 14, 17 － 19, 21, 28, 33, 44,	
46, 59, 66, 67, 70, 71, 133, 158 － 160, 172	
イギリス軍	139
イギリス・シャム協定	137

イギリス東インド会社	17, 62, 70
石原廣一郎	133, 154, 155
石原莞爾	27
石原産業	24, 155
石原産業公司	154
石原哲之介	20
イスカンダル特区	129
イスラーム教	16, 44, 66
イスラーム金融	41
イスラーム法	41
イットリウム	78, 79
イバン族	159
イロンロン村	104 － 107
イロンロン村の追悼碑	94
インド系の医師2人	131
インド兵	38, 139
ウル・チョ	128
ウル・チョの追悼碑	134
ウル・ティラム	127
ウルティラム村	132
エイジアン・レア・アース社	71, 78
永楽帝	16, 59, 84
英領北ボルネオ	20, 21
液化天然ガス	161
エチレンマレーシア	144
『F 機関』	146
エマージェンシー	19, 90
援蒋ルート	27, 28, 50
オイル・タウン	178
皇道産業焼津践団	176
大岩國男	147
オーストラリア	160, 172
オーストラリア戦争メモリアル	162
岡9420部隊	131
奥野誠亮	36
オランダ　17, 18, 28, 44, 59, 139, 158, 159	
オランダ女王の首飾り	18, 59
オランダ東インド会社	62
王家昆	80
オン・ケンセン	171

索引

か 行

『改造』の特派員	163
海底油田（タビス油田）	144
華僑工作実施要領	108
華僑弾圧	32
華僑男女老幼殉難義塚	128
華僑男女老幼殉難公墓	128
『華僑の研究』	153
郭夫妻の墓	128
加古浦歴史文化館文芸館	163
『風下の国』	177
カジャンの民営墓地「富貴山荘」	95
華人先賢紀念	128
華人団体	48
「家政婦」	156
カダザン／ドゥッスン族	159
金子光晴	155
ガマ	85, 92
カマウ岬	150
ガムラン売り	168
カメロン高原	20
カメロン高原日本人農産組合	20
からゆきさん	24, 46, 47, 165
カランプン村	174
『河の民』	163
関東軍防疫給水部（第731部隊）	130
広東義山亭	128
カンボン	51
カンボン・サワ	128
カンボン・ボクの追悼碑	128
キーティング首相	171
偽装病院船橘丸事件	36
『北ボルネオ死の転進』	161
キナバル・ゲリラ	160, 165, 167
「キナバル・ゲリラ」犠牲者碑（合同郷先人霊碑甍）	166
キナバル山	158, 172
『キナバルの民』	163
ギャヴィン・ソンジーズ	85
キャメロン・ハイランド	70
教科書問題	34
強制栽培制度	18
銀輪部隊	126

クアラ・クライ	139, 140
クアラ・クラワン	104
クアラ・トレンガヌ	144, 146, 148 － 152
クアラ・ピラ	94, 112, 113, 122, 131
クアラ・ピラ県	100
クアラ・ピラの義山	110
クアラ・ブラン	145
クアラ・ルンプール	29, 87, 112
クアラ・ルンプールの日本人墓地	133
クアンタン	118, 139
9月5日事件	90
「9月1日事件」の碑（「九一烈士紀念碑」）	95
クチン	159, 175
グヌン・ムル国立公園	178
久原鉱業	152 － 154
久原農園	21
久原房之助	21
クブンテの碑	134
クラン	112, 113
グリーン・フィンガー	114
久留米の第18師団	127
ケニンガウ	160, 168, 174
ケニンガウ事件	177
ゲマス	118
ケランタン	140, 148
ケランタン王家	137
ケランタン川	136
ケランタン州華僑協会	143, 156
ケランタン籌賑会	140
ゲラン・パタ	128
ケルテ	144
原爆投下	115
公害輸出	79
『高校現代社会』	103
抗戦烈士紀念碑	140
抗日運動	71
抗日救国運動	61
抗日ゲリラ	110
抗日戦争	149
抗日組織	71
抗日組織情報	97
抗日烈士紀念碑	129
合板	161
コーズウェイ	124, 126

185

ゴー・チョクトン	8
国際法違反	37
国内治安法	9, 15, 19, 58, 63, 73, 82
国立博物館	16
五條雅之助	171
コタ・キナバル	159 － 161, 164, 167, 168,
173, 174	
コタ・ティンギ	127, 128
コタ・バル	136, 138 － 142, 148, 156
コタ・バル海岸	29
コタ・バル上陸作戦	139
『コタバル敵前上陸』	141
コタ・バル飛行場	139
光復節	32
ゴム	17, 45
ゴム園	12, 35
ゴムノキ	11, 12
ゴムの栽培	133
コロンブス	11, 85, 93

さ 行

細菌戦の研究	130
サイド	9
ザイナル・アビディン３世	145
堺誠一郎	163
里村欣三	163
サバ州観光局ビル	165
さらし首の橋	89
サラワク博物館	175
三五公司	133, 154
サンダカン	159, 160, 164
サンダカン事件	170, 176, 177
サンダカン死の行進	160, 170 － 172, 177
サンダカン・スレノディー	171
サンダカン・デー	170
『サンダカン八番娼館』	159, 169
『三人は帰った』	176, 177
３年８ヵ月	32, 60, 125
三保亭（宝山亭）	86
ジェッセル	164
ジェッセルトン	164
支援物資輸送ルート	27
シェンリンガア	132
市庁舎前広場の華僑追悼碑	170

ジットラ	29
ジットラ・ライン	66, 67
支那事変	26
ジャウィ Jawi	145
蕭文虎	110, 112
蕭雲（シャオ・ユン）氏	97
シャム	137
ジャラン・ブサラ	148
シャリーア	41
『従軍作家　里村欣三の謎』	163
集団自決（強制集団死）	77
ジュネーブ会議	151
ジュマルアン	128
殉難僑胞公墓	128
殉難同胞紀念碑	129
昭南島	32
昭南島時代	32
植林ツアー	158
ジョナサン・ミルズ	171
ジョホール	125, 154
ジョホール王国	17, 125
ジョホール水道	124, 127, 133
ジョホール水道敵前渡過戦跡記念碑　陸軍中将	
山下奉文書	133
ジョホール・バル	29, 124, 126 － 128
ジョホール・リアウ王国	17
ジョホール・リアウ連合王国	125
私立鐘霊中学	60
シンガポール	31, 32, 126, 133
新嘉坡華僑籌賑祖国難民大会	72
シンガポール・チャンギ捕虜収容所	169
シンゴラ	29
真珠湾奇襲	29
人頭税	160
『新馬華人抗日史料』	134
人民抗日軍	82, 104
『侵略・マレー半島　教えられなかった戦争』	
	142
スガ大佐	177
錫	44, 70, 78
錫鉱山	12, 17, 45, 70, 82, 104
『スター』	119, 120
スバギョ	47
スペイン艦隊	93

スリメダン	133, 155
スルタナ・アミラー病院	126
スルタン・アブ・バカール	125
スルタン・アブ・バカール・モスク	126, 127
スンガイ・ルイ	118, 119, 121
スンガイ・ルイ事件	118
スンガイ・ルイの追悼公園	94
生体解剖	130
セカンド・リンク	124, 126, 128
セパタクロ	42
セピロック・リハビリテーション・センター	
	169
セポイの反乱	23
雪蘭莪　華僑機工回国抗戦殉難紀念碑	49, 50
セレンバン	96
センガラン	109, 128
一九四五年「九・五」殉難史誌	91
壹九四五年五月廿七殉難華僑紀念碑	170
『戦史叢書	37
センダヤン	115
センダヤンの中華義山	95
前籌賑委員殉難之墓	140
セント・ジョセフ教会	176
森美蘭知知史料協会	105
總計殉難僑胞共壱百余名箔港	128
「双十節」事件	173
双十節事件／アビ事件	160
粗塩化希土類	78
ソムタム（タイ風のサラダ）	137
『それでもぼくは生きぬいた』	176
孫建成	122

た　行

タイ	29
第5師団	142
大検証	35, 108, 110
大航海時代	18
『大戦与南僑』	146, 148
対中国援助ルート	28
第二次世界大戦柔佛州華僑殉難烈士公墓	129
第25軍	110, 133
第25軍政実施要綱	32
タイピン刑務所	156
太平天国の乱	23

大本営政府連絡会議	109
泰緬鉄道建設現場	54
台湾人捕虜監視員	176
高橋三郎	142, 143
侘美支隊	29, 138, 139, 148
侘美浩支隊長	141
卓領事	168
卓領事暨同難四人紀念碑	168
竹花京一	131
橘丸	36
脱亜論	22
谷繁樹	147
谷静子	147
谷豊	24, 146
タワウ	159, 172
タンジュン・プラバス港	128
チャン・レオン・ツェ	117
チャン・ロイ	117
中越戦争	151
中華商会	140
中華大会堂	48, 52, 100
中華民国男女僑胞惨死墳	48
中華民国男女僑胞惨死墳	54
中国人苦力	155
中国人兵士	107
中国歴史博物館	175
籌賑会	35, 60, 72
籌賑分会主席	143
忠貞足式	88
チュカイ	155
長勇	27
張荀	111
潮汕同郷蒙難紀念碑	166
徴用作家	163
陳嘉庚	140
陳桂	132
陳晴山	77
ディア・ケイブ	178
帝国陸軍全般作戦計画	160
ティティ	94, 104 － 106
鄭和	16, 59, 85
鄭来	114 － 117
敵性華僑	142
敵性華僑狩り	17, 32, 33, 35, 39, 60 － 62,

187

76, 82, 100 − 102, 110

鉄鉱山	24
鉄鉱山ストライキ	148
テマンガン	154
テメルロー	118
陶器爆弾（宇治式）	131
東洋の真珠	59
ドゥングン	148, 149, 152
ドゥングン鉄鉱山	153
毒ガス兵器	37
杜通珠	146
トック＝ジャングット	137
トリニダード	92
トレンガヌ	147
トレンガヌ王家	137
登嘉楼華僑殉難紀念碑	148, 149
トレンガヌ・ストーン	145
ドン・ウォール	171

な 行

中支那防疫給水部	130
中島みち	37, 115
ナジブ	9
生ゴム	11
南方軍防疫給水部（岡9420部隊）	130
南方占領地行政実施要領	109
『南方年鑑』	154
南洋華僑籌賑祖国難民総会	140
南洋華僑籌賑祖国難民総会（南僑総会）	72
南洋鉄鉱株式会社	154
日英衝突	26
日タイ中立条約	29
日貨排斥運動	155
肉骨茶	13
日沙商会	176
日産コンツェルン	21
日産農林	21, 172
『日侵時期新馬華人受害調査』	122
日治僑胞殉難者総墓	49
『日治時期森州華族蒙難史料』	99, 100
日中戦争	38
『日中戦争いまだ終わらず』	115
日本企業の社員（ユニチカ・三井物産）	133
日本軍慰安婦	36, 52

日本軍警備隊本部	127
日本鉱業株式会社（現ジャパンエナジー）	153
『日本鉱業株式会社五十年史』	152
日本商品ボイコット運動	149
日本人合同墓碑	24
日本人墓地	24, 46, 133, 176
日本兵が赤ん坊を空中に	115
ニライの墓地公園「孝恩園」	95
ネイチャー・ツアー	158
ネグリ・センビラン州	104
猫博物館	175
ネコまつり	175
ネズミ体内への菌植え付け（毒化）	130
ネズミの毒化作業	131
熱帯の工業国	14, 15
ノーモア・ヒバクシャ	101
ノーモア・ヒロシマ	101
ノルウェー船オルトウ号	153

は 行

パーシバル	67
パ・アマット島	138, 139
パームオイル	161
バクテー	13
バジャウ族	159
パシル・プテ	137, 142
パシル・マス	143
八幡製鉄	64, 65
パタニ	29
パックス・ブリタニカ	14
バトゥ・リンタン収容所	176
バトバハ	155
バハウ	119
『浜田連隊史』	142
林博史	37, 72
パラゴム	11, 12
パリ・ティンギ	100, 122
パリ・ティンギ村	110, 112
ハリマオ	146
ハワイ奇襲	26
ハワイ真珠湾攻撃	139
バンク・クラブ	137
バンコール条約	17
ハン・ジェバ	16

188

バンダル・バハル	33
ハン・トゥア	16
汎マレーシア・イスラーム党	145
東インド会社	18, 44, 59
ビダヤ族	159
ビブン	29
フィリピン抗日運動	167
フィリピン人労働者	169
ブキ・チナ	86
ブキ・ブシ	153
ブキ・プテリ	145
ブキ・ヨン	143
ブキ・ランカップ	155
福沢諭吉	22
福龍山	140, 143
プタガス・メモリアル・パーク（神山游撃隊紀念公園）	165
福建義山	48, 166
ブドゥ刑務所	55
ブドゥ刑務所跡	54
ブミプトラ政策	9
プライ工業地帯	64, 65
フライング・サーカス・プロジェクト	171
ブラジリア	45
ブラジル	11, 12, 17, 44, 64
フランシス・ライト	62
プリーストリー	11
ブルネイ	159
プロトン	16
プロレタリア作家	163
『文芸戦線』	163
ペスト菌培養	130
ペダス	100, 114
ベティー・ウェーバー	177
ベトナム政府	151
『ベトナムの難民たち』	151
ベトナム・ボート・ピープル	150
ペトロナス	144
ペナン消費者協会	63
ベヌ	128
ベヌの中華義山	128
ペリンバム	131
ベルタンの中華義山	94
ベルマイ精神病院	131
ヘンリー・ウィッカム	12
防衛研修所図書館	36
防衛庁防衛研修所図書館	35, 37, 100
放射性トリウム	78
放射性廃棄物	79
奉納金	108, 109, 160
ボート・ピープル	151
ポール・ラムリー	68
北支事変	26
ホ号（細菌戦）	131
ポピュラー書店	31
歩兵第56連隊	139
ポルトガル	16, 18, 44, 59
ポルトガル艦隊	93
ボルネイ燃料工廠戦没者之墓	178
『ボルネオに渡った沖縄の漁夫と女工』	176
ポル・ポト政権	151
ポンティアナ	167

ま 行

マーカンタイル銀行	137
マウントバッテン	90
前田島	173
前田利為	159, 173
マカッサル王国	17
マゼラン	85, 93, 159
マゼラン艦隊	92
マチャン・サタウン	155
松井太久郎	37, 115
松井やより	121
マッカーサー	38
マニラ麻	21
マハティール	8, 9, 19, 58, 63, 98, 151
『マライの虎』	147
マラッカ	84, 85, 89, 90
マラッカ刑務所	89
マラヤ共産党	106
マラヤ人民抗日軍	82
マラヤ連邦	161
マリンスポーツ	158
マレーシア航空	161, 164
マレーシア全体の追悼碑＝「馬来亜抗日英雄紀念碑」	95
マレーシア中華大会堂総会	109

マレーシア連邦	161
マレー住宅	51
マレー人優先政策	9
マレーのハリマオ	24
マレー半島上陸作戦	17
マレー半島侵攻作戦	29
『マレー蘭印紀行』	155
満州事変	26, 27
マンティン	100, 102, 103, 114
三菱化成	79
南警備地区ニ於ケル敵性分子ノ状況	97
宮本得二	142
ミリ	159, 160, 178
美里被難僑民公墓	178
明	16
民族衝突事件	9
ムスリム（イスラーム教徒）商人	40
ムヒディン氏	119, 121
村田和子	79
ムルット語	174
ムルット族	159
ムルット・パルアン	174
メラナウ族	159
メルシン	128
豊盛港華裔先賢公墓	128
蒙冤	103
元日本軍（侘美支隊）	137
モナザイト	78
モハメド・イドリス	63
森敬湖	24, 47

や 行

ヤスミン・アーマド	56
楊金鴻	111
有害廃棄物	78
『洋上のアウシュヴィッツ』	150

横浜正金銀行	108, 109
『横浜正金銀行全史』	108
ヨンペン	33, 129

ら 行

ラジャ・クチル	17
ラッフルズ	125
ラッフルズ博物館	145
ラナウ	171, 172
ラブアン島	159, 160, 167, 173
ランカップ住民虐殺事件	76
リアウ王国	125
李金泉	73
リー・クワンユー	8, 15
リー・シェンロン	9
リム・キムハ	121
リム・グアンエン	9
劉金	48
竜太郎	20
林少彬	増補②
林秋雅	増補④
林謀盛	71 － 73
「ルック・イースト」政策	8, 98
列姓列位巳故同郷之位	170
レンギ	128
連合国軍戦争記念公園	172
連合国軍捕虜	169
レンバウ（林茂）県	114
盧溝橋事件	27, 72, 149
ロングハウス体験	158

わ 行

ワカシク	143
ワカ・チェ・イェ	142
脇田ナヲ	47

髙嶋伸欣　たかしま・のぶよし
　1942年生まれ。琉球大学名誉教授。高校教諭だった1975年以来、東南アジアでの皇軍による住民迫害を調査。その記述を削除させた検定に対し、横浜で教科書裁判を提訴（1993）。一審は勝訴、高裁・最高裁（2005）は敗訴。81年度「日本史」教科書検定で沖縄戦住民虐殺の記述削除以来、沖縄戦と教科書問題にも取り組んでいる。
　『80年代の教科書問題』（新日本新書、1984）『旅しよう東南アジアへ』（岩波ブックレット、1987）『拉致問題で歪む日本の民主主義』（スペース伽耶、2006）

関口竜一　せきぐち・りゅういち
　1959年生まれ。埼玉県立高等学校教諭。1988年よりにマレー半島の戦争被害のスタディツアーに加わり、主にマレー半島東海岸における日本軍政の実態を調査。平和のための埼玉の戦争展実行委員。

鈴木　晶　すずき・あきら
　1960年生まれ。横浜市立高等学校教諭。大学講師。1995年よりマレー半島のスタディツアーに参加、主に東マレーシア（ボルネオ島）における戦争被害を調べている。アジアフォーラム横浜、教科書市民フォーラムなどの活動にかかわる。

原　不二夫　はら・ふじお
　1943年生まれ。『東南アジア華僑と中国』（紀伊國屋書店）『英領マラヤの日本人』（アジア経済研究所）他

中善寺礼子　ちゅうぜんじ・れいこ
　マレーシア・ラブアン島に在住。翻訳家。

旅行ガイドにないアジアを歩く　増補改訂版　**マレーシア**

2010年12月8日　　　初版発行
2018年2月15日　　　増補改訂版発行
著　者　　髙嶋伸欣・関口竜一・鈴木　晶
装　丁　　宮部浩司
発行者　　羽田ゆみ子
発行所　　梨の木舎
　　　　　〒101-0061東京都千代田区神田三崎町2-2-12　エコービル1階
　　　　　TEL　03(6256)9517
　　　　　FAX　03(6256)9518
　　　　　Eメール　info@nashinoki-sha.com
　　　　　　　　　　http://www.nashinoki-sha.com/

DTP・地図作成　石山和雄　　印刷　㈱厚徳社

教科書に書かれなかった戦争

⑥⑥ 歴史を学び、今を考える 重版
──戦争そして戦後

著者：内海愛子・加藤陽子
A5判／160頁／定価1500円＋税

●目次　1部　歴史を学び、今を考える／それでも日本人は「戦争」を選ぶのか？　加藤陽子／日本の戦後──少数者の視点から　内海愛子／2部　質問にこたえて／「国家は想像を超える形で」「国民に迫ってくる場合があります」　加藤陽子／「戦争も歴史も身近な出来事から考えていくことで社会の仕組みが見えてきます」　内海愛子／資料　①英米共同宣言／②開戦の詔書／③『内外商業新報』1941年12月9日より／④『朝日新聞』1941年12月9日より／⑤敵国および断交国一覧／⑥連合国共同宣言／⑦カイロ宣言／⑧ポツダム宣言／⑨南方の連合国軍陸海軍兵力概算表／⑩終戦の詔書／⑪日本軍の武装解除　など

978-4-8166-1703-4

⑥⑤ 2015年安保、総がかり行動
──大勢の市民、学生もママたちも学者も街に出た

著者：高田　健
A5判／186頁／定価1800円＋税

●目次　1章　暴走を始めた安倍政権／2章　2014年6月30日、官邸前に人びとは集まり始めた／3章　2015年安保闘争の特徴／4章　同円多心の共同をつくる／5章　市民連合の誕生／6章　016年参院選は希望のある敗北だった／7章　これから──野党＋市民の共闘、この道しかない

「ゆくのは、わたしら」若者たちも街に出た。いま歴史を動かしているのは、改憲の政治勢力だけではない、戦争する国への道に反対する広範な市民の運動がある。

978-4-8166-1702-7

いつも全力。こんな議員が国会にいた
──原発、金大中事件、ODA、水俣病、
　　PKO、ロッキード事件…奮闘記

矢田部　理　著
A5判　上製／272頁／定価2200円＋税

●目次　弁護士としての五八年──序にかえて／1章　いのちと環境と人権のために／2章　「平和を!」世界を駆ける／3章　「戦後政治の総決算」と「戦後レジームからの脱却」／4章　疑獄の追及　政治の腐敗構造に抗して／5章　新社会党を立ち上げる

ズバリ、核心に切り込んだ！信念と情熱をもち、必ず現場 へ 飛んだ。資料を徹底して調べ、緻密な論理を組み立て、逃げ腰になる 首相や官僚を追及した。こんな議員が日本の国会にいた。

978-4-8166-1705-8

旅行ガイドにないアジアを歩く

シンガポール

著者：髙嶋伸欣・鈴木晶・髙嶋道・渡辺洋介　著　［フルカラー］
A5判変型／160頁／定価2000円＋税

●目次　1章　シンガポールを知りたい　2章　シンガポール史の中の日本　3章　エリアガイド　①シティ・中心部　②チャンギ・東部地区　③ブキティマ・北西部地区　④ジュロン・南西部地区　⑤セントーサ島地区　⑥お隣りへ

シンガポールは多民族国家で、熱帯で成し遂げられた工業都市、そして国際都市国家です。ところで、日本が占領した3年半に、この国にしたことを知っていますか。表面をみただけではわからないこの国の歴史と、日本の過去に出会う1冊。

978-4-8166-1601-3

表紙写真の説明
「多民族国家統合」のために、いたるところで見られる国旗（p.18）
日本軍による虐殺犠牲者の追悼式に参加した中国系の高校生たち（p.48）
ムスリム（イスラーム教徒）の学生たちの楽しそうな帰宅タイム（p.40）
マラッカ観光の中心地、オランダ広場（p.84）
日本軍の虐殺を証言する鄭来さん（p.116）
クアラ・ルンプールのチャイナタウンで出会った獅子舞（p.12）
熱帯のマレーシアで人気のマンゴーかき氷（p.13）
日の丸を背景にひれ伏す人びとの前を行進する日本兵／国立博物館の壁画（p.16）
スンガイルイ事件の碑の前で初めて対面した中国系村長と戦犯の親族（増補②）

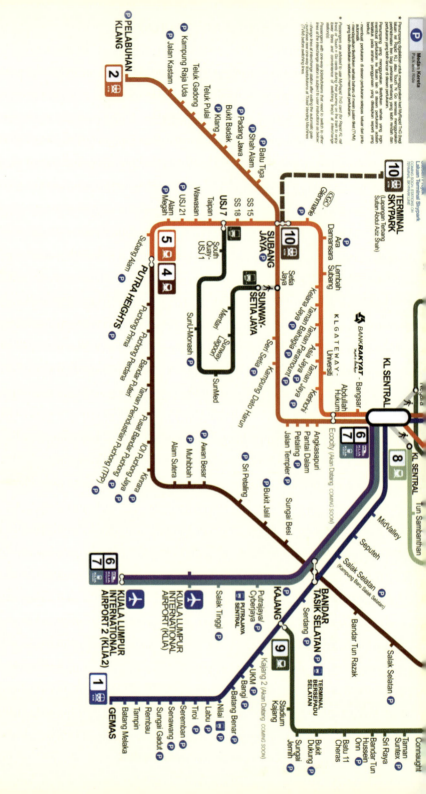